うおつか流台所リストラ術

ひとりひと月9000円

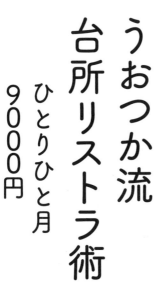

うおつか流　台所リストラ術　ひとりひと月９０００円【文庫版】　目次

2章　主食と基本のだし篇　55
――穀物礼賛・乾物開眼

3章 魚料理編 ——美味しい安魚で味覚を呼び戻す 103

4章　肉料理・油脂編
――こうすれば太りようがない　

5章 発想転換篇
――普通のメニューも常識外れの「変な発想」で安価に 205

6章 常備菜と調味料編
――乾物をじょうずに使って健康に

まえがき　私のデビュー作・健康美食の食卓実験

図書館や本屋に行けば、食べものに関する本が驚くほどたくさん並んでいます。カラーグラビアのレシピ集、食の安全について、食品添加物、からだにいい食材、カルシウムの重要性について……ｅｔｃ。過去にはこれほど食べもの関係の本が出版されたことはないでしょう。これほど大量に出版されるには、それなりのわけがあります。

過去40年間に、日本人が手に入れられるようになった食品の急増にともなうものでしょう。それに、栄養学や医学の進歩によって、次々と新しい情報が発表されているからなのでしょう。今まで、からだにいいからと思って食べていたものが、じつはよくなかった、なんてことはザラです。また、からだにいいといわれていた食品も、10～20年の実験データを分析した結果、ある種の病気を引き起こしやすいとわかったものだってあるのです。

正直言って、最新の栄養学や医学を学ぶというのは、とてもとてもたいへんなことです。家庭の食事を毎日つくりながら学ぶことは、つらいものです。新聞に出ているからきっと正しいと思っていても、別の本ではよくないと書いてある。いったい何を信じたらいいのでしょう。「肉を食べて、からだづくり」と書かれているかと思うと、別の本には「動物性タンパク質は摂りすぎないように」と書いてある。まともに受け取っていては、パニックにすらなりかねません。

食情報というものは、流す人や組織の立場によって都合よく、よいところだけを強調してあります。私自身、自分に合った食の組み立てをつくり上げようとしたとき、やはりいろいろな情報にまどわされました。米を守ろうという人たちは、米のよさばかりを強調します。肉を売ろうとする人は、肉のよさばかり。そこで、自分にとっておいしく健康的で、手軽で安く、うまい食事とはどういうものか、自分のからだで試してみようと、いっさいの利潤追求《りじゅんついきゅう》を抜きにしてはじめたのが、本書に先立つ2〜3年間の「食改善実験」でした。約2年間、すべての外食をやめ、加工食品をやめて素材で購入し、三食を毎日自分でつくることをやってみた結果、「こりゃ、ええわい」となり、本書が生まれたのです。

私は情報を流す立場にいる以上、できるかぎり、スポンサーなしでやってゆきたいと思います。したがって、本書でやたら乾物をほめちぎっているのも、けっして乾物協会（そんなのがあればの話ですが）からお金をもらっているわけではなく、ただ安くてからだにいいし、おいしいからです。肉の登場が少ないのも、畜産振興事業団にうらみがあるのではなく、おいしいけど体調が悪くなるし、家畜を育てるために与える穀物飼料がもったいないからなのです。

食生活改善実験の間に試した食生活がじつに自分にピッタンコだったので、結果として今日まで、その食生活が続いています。肉体の快調さは当然のこととしても、精神状態の変化には驚くものがあります。これは、食事の内容変化によるものがすべてではけっしてないはずですが、かなりの要因ではあるんじゃないかなぁと思えますので、いたって冷静に見た自分の見た目の変化を述べておきます。

2年間の実験期間中は、本書の1章にあるような組み立ての食事をしていました。まず、米、麦、豆などの穀物、イモ、ニンジン、ダイコン等の根菜類をたっぷり取り入れます。そこに青物野菜、果物、小魚、海草などを応援団として送り込みます。そして穀物や根菜類をひきたてる化粧品として、わずかな量の油や肉を加えます。

ただ単に、安くするとか、おいしくするというのでしたら、食べもののバランスなんぞ気にする必要はありません。しかし、病気になりにくいからだをつくり、おだやかな精神状態で生きてゆく食事となりますと、そうはいきません。まず、基礎となる主食を米・麦などの穀物と、豆類でがっちり固めることが大切です。穀物と豆は2対1くらいの割合で食べるようにしました。そして、イモやニンジン・ゴボウ・レンコンなどの根菜や、カボチャのような、「ずっしりタイプ」の野菜を副食の中心に持ってきます。その副食のサポーターとして、魚・海藻・貝類などやホウレンソウなどの青物野菜・果物を取り入れます。植物油やバターなどの油、肉類は、これらの主食・副食を、よりおいしくするために、ちょっとあればよい、と考えました。

調理法は5章の「冷めるときに味はしみ込む」の項で説明した保温調理を中心にしたものです。この調理をしていると、調味料がなかなか減りません。自然と薄い味に向かうようです。濃い味の料理を食べたときの精神状態は、いきなり「うまい」とか「辛い」となっていたようですが、私の実験中の食事だと口に入れた後、「ンッ?……フーン、なるほどねえ、うまいじゃないの」という感じになりました。味蕾を通して脳がさぐりを入れているような感じでした。

また同時並行的に、紅木《こうぼく》などの堅い木を削って、ペーパーナイフをつくっていました。もともとあきっぽい、根気のない私です。小学校の通信簿など常に、おちつきがない、根気がないと書かれていました。それがどうして、毎日毎日、何時間も削り続けて飽《あ》くことを知らないのです。図画工作など、みそくその点しかとれなかった私ですから、いくらがんばってもすぐに行き詰まるだろうと思っていました。それが、また不思議なことに、次から次に新しいペーパーナイフの形が、素材の木に見えてくるのです。

かなり堅い木ですから、肩や首がかなり凝《こ》るだろうと思ったのですが、それもありません。肉や油を減らし、穀物や豆が多くなったので、最初は体力が落ちるんじゃないかとも思ったのですが、かえって向上したようです。イモや豆などを食べる量が多くなったのですが、体重は52～53キロで一定し続けました。体調の安定にともなって、精神的にも非常に安定してきました。怒ったり、腹をたてたりしなくなってきました。何か嫌なことをされても、被害者意識を持つより、いかにしていい方向に解決するかと考えるようになったみたいです。

最初のころ、あれこれ考えてつくっていたペーパーナイフの形も、よりおだやかな線が自然に見えるようになって、とうとう300本つくってしまいました。食事だけでなく、いろいろな相乗《そうじょう》効果がきっとあったのでしょうが、自分なりに次のように考えてみました。

肉や油脂を減らしたことで、消化吸収に使うエネルギー＝体力が少なくてすむようになった。だから食後の疲労感がなく、いつもお腹が軽い。保温調理と薄い味つけのため、常に味を「さぐろう」としていることが、前向きな精神状態をつくりだしたのではないか？　加工食品や化学調味料（アミノ酸等）をやめ、砂糖もほとんど使わなくなったため、ミネラルのバランスがよくなって、体を維持するための負担が軽減されたのかもしれない。

このようなことから食生活に関するストレスが減って、それが精神的な安定に繋《つな》がったんじゃないかなと思うのです。たしかに食事の内容は、精神状態に影響すると実感しました。以上、改善実験の私自身の感想と所見です。

私は、この食の組み立てを何年も続けてきましたし、友人たちにもすすめてきました。また、最近増えつつある子どもの生活習慣病や、粗暴な子どもに対する食事としてこのような食の組み立てが使われた実例も知りました（参考図書　アレキサンダー・シャウス著『栄養と犯罪行動』ブレーン出版）。

加工食品というものが、私の料理に存在しない理由は、高いから買わないのと、加工食品に含まれる化学調味料・砂糖・リン酸などを体内に入れたくないからなのです。

そんな、食べないほうがいいくらいの食品なら、とっくに厚生省などが禁止にしているはずだと思う方もいらっしゃると思います。ところが、そうではありません、現実的には、えたいのしれない加工食品が市場に流通しています。でも、それが流通していて、別にとがめられてもいません。私もまた、メーカーやスーパーを責めようなどとは、ちっとも思いません。

しかし、楽しい人生を好きなように生きるためには、選択する力が必要です。その選択するときに自信を持って「これはいらない」と言えるようになりたいものです。私の食事は、一般的にはなんだか「変」と思われるでしょう。肉や油脂を減らして、本当に健康を維持できるのか？　それでおいしいのだろうか？　どうやって毎日の食事づくりができるのか？　そんなにイモや穀物を食べたら太るんじゃないか？……etc。

本書では、そんな迷いをすてて、自信を持って自分なりの家庭食をつくれるようになる技術と考え方を展開してゆきます。

1章　全体設計篇

無理なくおいしく質を高める、食卓の「構え」

〝貧〟が切り開いた健康美食の世界

ひと月の食費が一人9000円というと、まあだいたいの人に信じてもらえません。私の場合、よく言えば倹約家《けんやくか》、悪く言えばしみったれ、そして今風に言うならリストラ男とでも言うのでしょう。大学入学で親元を離れてこのかた、食事はずっと自分でつくってきました。学生時代は仕送りも、あるようなないような状況でしたから、清貧《せいひん》どころか、赤貧《せきひん》そのものでした。

赤貧とは恐ろしいものです。100円使うにしても、いかに使うのがもっとも有効か、考えに考え抜いて使うのです。そして100円の菓子パンよりは30円の納豆、50円のニンジン、それに20円のパンの耳へと走るのです。なぜかって？　栄養のバランスが崩れると病気になりやすいことくらい20歳の私にもわかっていましたから……。当時はたいして栄養学の知識なぞ持ち合わせていなかったのですが、ニンジンや納豆がからだによさそうだということくらいは感じていました。

それだけなら単なる倹約家なのでしょうが、私は大正7年創業の古典料理屋に生まれたせいか、うまいものを食べたいという欲望にはすさまじいものがありました。金はかけたくない（かけられない？）、栄養は取りたい、うまくなきゃいや。まったくもって欲張りのきわみのようですが、それを成り立たせるのが台所のリストラ！

私は栄養学、病気、医療などの本で知識を得ながら、安くてうまくて栄養バランスの整った食事をつくり続けてきました。それが現在も進行中の、一人ひと月9000円の「健康美食」です。

「健康美食」と言うと、玄米や無農薬野菜といった素材選びから始まるように聞こえそうですが、私の場合は素材よりも調理法重視でした。どんなにりっぱな野菜でも、高温で長時間加熱し、醤油、砂糖、油でこってり味つけしたものだったら、からだのためには食べないほうがましだと思います。また、材料がいくらよくても高価だと長続きしませんし、遠方から取り寄せるのもエネルギーのムダに思えます。近所のスーパー、八百屋、魚屋などで手軽に買える材料で「食」を組み立てるのです。

なお、本書では魚のおろし方のような「料理の基本」や、黒豆の煮方のように年に1～2回しかつくらない料理法には触れません。料理屋である実家で、私は料理の常識というものをずーっと見続けてきました。しかしそれは料理屋の常識であって、日常家庭食の常識ではありません。台所に30分いて二品しかつくれないより四品つくれるほうがいい。30分ガスを使って一品より二品作れるほうがいい。自分でもせこいなあと思いますが、それが台所のリストラ！　せこい私の料理裏技をここに公開します。

それにつけても〝貧〟とはありがたいもの。もし金があったら、栄養のことなど気にもせず、好きなものばかり食べて、今ごろは痛風《つうふう》か糖尿《とうにょう》になっていたかもしれません。ろくに仕送りしてくれなかった両親に感謝したいほどです。

食費は一人ひと月9000円以下、生活費は家賃込み12万円

「生活大国」を目指すらしいわが国ですが、それを口にする政治家の皆様でさえ内心では「どこが？」と思っていらっしゃることでしょう。このご時世、家計をやりくりする者はムダを省くのに必死です。しかし家賃やローンなどは切り詰められるものではありません。水道光熱費もある程度しか切り詰められません。残るは食費くらいで

す。食費もそう切り詰められるものではないと言われるかもしれませんが、わが家の家計は以下のとおりです。

家賃7万5000円（1994年当時。現在は家賃ゼロ）、電気・水道・ガスが1万2000円、新聞代3600円、そして食費が1万5000円。私は東京都目黒区の2DKのアパートに同居人と二人で住んでいます。二人のひと月の生活費がおおむね12万円。12万円というのは目黒のみならず、今首都圏で生活する人間の生活費としてはかなりの安さだと思います。これはやはり過激なまでの食費の安さによるものでしょう。食費が二人で1万5000円ということは、ひとり1日250円。情けないことにペットの1日の食費にすら届かないウチの食費。

とは言え、わが家ではネギトロ巻きはよく食べるし、ウニやチーズ（の代用食）もつくるし、鰹節《かつおぶし》は削りたてをたっぷり使い、朝食にだって十品以上が食卓に並びます。このように書くと「これはきっと、やたら手間のかかることをやるのだろう」と疑われるかもしれませんが、そこが台所のリストラ！　朝食35分、夕食30分が料理の時間。朝は昼の弁当つくりも含めての35分ですから、1日の料理時間は65分。これはただ自慢しているのではなく、私のせこさを暴露《ばくろ》しているようなものです。料理の時間が長くなると、ガス代や電気代も増えますし、長く煮たりすると素材の栄養素を失って損をします。何より自分の労力のムダで、もったいない話です。

さて前置きはこのくらいにして、一人ひと月9000円の謎解《なぞと》きにかかりましょう。お読みになって「なるほど」というものに出くわしたら、さっそく取り入れてやってみてください。実践が1日遅れればその分損をします。もったいないことです。ここまでせこい自分が情けなくなりますが、気を取り直してエイッと先へ進みましょう。

清貧健康美食の六つの掟《おきて》

（1）**外食をしないこと**。持ち帰り弁当も出来あいの惣菜《そうざい》類も、そんなものがこの世にあることさえ私は忘れてしまいました。280円の持ち帰り弁当など、一見安いように思えますが、私の1日分の食費より高いのです。そのうえ栄養バランスなどを考えれば、恐ろしくて買えるものではありません。

（2）次に「食」の組み立てには、まず**米、麦などの穀物や豆類、それにイモ、ニ**

ンジン、ダイコンなどの根菜類をたっぷり取り入れること。これに青物野菜、果物、小魚、海草などを応援団として送り込みます。そして穀類や根菜類《こんさい》を引き立てる「わき役」として、少量の油や肉を加えます。

この組み立ては安上がりのうえ、お腹にもたれず気分爽快《そうかい》です。同居人が仕事で南米に3週間ほど行ったとき、肉が主体の現地食を食べ続け、帰国時には4キロも太っていました。しかしウチの食事に戻ると、別に運動するでもなく、あっという間に元の体重に戻りました。この組み立ては私にとって、いつもからだが軽く、食後の疲れもなく、からだに合っているのです。

（3）**連続性のある食事づくりをすること**。週末にドサッと材料を買い込むものの、一度か二度つくるだけであとは外食という友人がいました。その家の冷蔵庫を開けると、腐ったりひからびたりした野菜、肉、魚。これを私は「冷蔵庫の肥《こ》やし」と呼びます。肥やしは畑に与えるもの。冷蔵庫に与えてもさびさせるだけ。もったいないことです。

私が外食をしないのは買った食材をきれいに使いきるためであり、その食材をいろいろな食べ方に使い回すのです。そこで、ひとつの食材を何通りも使い回せるかが問題です。学生のころ、もやしを買ってきてフライパンでジャーッと炒めて食べていました。一度にひと袋全部食べてしまいます。そのうち、何度かに分けて食べるようになってきました。おひたし、野菜炒め、お好み焼き、酢の物……。そうすると、同じ1袋でも充実感が違うのです。フライパンで炒めた1袋のもやしはどこか殺伐《さつばつ》としていましたが、何種類にも分けて食べたときには思わずニコッとしてしまいました。食事にこの満足感はたいせつです。本来、食事は楽しいものなのですから。

（4）（これは食費とは直接には伝わりませんが）**調理時間は極力短くすること**。先にも述べましたが、長時間の加熱は、ガス、電気、労力のムダもさることながら、栄養のムダにもつながります。ガス代をたっぷりかけてたくさんの栄養を失うなど、考えただけでも目の前が暗くなってきます。

（5）（これも食費と直結しませんが）**台所道具はなるべく増やさないこと**。鍋はサラダボールの代わりになりますが、サラダボールは鍋の代わりになりません。だったらボールを買うよりは鍋を買います。道具はすべて、ひとつで二役以上こなせるものを使います。

（6）**買う食材と買わない食材を自分流に分けること**。私の場合、加工食品は買いません。カット野菜、ハム、かまぼこ、冷凍食品、即席めん、ひいては乾《ほ》しうどんや豆腐も買わない部類に入ってしまいました。理由はひとつ――高いから。

これまでは私も、豆腐や乾《かん》めんは、他の食材にくらべれば安いし、また自分でつくるのもたいへんだと思っていました。しかしあるときちょいと考えてやってみたら、「なあ〜んだ」というくらい簡単なうえに原価はバカ安!!　今までなんとムダづかいをしていたのかと、くやしさと情けなさに目の前が暗くなるサントワマミーなのでした（21世紀人にはわからんでしょうが、越路吹雪《こしじふぶき》が唄うサントワマミーの歌詞）。

通年・旬《しゅん》の野菜、安魚《やすざかな》、そして乾物《かんぶつ》の家庭内備蓄

それでは、わが家の台所備蓄公開とまいりましょう。

まずは調味料。私は基本的に和食党なので、スパイス類はあまり備えていません。それにスパイスは量が少ないわりに高いっ！　このしみったれと思いながら調味料を羅列《られつ》してみると、塩、こしょう、唐辛子、わさび、和辛子、醤油、酢、みりん、酒、

ゴマ油、ナタネ油、ハチミツ、みそ、香辛料《こうしんりょう》（ターメリック、クミン、コリアンダーなど）……だいたいこのくらい。

野菜類では保存性の高いジャガイモ、タマネギ、ニンジン、ニンニク、ショウガ、ダイコン、ネギなどが通年常備菜《じょうびさい》。それに季節ごとの旬の野菜が加わります。旬にはその野菜がどっさり穫《と》れるので、きわめて安く買うことができます。私は冬にトマトを買う勇気など持ち合わせていません。

果物も野菜同様、安くてしようがない旬のものばかり。夏に1個200円のリンゴを買うより、冬に6個を180円で買うほうがいい。

魚はイワシ、サンマ、イカなどの安魚・下魚《げざかな》が中心。サケ、マグロ、タラ、カジキなどの高い魚はすべて「粗《あら》」しか買いません。

肉はひと月に二人で800グラムくらいのものですから、豚肉や鶏肉をブロックで買って50グラムくらいずつに切り分け、ラップでくるんで冷凍しておきます。

さて、ここまでだけだとあまりにみじめな食生活のようにも見えますし、「どこが栄養バランスだ?」と疑問に思う方も多いでしょう。そこでリストラ！　日本中の台所から姿を消しつつある乾物をひたすら使うのです。

わが家の乾物を列挙《れっきょ》してみましょう。鰹節、昆布、煮干し、ワカメ、ヒジキ、スルメ、ホタテの貝柱、寒天《かんてん》、シイタケ、キクラゲ、緑豆《りょくとう》、大豆《だいず》、アズキ、ひたし豆、白花豆《しろはなまめ》（白インゲン豆）、緑豆春雨《はるさめ》、麩《ふ》、凍豆腐《こおりどうふ》（高野豆腐）、かんぴょう、切干しダイコン、割干《わりぼ》しダイコン、板海苔《いたのり》、青《あお》海苔、姫《ひめ》エビ、干しエビ、ちりめんじゃこ、身欠《みがき》ニシン、サンショウの実、ローレル、ユズ皮、ミカン皮、リンゴ皮、干しアンズ、干しプルーン……。おもなものだけでもこのくらいです。

「お前んちは食料備蓄基地か？ 戦中戦後の食糧難の時代でもないのに」とよく言われます。たしかに私は戦後生まれですが、貯金通帳よりも充分に備えた乾物のほうが安心できるのです（貯金通帳の料理法は、まだ研究しておりませんから……）。時間も労力もかけないで、栄養にあふれ、美味なものをつくろうと求めた結果、乾物の種類が増えてきたのです。

食材選びは、嫌われもの、広告の裏が目のつけどころ

まず「安い」食材にはどんなものがあるかを整理してみましょう。

「安い」ものには見た目の悪いもの、調理方法がわかりにくいもの、流通がだぶついて困っているものなどがあります。前述した魚の粗《あら》などは「目玉がこっちを見てる」とか「気持ちワルーイ」などと言われて嫌われているようです。「もつ鍋」の流行で牛もつは最近人気を得たようですが、鳥皮はまだ「気持ちワルーイ」の部類のようです。おからや酒粕《さけかす》は、豆腐屋さんや酒屋（蔵元）さんが処分に困るくらい出るもので、これもバカ安。

近年乾物が姿を消しつつあるのは、その使い方を知らない人が多いからじゃないでしょうか？　あとで詳しく書きますが、乾物はフカヒレのような特殊なもの以外は驚くほど安いし、使い方も簡単で手間いらずなのです。もし漁港の近くに住んでいらっしゃるなら、雑魚《ざこ》と呼ばれる小魚も安い食材だし、農村ならば出荷できない傷ついた

リンゴや間引きダイコンなど、ただより少し高い程度です。流通が複雑になればなるほど、そのすき間に嫌われものの安い食材がぎっしりです。安い、きらわれものの肩を持ち、うまく食べてしまう——これが魚柄《うおつか》流リストラ料理術なのです。

食材選びの基準ですが、何はともあれ、その食材の中で一番安いものを買って、なんとかうまく食べられないかとあれこれやってみます。それでもやはり質的にダメなら、値段のランクを一ランク上げます。それが許せる質のものでしたら、次は同一価格で質が一ランク上の品を探します。

そのために、近所のいろいろな店を見て回ると、それぞれに特徴があることがわかってきました。魚屋よりスーパーの粗《あら》のほうが質が高い!!——なぜか？　スーパーの魚は切り身のパックがほとんどで、たくさんさばくのでたくさん粗《あら》が出るのは当然。ところがそれだけではなく、スーパーのさばき手はどうもサラリーマン気分で仕事が大雑把になりがち。したがって身のたっぷりついた粗《あら》が出る。これが私の推測《すいそく》です。

乾物も普通の乾物屋やスーパーで充分間に合いますが、これは日持ちするものなのでまとめ買いができます。私は1年に3～4回、築地《つきじ》の市場やアメ横に出向き、乾物をどっさり買い込みます。どの地方にもそういう市場がありますので、遠足のつもりで買いに行くのです。もちろん価格は近所の店の2分の1くらい。

スーパーなどの広告チラシもよく見ます。

「スーパーの広告に粗《あら》だの鳥皮だの出てるかな?」――当然の疑問です。広告に粗《あら》の安売りをのせてるスーパーはたぶん皆無《かいむ》でしょう。しかし、そこがリストラ!「銀ダラ切り身200円!!」よか「鳥のムネ肉48円!!」の広告ならしょっちゅう見るでしょう。私はその裏を読むのです。何も紙を裏にするのではなく、「これだけ銀ダラや鶏肉を仕入れたとすると、粗《あら》や鳥皮がだぶついてるはずだ!!」と、嬉々《きき》としてスーパーに向かうのです。

家庭料理に自信を持って

料理屋に生まれるというのも、因果《いんが》なものです。よそのお宅で食事をいただくときのプレッシャーたるや、たいへんなものがあります。「お口に合わないでしょうが」とか、「料理屋さんで、口がこえていらっしゃるから、素人のものは……」これを子どものころからやられるのですから、たまったものではありません。小心者《しょうしんもの》の私は、「そんなことないですよ、いやぁ、うまい、おいしい」と必死になって食べていました。しかし、ほめすぎはいけません。

「ふだん立派なものばかり食べてるから、たまにこんなものを食べると、おいしく感じるんでしょうね」

もう、いけません。どう言いわけしても、ズルズルと沼にはまってしまいます。私は古典料理屋で生まれましたが、自分では家庭料理を充実させることを選びました。近頃の家庭料理は、家庭の健康や栄養バランスをよく考えてつくる人が増えたせいか、どこへ出しても恥ずかしくないものが多くなりました。しかし反面、まだどこかに、料理屋の料理に対するコンプレックスが残っているようです。レストランと同じ味を家庭で出せるということが、料理上手だと思われてはいないでしょうか？　プロの料理人の書いた本を読んで、そのとおりに実践し、私は正統派のやり方でやっていると思ってはいないでしょうか？

私は職業的料理人の立場と家庭料理人の立場とを比較して考えてみました。職業的料理屋料理と家庭料理とでは、成り立つ要素が大きく異なります。つまり、目的が違うのです。目的が異なれば、方法＝料理方法も異なって当然でしょう。この節では、家庭料理をまかなう人が、料理屋料理に対して変なコンプレックスを持たずに、自信に満ちた日常食をつくっていけるための理論的裏づけを展開してゆこうと思います。

料理屋料理と家庭料理

まず、家庭料理とはどういうものかを述べてみます。一人暮らしでも五人家族でも同じことで、素材を買ってきて自分の家でつくるというのが、基本です。そのときに求められるのが、おいしくて健康的、手間もかからず安上がり。このようなことではないでしょうか？　今、しきりに取り上げられる安全性は、「健康的」に含まれます。これらが満たされてこそ、充実した家庭料理と言えると思います。

では次に、料理屋料理について考えてみます。求められる事柄は、家庭料理とだいたい同じです。しかし、大切なのは、優先順位の違いです。料理屋の場合、まず、経営として成り立たなければなりません。「うちは、もうからなくてもいい」と言ってる店だって、それは「余分なもうけはなくてよい」という意味であって、ぜんぜん売れなくてもよいという意味ではないはずです。「これこそが理想的な健康食だ。これを食べない人のほうが変なんだ」と、がんこな店を開店したとしても、客が来なければ赤字続きで、即刻閉店の憂《う》き目《め》をみることでしょう。これではいくら志《こころざし》が高くても、経営者としては明らかに失格です。

家庭料理の場合は何が優先でしょうか？　私はまれに見る欲張りですから、すべてを満たそうとしてきましたが、あえてどれかを優先するとしたら、健康的な食事を取り上げます。まずかろうが高かろうが、まずは生命を維持したいからです。だから、栄養学や添加物《てんかぶつ》、農薬のことも詳しく知ろうとしました。ここに、料理屋料理と家庭料理の大きな違いが生じます。無農薬野菜を使う料理屋も増えてきましたが、それは無農薬野菜を使うことに経営上のメリットがあるからです。

このように書きますと、何か料理屋にうらみでもあるようですが、それはまったくありません。料理屋の料理は本来、人の健康を維持増進させる目的のものではないからです。料理屋を開けば、さまざまな人々が客として来ます。初めて会う人のほうが多くなると思います。その人の好みや健康状態、精神状態などを考えて料理をつくるなんて、不可能です。そうすると普遍《ふへん》的な、だいたいの人が好みそうな料理にするしかありません。

しかも現代では、おびただしいほどの加工食品や化学調味料によって、人の味覚はかなり鈍《にぶ》っています（このことに関しては、この先の「味覚と食生活」「化学調味料の魔力」などを参考にしてください）。そのお客さんたちに「うまい」と思わせるには、不本意ではあっても、健康によくないとわかっていても、料理人は化学調味料を使ってしまいます。これは、栄養面、健康面ではマイナスですが、経営面ではプラスです。安く仕入れができれば、代金を低くしたり、利益を増やすことができます。

薬漬《づ》けの養殖ハマチを、弁当業者や学校給食業者が使っていて問題になったことがありました。この時など、料理をする側のモラルが疑われましたが、現在の自由競争の原理では、当然行なわれるべくして行なわれたことでしょう。安く、手のかからない弁当や給食を求めたのは、他ならぬ消費者なのです。廃棄《はいき》される骨まがりハマチに目をつけ、「切り身にして焼けば、ちょっと見にはわからんだろう」と商品化したのは、経営上はうまいことを考えたと言えます。この経営者が栄養学を学び、農薬や抗生物質、添加物について正しい知識を身につけていたら、とても恐ろしくて背まがりハマチは使えなかったと思います。

しかし今日、料理にかかわる人たちは、衛生上の注意事項を一応勉強した程度の人が大半ではないでしょうか？　栄養学といっても、食品成分表に書いてある、カルシウムを多く含む食材は？　くらいの知識では、多様化した今日の食品には、とうていたちうちできません。また、料理屋さんに、そこまで求めるべきではないと思います。本当に安心して食べられる安全な食事は、自分で作る＝家庭料理でまかなっていくしかないと思います。

加工食品をやめて料理上手に

食料品店やスーパーに行くと、よくぞこれほどと思えるくらい多種類の加工食品があります。冷凍食品やハンバーグ・チクワ・ガンモドキ・豆腐にいたるまで、広い意味では加工食品と言えます。加工食品をつくる会社の人たちの開発努力というものには、さすがに科学・工業の国だなぁと感心させられます。もともと1日と持たない豆腐を2〜3日腐らないように加工したり、高いイクラが買えない人のためにタラのすり身でコピー食品をつくったり、なんとカニもどきまでつくれるのですから、正直言ってすごいと思います。電子レンジでまたたく間にできる料理など、乳児をかかえる若い母親にとって手のかからない、とても助かる発明です。加工食品会社とて企業ですから、利潤《りじゅん》を追求するうえで客のニーズに応じてつくりだしたのでしょうが、それでも、その開発研究力はたいしたものです。

昨今《さっこん》、加工食品による健康への害が、さまざまな分野で言われています。ガンや生活習慣病のリスクも否定できない添加物、骨のカルシウムを排泄《はいせつ》してしまうリン酸系の保存料、スナック菓子の脂肪・塩分と、ソフトドリンクによる子どもの生活習慣病や精神不安定……。まだまだありますが、そういう研究データを見ていますと、できることなら加工食品は避けたほうがいいとしか思えません。厚生省の安全基準値範囲内だと言われても、その基準値の決め方自体が、あまり根拠のしっかりしたものではないからです。とくに化学物質や放射線をあびた食品など、これまでに人類が体験したことのないものを体内に入れるのですから、確実に安全とは言えませんし、確実に危険とも言えません。

もちろんよいところもあります。先に述べたように、腐りにくくなったことで食中毒の危険性は下がりました。でも、引き換えに、これまで体験しなかった化学物質を体内に取り入れています。しかし、それらは発ガンの可能性があると言われているものが多いのです。こうなりますと、消費者が自分の責任で選択してゆくしかありません。

従来の消費者運動は、メーカー告発型が中心でした。もちろん最初は、メーカーに行って危険な添加物を使わないでほしいと申し入れましたが、受け入れられなかったので、やむなく告発するという図式ですが、けっきょくは、メーカー対消費者という「対決」の型になりました。

しかし、今日のように、世界的に人口が増えつつある状況では「対決」しているひまはありません。生協などで直接、メーカーに安全な加工を依頼する方式などが、いい例です。メーカーに添加物などをやめてもらうには、対決して告発するのも一つの方法ですが、「買わない」というのも、ひとつの方法です。売れなくなれば、経営者とて考えます。

ところが危険な食品だと言われている加工食品が、やはり飛ぶように売れているのです。この現実は、この国の人間の加工食品における安全性・危険性の認識度を表しているると思います。手軽さと引き換えに生命の危険度合いを高めているのですから、損をするのは本人です。そこまでは、医者だろうが裁判官だろうが立ち入ることはできませんから、本人が選択するしかありません。加工食品会社は資本主義、自由競争の論理で経営しているのです。優先順位の一番は客の健康ではありません。会社の利潤追求です。加工食品会社の社長が、「皆様方の、よりよい食生活に貢献するのが、わが社のつとめ」と、よく言っています。社長以下、社員もきっとそう考えてはいるのでしょう。しかし前提として、「会社が、利益をあげ続けたうえで」というのが、必ず裏にあります。加工食品会社の社長に悪意などないと思いますが、少なくとも第一に優先されるのが、私たちの健康ではないことは、よく心得ておくべきではないでしょうか?

そんな考えから、私は加工食品というものを買わなくなりました。最初はいささか不便かなと思いましたが、慣れると、カマボコや豆腐もなんとかできるし、ハムらしき「ハムいらず」なども簡単にできてしまうのです。そしてメーカーさんには悪いのですが、自分でつくったイワシカマボコなど、大手メーカーのカマボコの比ではなく、うまいのです。だからうちの場合、添加物などを排除しようと加工食品をやめたのですが、おかげでもっとうまいものを、びっくり安値で食べられるようになりました。

まずくて手間がかかるうえに高くつく手づくり食品なら、加工食品のほうが、まだましだと思います。そのためにも、手早くおいしくつくる料理技術は必要です。加工食品をやめたおかげで、料理の「技」がいろいろ身につきました。まことにありがたい「加工食品」利用法だと、感謝しております。

味覚と食生活

本書には素材のほのかな味や、シイタケなどの乾物を戻した際の、だし味などが多く登場します。さらに、化学調味料や加工食品の味が濃すぎるとして、変な料理のしかたなども数多く書きました。味覚とは、読んで字のごとく、味に対する感覚ですが、これを感じるセンサーが、舌いっぱいに広がる味蕾《みらい》です。味蕾で受けた刺激が脳に伝わって、苦いとか甘いとか感じるわけです。

この味蕾と呼ばれるセンサーは、なんともマヒしやすいものです。たとえば、チャーハンを食べたとします。ひと口、口に入れたとき、うま味・塩味とも充分で、おいしいと感じます。次に、ギョーザを、たっぷりの酢醤油で食べます。これまたおいしい感じがします。その次に、再びチャーハンに戻りますと、ギョーザの強烈な味、醤油のしょっぱさで、ややマヒした味蕾は、もうチャーハンが少しもの足りなく感じるようになり、ソースやペッパーなどをかけて食べることになります。そうなると、もういけません。次のギョーザにはより多くの酢醤油に、ラー油をたっぷり。また再び戻ったチャーハンには化学調味料と、トウバンジャン……ｅｔｃ。

ちょっと極端に書きましたが、人の味覚とはそういうものです。強い刺激を受けると味蕾はマヒして、より強い刺激がないと満足しなくなるのです。味蕾のセンサーとしての能力は10代後半にピークを迎え、年とともに衰えるらしいのです。しかし日常的には、コロッとマヒしても早ければ数時間で回復します。

タバコを吸っている人でも、1日か2日やめただけで味覚の変化を感じられます。化学調味料などをやめようと思っていてもやめきれない人も、味覚というもの、味というものを正しく知れば、化学調味料よりもっとおいしいだしも取れるようになりますし、数週間、味覚をおだやかにすることで、化学調味料の味を気持ち悪くさえ感じるようになります。

化学調味料の魔力

同じ食べるなら、うまいものを食べたいと思うのは、熊だって同じらしく、かれらはサケを食べるとき、とくに腹の部分を好んで食べるそうです。個人差はあるにせよ、日本人の場合、鰹節・昆布・シイタケなどにうま味を感じてきたようです。科学の力とは恐ろしいもので、そのうま味成分を分析して、「これがうま味だ」とつきとめたのが、イノシン酸や、グルタミン酸などです。人間の欲望とはすさまじいもの。見つけたら今度は、その成分を化学的に合成しようと試み、工業製品としてつくりだしてしまうのです。今売られている化学調味料は、およそ、化学工業製品です。鰹エキス入りと書かれているものも、基本的な構成は石油化学で合成され、アミノ酸等と表示された化学物質が多いようです。これらに発ガン性が認められたり、骨や神経に異常をきたすことも、だんだん知られてまいりました。

この化学調味料というものは、私たちの味覚にどう作用するのでしょうか？　鰹節や昆布などからとっただしには、イノシン酸やグルタミン酸などのうま味の素が含まれていますが、同時にさまざまなミネラルやたんぱく質なども含みます。口の中に入っても、いろいろな成分の中の一成分としてうま味が味蕾を刺激します。

しかし化学調味料の場合は、特定の成分にしぼられます。調味料によってはいろいろな成分を混ぜてつくっていますが、それでも、合成されたうま味の強さはずば抜けています。天然のだしの場合、複雑にからみあっただし味の中にうま味を見つけだすというかたちになりますが、化学調味料の場合は、「うま味」という部分のみが、いきなり味蕾を強く刺激します。

この強い刺激を受けると、もういけません。この強烈な刺激を受けた味蕾は、それよりおだやかな、柔らかい刺激のうま味程度では満足できなくなります。私も、化学調味料を使った料理を少し食べると、その日は昆布や鰹のだしをとるのがむずかしくなります。味をさぐろうとしても、マヒしてよくわかりません。そんな強烈なうま味をパッパッと振るだけで、簡単に味がつけられるとあれば、外食産業が放っておくはずはありません。高級料亭も東南アジアの屋台も、当然使うことになります。今や世界中、化学調味料（アミノ酸等）を使わない国はないと言えるんじゃないでしょうか？ 使わないのは一部の料理屋さんや、使うのをやめようと意識している人たちくらいです。私もまったく使わない一人ですが、しかし、じつは自分でだしをとることなど、手間もかからず安く、しかも化学調味料よりおだやかなおいしさがあるということを知っています。

添加物、化学調味料がなくならないのは

料理屋側の論理、加工食品会社側の論理を考えますと、食品添加物や化学調味料（アミノ酸等）などを使用することを一方的に「悪」とは決めつけられません。他社の食品と競い合うのですから、よりうま味を出さないと売れなくなってしまいます。現行の商品に慣れた人が次に求めるのは、現行商品よりも刺激の強い、よりうまいものとなります。他社が、自社商品よりうま味の強い商品を出せば、それを上まわる商

品を出してゆかないと競争に勝てません。企業経営の論理においては、化学調味料を使うことが「悪」なのではなく、経営が成り立たないことが「悪」なのです。

かといって、買う側としては、いつの日か料理屋さんや加工食品会社が添加物や化学調味料の使用をやめてくれるだろうと、ポケーッと待っていても、しかたがないことです。添加物や化学調味料と、健康との関係について書かれた本はたくさんありま す。いたずらに不安をかきたてさせるような本もありますが、まず正確な知識をつけるうえでは、役に立ちます。その知識に基づいて安全な食品を探せば、わりと見つかるものです。また、安全な野菜を食べたい人たちが集まって農家と話し合い、無農薬野菜などを契約栽培してもらう組織があちこちに生まれていますが、このようなやり方で安全な加工食品をつくってもらうようにするのも、ひとつの方法です。

危険性に気づかずに食生活を送るのは、すごく損をしている気がします。危険性を知っているのに食べ続けるのは、すごい度胸だなぁと感心します。小心者の私としては、加工食品会社や料理人に文句を言う度胸もないので、せっせと自分で手づくりに励んでいるのです。

減塩食品を買うのは損

近ごろ増えてきたのが、減塩食品。醤油・みそ・梅干し・ハム……ｅｔｃ。およその食品に減塩ものが出まわっています。そのうち、減塩塩なんて出てくるんじゃないかと思うほどです。栄養学などの広がりで、塩分をひかえるのが、からだによいとわかってきたことや、1日10グラム以下の塩分をめざすよう国をあげての減塩運動のたまものでしょう。しかし、これもまた、企業の論理で考えますと、消費者の健康のためというよりは企業の利益のための商品です。「うちのお父さんは血圧が高いから」と、減塩醤油・減塩塩辛を買って食べさせていれば、まず、なんとなく安心した気分になれます。その「安心」に目をつけたのが、減塩食品です。

塩分をひかえた食品はうま味に欠けてしまいますし、腐敗しやすくなります。それをカバーすべく添加物や甘味料、化学調味料などを加えることになるのです。減塩塩辛など、化学調味料で食べさせているようなものです。一ビンあたりに使用している塩の量はたしかに少なくなっていても、添加物などが増えているとしたら、はたしてからだによいのでしょうか？　しかも化学調味料（アミノ酸等と書かれている）は、人の味覚をマヒさせ、空腹を感じる中枢《ちゅうすう》を強く刺激するようです。それが過食につながりますので、いくらか減塩塩辛であっても、たくさん食べると体内に摂取《せっしゅ》する塩分量は減らないのです。

「減塩」の文字に、消費者は安心して買います。そして安心して化学調味料で舌をマヒさせ、つい食べすぎてしまい、「あっ、もう一ビン食べちゃった。また、買って来よう」となります。これは経営能力としてはたいしたものです。経営として考える以上、これは悪ではありません。誰も責められるべきではないと思います。

　私は減塩食品は損だと思うので買いません。また、減塩の必要があるほど塩を使わないのです。昆布や削りたての鰹節、戻したシイタケなどの「うま味」を利用すれば、塩味はかなり少なくてもおいしくなるものです。それに塩が多すぎると、素材やだしの味がぼやけてしまっておいしくありません。目くじらたてて塩を避けたり、減塩食品で見た目の安心を買うより、おいしいだしをとって料理をすることで、いつの間にか塩の消費量が減ってきたなぁ……というほうが、おだやかな改善につながるんじゃないでしょか？

企業論理と個人の選択

減塩食品でわかったと思いますが、不安なこと、不便なことをいうのは、それを解消するような商品を生みだすヒントとなります。高血圧などで塩に対して不安を持つ人が多いから、減塩食品が登場したわけです。商売とは、そうしたものですから、減塩食品に添加物が使われているからと言って、だまされたとか、インチキ食品などと言うのは、お門違《かどちが》いです。大量に仕入れて、大量に安く生産できる企業の工業力・科学研究・開発能力は、資源が枯れ、人口が増加している現代では必要なものです。

企業とて、ただもうけられればいいな、などと思ってはいないはずだし、消費者も、ただ安けりゃいいなどと思っていません。企業には、添加物などを使わなくても保存性が保てたり、おいしくできる研究・開発を願いたいものですが、企業がその方向性を選択してくれるよう、消費者も買うもの、買わないものを選択しなければなりません。それによって少しずつではあっても、加工食品なども改善されていけば、ありがたいことです。

ただ、どんなに改善されようと、大量につくるものは、誰にでも合うように普遍的になります。私の健康、私の味覚に合わせてつくることはできないでしょう。ですから、自分の健康をきちんと保とうと思うなら、やはり家庭の食事を充実させるしかないと思います。

常識を疑え

この章では、料理屋や食品会社の論理と家庭料理の論理について、かなりしつこく書いてまいりました。私自身、料理屋生まれですから、料理屋の持つ技術の高さはよく知っていますし、学ぶべきところもあると思います。すし屋さんの貝類の下処理など、いい勉強になり、家庭料理の質を引き上げるヒントにもなります。反対に鍋ものなどは、料理屋のやり方はマネしたくありません。最初っからすべての具をつっこんで、ぐつぐつ煮る鍋ものなど食べたくありません。しかし、人の家に呼ばれたときの鍋ものは、だいたい料理屋の鍋もののマネです。

私は、魚や肉だけを先に入れて、火が通ったら、即食べます。その後の汁で野菜を煮て食べるほうが、おいしいと思うからです。あくも出ず、素材の香り、味がはっきりしているので、調味料も少しですみます。おいしく食べようとすれば、料理屋のやり方じゃなく、こういうやり方になったのです。

お好み焼き屋だって、変なやり方をする店があります。水溶き小麦粉に肉や野菜などの具を混ぜて、テーブルまで持って来るのです。私は、先に生地《きじ》だけを鉄板にジューッと流し、その上に具を並べるのがうまいと思うので、店の人にお願いしたのですが、「そのほうが、たしかにおいしいのだが、皿がひとつ余分に必要となるので、当店では混ぜて出す」とのことでした。料理屋はプロだから正しいと信じる人にとっては、困ったことなのです。

おいしく安く、手軽で健康的な食生活を築くためには、常識と思われていることを一度疑ってみることが大切だと思います。そうすれば、自信を持って出せる家庭料理を自分のものにできることと思います。

2章　主食と基本のだし篇

穀物礼賛・乾物開眼

プロの技術や常識にとらわれないで

清貧健康美食の第二ステージは、主食と乾物について述べてみたいと思います。毎日食べる主食も惣菜つくりに欠かせない乾物も、私はプロの技術や常識などにはとらわれずに料理しています。というのは、とくに乾物が40年前と現在とでは素材も製法もかなり変わってきているからです。主食の米にしてもそう。今日では、電気炊飯器で炊いておいしいご飯になるようなイネの品種が研究、改良されているのです。40年でそんなに変わるのですから、戦前とくらべたら、米も乾物もその内容と質がかなり変わってきているのです。ところが料理法は？　というとあい変わらずの昔からの方法にとらわれていないでしょうか？　おばあちゃんの知恵で米を研《と》ぐといっても、おばあちゃんが昔教わったころの米と今の米とはかなり異なっています。

頑固《がんこ》な古典料理屋に生まれ育った私ですが、幸か不幸か料理の手ほどきはいっさい受けたことがありません。あくまでも自分で考え、試してみて、その食材の特徴や使い方を学んできました。たしかに先人の残してくれた料理法と同じだなあと感心するものもありますが、そうではないものもかなりありました。この章ではよく知られた、先人が残してくれた料理法と同じものははぶきます。たとえば「昆布だしのとり方」など、もうたくさん本に書かれています。魚柄仁之助が書く以上、「そんな使い方もありなの?!」でないとおもしろくありません。じつはこの魚柄流の主食と乾物の料理法をしっかり身につけたところに、一人ひと月９０００円の清貧健康美食の出発点がありました。

私は、消費生活者というものは、一人暮らしであれ家庭持ちであれ、物を買ったり労働力を売ったりする「自分経営者」であり、「家庭経営者」であると思っています。経営者として持つべき経営感覚とは何でしょうか？　経費を抑え、良質の商品を生産し、安く買っておいしいものをつくり、自分や家族に健康をもたらすということです。欲張った話ですが、この食卓のリストラをなしとげるうえで、たよりになる助っ人が乾物なのです。私が実践している情けない・しみったれた使いまわしを、恥をしのんですべて公開いたします。気をしっかり持ってお読みください。

ごはん——試してみたいワザ

主食といえば、まずご飯。言うまでもなく、ササニシキやコシヒカリという言葉はわが家の辞書にはございません。

安い通常価格帯の米はおいしくないのでしょうか？　たしかに電気炊飯器で炊くと、そううまいものではありませんが、直火で炊くとかなりうまく炊けます。別に羽釜《はがま》（かまどで炊くための鍋）や圧力鍋が必要なわけではありません。少し厚手の鍋があれば充分です。

では、わが家のごはんの炊き方をご紹介しましょう。

米は研ぐというより、軽く洗います。今の米は電気乾燥ですから、水のしみ込みが早いので水を二～三度かえてサッと洗います。1時間以上水につけておいてから炊きますが、水加減は米の上1センチ弱です。

強火で炊き始め、沸《ふっ》とうしてきたら中火にし、鍋底の方からパチポチ音がし始めたら、10秒ほどその音に聞きほれて火から下ろします。

下ろした鍋は後述の保温箱に入れるか毛布でくるんで15分。火にかけてから、食べるまで20～25分。火にかけている時間は5～10分なので、その後にみそ汁をつくれば、保温時間中にみそ汁が仕上がります。鍋で炊くのは電気釜より早くてうまいのですが、困ったことに（本書執筆中だった）1993年は記録的な不作で米不足。

そこでリストラ！　米の消費量を2分の1にすれば、当然ですが米代は安くなります。2合研ぐところを1合にします。残り1合は押《お》し麦《むぎ》を入れて炊くと、麦ごはん。全部米のときよりはパサついた感じがしますが、これは腹にもたれないのがいいところ。この押し麦のパサパサ感を緩和してくれるのが雑穀《ざっこく》のキビ。少量のキビを加えて炊くと、もち米ほどとは言えないまでも、ごはんに粘りが出てきますので、とくに押し麦を入れたときには有効なワザです。押し麦は1キロ270円くらいですから、10キロでも2700円。押し麦たっぷりご飯で、米をたいせつに使うことができます。キビは割合に高いので、少量ずつ使っていますが、少量で粘りが出るまことにありがたい穀物です。押し麦が良いとかキビが体に良いとかではなく、その時、入手可能な食品を上手に使いこなすことが重要なのです。

押し麦同様、米の増量剤となるものに豆類があります。緑豆でしたら、米といっしょに研いで水に浸《ひた》しておけば、普通のご飯と同じように炊けます。また、あらかじめゆでておいた大豆やアズキがあれば、炊くときに加えてやるだけで豆ごはんになります。

もっと手軽な増量剤として、切り干しダイコンがあります。米を研いで水浸しにするときに切り干しダイコンもいっしょにつけておき、炊く前に取り出し、こまかく切ってからいっしょに炊きます。これは炊き込みごはんのときにも使える技です。

先日友人宅で普通の白いごはんをたべたとき、そのまぶしいばかりの銀シャリに、「目が、目がつぶれる」と本当に感じた私と同居人。戦後、いったい何年たったのでしょう?

なぜ、押し麦ごはんなの?

そりゃ、押し麦が米より安いからに決まってますが、もう少しまじめに述べてみましょう。

白米より玄米のほうが、ビタミンやミネラルが豊富です。これは、玄米に含まれる栄養素が、精米して白米になるとかなり減少してしまうからです。そこまでわかっていながら、なぜ玄米を食べないのでしょうか? まず、私の好みの問題ですが、玄米も好きだけど、白米のほうが自分の好みに合っています。玄米を白米にすると、含まれる栄養素はたしかに減少します。しかし、カルシウムの体内蓄積《ちくせき》量をみますと、玄米食だと白米食の3分の1しか蓄積されないというデータもあります(高橋晄正《こうせい》『自然食は安全か』農文協による)。マグネシウムは玄米食の場合、排泄してしまう量のほうが多くなるとのこと。こういったこともふまえたうえでの「玄米食」でないと、ただなんとなく健康っぽい、といった、「漠然《ばくぜん》とした健康観」でしかなくなってしまいそうです。

それと、玄米の消化吸収の問題が挙げられます。確かに玄米の栄養素はよいものですが、これを消化し充分に吸収するには、まず、ひと口100回くらい噛む必要があります。普通の白米程度の噛み方ですと、なかなかどうして、腸まで行ってもなかなか消化されていません。ですから、「玄米はからだによい」というときには、ひと口につき100回くらい噛んで、ドロドロになってから飲み込めば、という前置きが必要になります。

私は魚の骨まですべて噛みくだいて食べるほど、あごの発達した人間で、人からは現代の縄文人と呼ばれていますが、玄米を100回噛む心のゆとりは、まだ持ち合わせていない未熟者です。そこで、白米の補助として押し麦や、緑豆、場合によってはオートミールまで混ぜて炊いています。けっして、玄米食を続けることを否定しているのではありませんし、逆に、玄米を100回噛んで食べている人たちがうらやましいほどです。ひと口100回噛む心のゆとりが生じる日まで、押し麦・オートミール・雑穀ごはんでカバーしてゆこうと思っています。私のめざしているのは、おおらかなリストラですから。

冷やごはん——冷や飯の生かし方

最近は炊飯ジャーというものが普及したおかげで、冷や飯が姿を消してきました。

昔でしたら、私のような次男坊は冷や飯食いなどと言われていたのでしょうが、冷や飯がなくなった今日、私が餓死《がし》するしかないのでしょうか？

まぁ、うちの場合、炊飯器すらありません。ガスの直火炊きです。おかげで冷や飯もちゃんとでき、餓死をまぬがれております。炊飯ジャーで半日も保温すると、ごはんはだんだんまずくなるように感じます。それならばジャーから出して冷や飯にしておき、食べるときに電子レンジで温めたほうがまし。しかし、せっかく冷えたごはんですから、それはそれなりの料理を楽しみたいものです。

まずチャーハン。これは熱いごはんより冷や飯のほうがよいようです。冷や飯をよくほぐしておいてから作ると、ベタつかずに上手にできます。

冷や飯をすり鉢《ばち》に取り、すりゴマといっしょに軽くすり合わせます。ポロポロしたすりゴマごはんになり、ただのすりゴマごはんより確実においしくなります。これはゴマに限らず、梅肉でも、みそでもよく合います。擂《す》るというより、かき回してよく混ぜるといった感じですが、私はこれを「鉢合《はちあ》わせごはん」と呼んでいます。これは熱いごはんより冷や飯のほうがおいしくできます。

次は冷や飯を、もちつきよろしくつぶしてしまいます。つぶすのはすり鉢でも、ボールや鍋でもできます。ごはんの粒がくっついて、ひとつひとつがわからないくらいになったら、それを平べったくのばして薄く油を敷いたフライパンで焼きます。両面を焼いたら、醤油をハケで塗ってでき上がり。もちのようでもあり、団子《だんご》のようでもあり、不思議なものです。

次に、冷や飯と同量の小麦粉に水を加えて、お好み焼きのもとくらいの粘りにします。そこに冷や飯と具を入れ、よく混ぜたら油を敷いたフライパンで焼きます。ごはん入りお好み焼きというわけですが、具は小さく刻《きざ》んだ野菜をはじめ、ちりめんじゃこ、削りスルメ、削り昆布、姫エビ、麩、削り節などなど、多種類の乾物を少量ずつ使うと、いやでもうまくなります。仕上げには醤油をハケで塗りますが、おろしショウガもいっしょに塗ると、さわやかな味になります。大人のおやつというか、お湯割りの焼酎のよきお相手というか……。

次は少しおしゃれな冷や飯料理にいってみましょう。やはり冷や飯と同量の小麦粉にスキムミルクの粉を加え、水でねります。お好み焼き同様、冷や飯を混ぜますが、ここで小さく切ったチーズも加えます。うちでは大豆チーズをよく使いますが、冷蔵庫で固くなったチーズでも大丈夫です。少し塩を振ってよく混ぜ合わせたら、これまた油を敷いたフライパンで焼きます。生地の中のチーズが軟らかくなってとてもおいしいものです。

では最後に、変な使い方をひとつ。粒がわからなくなるようにつぶした冷や飯を、魚や肉を焼く時の衣がわりに使うのです。つぶしたごはんは少し水を加え、若干ゆるくします。タラの切り身をこの衣で包んでフライパンで焼くか、この衣の外側にパン粉をつけて、やはり油を敷いたフライパンで焼きます。小麦粉の衣と異なり、ボリュームがあります。

冷や飯もいろいろと使いまわせるものですが、冷たい残りごはんに冷えた豚汁をぶっかけて、唐辛子にラー油一滴、というのも実は大好きだったりなんかしちゃったりして。

めん類
――ゆでめんより乾めん、乾めんより一人分10円の30分うどん

うどん、ラーメン、そば、そうめん……。私はめん類をよく食べます。軽い昼食に

冷めん、お酒の後にザルそばなど、私の好きな食べものです。

スーパーに行ってめん類を探しますと、ゆでめん、冷凍めん、乾めん、即席めん、カップめんとさまざまです。冷凍めん、即席めん（袋入りインスタントラーメンなど）、カップめんは高いので買いません。

ここでゆでめんと乾めんをくらべてみましょう。ゆでめんは100グラム90円でしたが、これはかなり水分を含んだうえでの100グラムです。一方、乾めんはというと、500グラム250円や1キロ380円というものまでありました。水分を含まずにこの重さですから、これはもう勝負になりません。しかも、この乾めんというのが日持ちがよい。ということは、買い置きがきくということですから、常備しておけば夜中に「きしめんが食べたい！」ということになっても、5〜6分ゆでればすむわけです。うどん、きしめん、ラーメン、そば、スパゲティと、いろんな乾めんを買っておけばまさに何でも来い！　なのです。

しかし、これで安い安いと喜んでいたのでは清貧健康美食になりません。乾めんとて加工品。もしかしたら高くついているんじゃないだろうか？　そこがリストラ！　めんは自分で打つ。もうそれだけで「めんどくさい」と言われそうですが、これが意外に簡単。たとえばうどんなら、「うどんを打とう」と腰を上げて、ズルズルッと食べ始めるまで約30分。

まず小麦粉を鍋に入れます。かりに100グラムとしましょう。40グラムくらいの水に塩を少し加えてよく溶かし、鍋に入れます。小麦粉と塩水を手でこね合わせます。最初はベタついていますが、すぐに丸いボールになります。これをビニール袋に包んで足でよく踏みます。本職は長時間こねて踏んだあと、しばらく寝かせますが、私は別にうどん名人になりたいわけじゃないので、少し踏んだらさっさとのし棒で平たくのばし、包丁で切ってゆでます。ゆであがったらザルにとって、冷水でよく洗うとうまくなるのです。100グラムの小麦粉が、ゆでめん180グラムぐらいになるのです。

先日、二人分のうどんを打って食べたときに小麦粉、塩の原価を計算してみました。二人分でアッと驚く20円！　この30分うどんですら、買ってくるどんなめんよりうまいというのに、一人分10円！　当然、「やった！」と喜ぶべきところなのでしょうが、これまで「乾めんが一番安い。ゆで麺や冷凍めんを買う人間の気が知れない」などとうそぶいていた自分の愚《おろ》かさが情けなくなりました。

小麦粉も冷蔵庫なら長く保存できるし、うどん以外にもいろいろな使い道があります。「うどん打ちはむずかしい」という先入観も、やってみれば、ガラガラと崩れてしまいます。もちろんめん打ちは奥が深く、やればやるほどおもしろくなります。今まで安いと思ってた乾めんに持って行かれた大金を取り戻すべく、「このやろう！このやろう！」と力を込めてうどんをこねている今日このごろです。

ミネラルいっぱいの雑穀

近年、アトピーの人や健康を願う人が、雑穀に関心を示してまいりましたが、私も1980年代後半から、雑穀普及会なるものをやっており、雑穀の種子をいろいろな人にお分けいたしました。アワ・ヒエ・モロコシ・エゴマ・アマランサスなどの種子を、全国数百軒に送ったものです。

私が雑穀に惹《ひ》かれたのには、いくつかの理由があります。一つは、豊富なミネラルです。精米した米で不足するいろいろなミネラルを、雑穀は豊富に含んでいます。ごはんといっしょに炊いたり、すりつぶしたりして食べると、とてもおいしいのです。それに、雑穀と呼ばれるものたちは皆、生命力がバツグンです。少々の荒れ地でも、立派に育ちます。私もよく、人から雑草のような生命力だなどと言われますが、雑穀のような生命力と言ってほしいものです。

雑穀は保存性もよく、よく干したものを虫がつかないように保存すれば、数年たってもまだ食べられます。近ごろは、食糧不足など遠い過去のことと思われがちですが、冷害や台風などで一気に米がやられることだってあります。たとえ米が必要量の2分の1しか取れなくても、田のあぜや荒地に植えた雑穀が補《おぎな》ってくれます。

単一食品ばかり食べるのが、からだによいとは言えないのと同じように、単一種の米、それもササニシキやコシヒカリばかりをつくっていると、やられるときにはみんなやられてしまいます。これからの時代、雑穀をどんどんつくって上手に売り出せば、欲しがる人は多いと思います。現に私の雑穀普及会にも、アトピーの子を持つ母親から、雑穀を多量に定期的に買いたいという相談があったくらいです。誰か、やってみませんか？

パン——赤貧の極北・パン粉パン

めんの項でも述べましたが、小麦粉を用いた食品は、自分でつくると信じられないくらい安上がりです。

当然、パンも自分で焼けば安上がりなのでしょう。しかし私はパンをほとんど食べないので、パンは焼きません。それにパンを焼くには天火を使って高温で長時間かけなければならないので、しみったれの私向きではないのです。低温・短時間で焼く方法を考えればよいのでしょうが、自分があまり食べないものは、なかなか研究の対象になりません。

でも、蒸しパンならわりによくつくります。これは小麦粉にベーキングパウダーや酒粕を混ぜ、水を加えてよくこねたものを、少し寝かせて蒸すだけです。サツマイモ入り酒まんじゅう風の蒸しパンなどもつくります。

では、私はパンというものをまったく食べないのかというと、そうではありません。

たまには食べます。しかし、パン焼きはしませんし、ましてや買うなどもってのほか。どうしているかというと、そこがリストラ！　パンの耳をもらってきます。ときには買うこともありますが、大きな袋で10円とか20円。赤貧大学生の頃、パンの耳を主食にしていましたが、これはもらってから3日目にもなると、カラカラにひからびるか、カビがはえるか、そこで考えました。「さっさと乾燥させればカビもしないし、腐りもしない」。そこで、パンの耳をよく乾燥させてから粉にして保存したのです。これでパン粉を買わなくてもすむと喜んだそのとき、再び浮かんだリストラのアイデア。「まてまて仁之助、もともとパンだろう。水を加えりゃパンに戻るんじゃないか?」。

鍋にパンの耳の粉を入れ、水を加えてこねくりまわしてみました。しかし、そこにあるのはとてもパンと呼べないベチャッとしたもの。そこでストーブの上にフライパンをのせ、そのベチャッとを文字通りベチャッとのせてみました。片面焼けたらひっくり返してもう片面。こんがり焼けて、これが「パン粉パン」の誕生でした。香ばしくて噛みごたえのあるパン粉パン。それもそのはず、このパン粉パン、元がパンの耳だから、白いところがほとんどありません。しっかり焼いたものはまるでクッキーみたいな味です。油を敷かなくても焦げつきません。

以来、わが家のパンといえばパン粉パン。パン粉にスキムミルクを混ぜて「ミルクパン粉パン」。シナモンやちぎった干しプルーンを混ぜて「フルーツケーキパン粉パン」。赤貧の極致は「おからパン粉パン」。

このパン粉パンになれると、白いフワフワしたパンがたよりなく見えてきます。茶色の耳が中までみっしり詰まったパン粉パンにアップルティーで、午後のティータイム。アップルティーは、干しておいたリンゴの皮でやりましょう。

小麦粉をこねて焼くだけがパンではないのです。「20歳のころ、考えだしたんです」と人に話したら、「そのころからしみったれてたのね」と変に感心されてしまいました。

乾物——乾物ビンをながめて考える明日の献立《こんだて》

前にも書きましたが、一人ひと月9000円の清貧健康美食をささえる縁の下の力持ち、それが「乾物」です。

　乾物はその名のとおり、日に干して乾かしたものですので、いたみにくくて、軽く持ち運びやすいものです。また水分が抜けた分、味も濃厚《のうこう》になっています。ですから干しワカメ300グラム1000円といっても、塩ワカメ300グラム500円よりはるかに安いのです。悲しいかな戦後は冷蔵庫が普及したため、使わない人が多くなりました。今日に至っては、もはや使い方がわからないという人のほうが多いくらいです。また、手間や時間がかかってめんどくさいという誤解も多いようです。本書では、乾物の基本的な使い方と、掟《おきて》破りとも言われかねない私の使いまわしを紹介してゆこうと思います。

　乾物の選び方、買い方については1章「乾物の家庭内備蓄」のところでも述べましたが、私の場合、まず安いものから買い始めました。質のよしあしは自分で使ってみて判断しました。それでわからないことは、乾物屋のご主人に聞いてみました。「何でこの安い煮干しは生臭《なまぐさ》いのか？」「腹のところが脂焼けしているからだ」などと、プロは教えてくれます。

「昆布は日高《ひだか》」とか「鰹節は土佐《とさ》だ」とか、よく言われますが、それは日常食の常識とは言えないはずです。とりあえず近所の乾物屋やスーパーで安い小袋を買って使ってみました。そうして気に入った乾物を、今度はまとめ買いすべく、築地やアメ横といった大きな市場へ出かけました。すると、目黒で250グラム1800円の昆布よりずっと良質のものが250グラム1000円で買えました。もちろん市場では250グラムでなく、1キロ単位でないと買えないのですが、たとえ1キロ買っても保存性が高いので、普通の家庭なら半年以上使えます。豆類も専門店に行くと数十種類もあり、簡単そうなのだけ買っても、とっかえひっかえ豆料理を楽しめます。

ただし、乾物は虫がつかないようにしなければなりません。私は広口のビン、俗にマヨネーズビンと呼ばれるものに乾物を入れています。台所の棚にズラーッと並んだ乾物ビンの前に立ち、明日の献立を考え、必要な乾物を鍋に取り、水をはっておきます。これを翌朝煮るのですが、シイタケなどはものの1~2分で煮えますし、大豆ですら20~30分です。また、ヒジキや切り干しダイコン、凍豆腐などは5分から10分、水につけておくだけで戻ります。

乾物のミネラルや食物繊維《せんい》

私の本にはしつっこいほど乾物が出てきます。乾物は買い置きができるので買い物に行く回数が減って助かります。しかし、現代の日本人にとって、何よりもありがたいのが、乾物に含まれるミネラルなのです。カルシウム・亜鉛《あえん》・マグネシウム・カリウム……ｅｔｃ。とかく不足しがちだと言われるこれらミネラルや食物繊維を、乾物はたっぷり含んでいます。豆類はマグネシウムとカリウムの宝庫です。これらが不足すると、カルシウムは正常にはたらきません。

身欠きニシンやカボチャの種は亜鉛を多く含みます。牡蠣《かき》がもっとも亜鉛を多く含むのですが、新鮮なものをいつも買うとなると、手間もお金もかかります。身欠きニシンならいつでも使えるし、非常に安価です。芽ヒジキや切り干しダイコンなどは、水につければわずか10分程度で戻りますし、切り干しダイコンはしぼって酢醤油をかけるだけで食べられます。ヒジキもしぼって2～3分炒めるだけです。

こんな手軽なもので食物繊維やミネラルがたっぷり摂《と》れるというのに、世間は乾物に対してなんと冷たいのでしょう。ヒジキや切り干しダイコンは甘辛く味つけされて、小さなカップに入ったものでないと買う気にならないのでしょうか？　あれなら食べないほうがからだにいいかもしれませんよ～～。

昆布――切って、削って、ひと月275円でグーンと広がる可能性

料理の本と言えばいまだに不思議に思うのですが、「昆布をふきんでふいて、汚れやゴミをとって……」と書かれている意味がよくわかりません。私が実家で昆布をかじっていた1960年代だって、ゴミがついていたような記憶がありませんし、近頃の昆布は、表面に白い粉さえ吹いていていないのがあります。

昔、砂浜で昆布を干していたころは、もしかしたら木や葉っぱ、藻のくず、砂粒などがついていたのかもしれませんが、近ごろ出荷されている昆布は温風乾燥が多いはずだし、ゴミなどついていると、すぐに抗議の電話がかかってくるこの国です。しか

も売るときはビニール袋に入っていてホコリもつかないのですから、そのまま使っていいんじゃないでしょうか？　まちがってぬれぶきんなどでふいたら、昆布のあの水溶性のうま味は、ふきんにあげてしまうことになります。

昆布は水につけておくだけでもだしが出ますから、寝る前に鍋に入れて水を張っておくと、翌日のみそ汁はいっそうおいしくなります。

さて、昆布の使い道はすこぶる広いのです。汁物のだし、そばつゆ、昆布じめ、煮物、佃煮《つくだに》、炒め物、ひいては洋風料理にまで使えます。シチューやカレーに使うと言うと変に思われるかもしれませんが、鶏ガラスープやブイヤベースなどの動物性のスープのサポーターとして、植物性の昆布だしがよく合うのです。昆布だしのおすましをつくるときなどは、昆布のあくが出ぬよう、沸とう直前に引き上げますが、みそ汁や煮物、炒め物のときには、あくはほとんど気になりません。わが家では取り出さずに、そのまま具として食べています。

そこでリストラ！　どうせ食べてしまう昆布なら、最初から小さく切っておいたほうがだしはよく出るし、食べやすいし、炒め物などにも使いやすい。ヒマなとき、昆布を長さ5ミリ、幅2センチごとにハサミで切っておくのです。こたつに入って、酒でも飲みながら、チョキチョキやってマヨネーズビンにぎっしりの昆布をつくっておくのです。これは便利。味噌汁も煮物も、野菜炒めもカレーも、すべてこの切り昆布をパラパラとすればいいのです。

切り昆布を10分ほど酢に漬けます。昆布はフニャフニャの酢昆布、酢は酢の物やドレッシングに使えるうま味酢になっています。同じく切り昆布を醤油に漬けます。うま味のついた昆布味醤油は、刺し身をはじめ使い道いろいろ。長いままの昆布だと思いつかないことも、細く切っておくだけで可能性がグーンと広がるのです。

と、ここで再びリストラ！　昆布を削る。昆布を5～10センチの長さに切って5枚くら

〈昆布削りの図〉

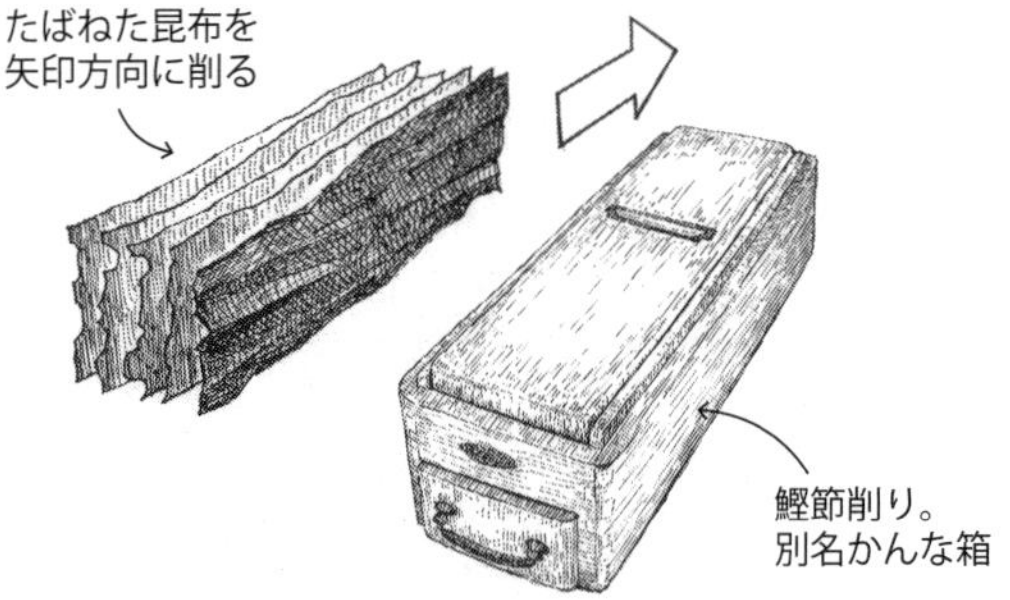

い束《たば》ねるようにして手に持ち、それを鰹節削り器で削ると、細い糸のような削り昆布ができます。これに酢や醤油をほんの少量加えてかき混ぜるだけで、納豆のように糸を引く糸引き昆布になります。削り昆布をすり鉢に入れ、水を少し加えてすりこぎでよくすります。泡が出てきて、そのうち削り昆布の原型が見えなくなってきたら、刻みネギと塩少々を加えてまたすります。ネギのツンとした香りが立ってきたら、これを熱いご飯にかけ、醤油数滴をたらして食べます。これは安い昆布でもすこぶるうまいのです。高い昆布だと肉厚なので、するのに時間がかかるのですが、安い昆布は薄いからすぐトロトロにすれるのです。薄さを逆手に取って、安い昆布の勝ち。

この削り昆布は、お湯をかけるだけで即、昆布茶。そのほかにも茶漬け、酢の物と、とにかくそのままでも軟らかいのですから使い道が多いのです。

次は昆布じめ。私はこの昆布じめなる料理の技が大好きです。淡白《たんぱく》な味の白身魚などを、昆布でしめると昆布のうま味が魚に移り、逆に魚の水分は昆布に移ります。つまり魚の身がしまったうえに、うま味が増すわけです。あまり脂ののっていないトビウオなどでも、軽く塩を振ってから昆布でしめると、びっくりするほどうまくなるからありがたいことです。

ところで、市販のタイの昆布じめなどはタイの身全体を昆布でしっかり巻いていますが、家庭の日常食でそこまでやる必要があるでしょうか？　どうももったいない気がします。そこでまたまたリストラ！　たとえばトビウオでしたら、まず三枚におろします。身に軽く塩を振ってから、一枚の昆布をトビウオの身でサンドイッチにします。つまり、中骨の代わりに昆布が入ったようなもの。これをふきんできっちりくるめば、昆布の味がトビウオに移りますし、トビウオの水分は昆布とふきんが吸い取ってくれます。市販のように昆布でグルグル巻きにしなくても、小さな一枚の昆布をはさむだけで充分においしくなるのです。

本書ではこれから、やたらと昆布が登場します。今のうちにチョキチョキ切ってはビンに詰め、シャカシャカ削ってはビンに詰めておきましょう。今、わが家は日高の一等昆布を使っていますが、これだけふんだんに使っても一人ひと月275円の昆布代にしかなりません。化学調味料より安いのではないでしょうか？

昆布は毎日少しずつ

私は料理屋に生まれましたので、家にはラウスだ利尻《りしり》だ、日高だといった昆布の最高級品が常にありました。肉厚で、むちゃくちゃに硬い昆布ですが、ちぎって口に入れると、表面のしょっぱさとうまさが、口中にパーッと広がったものです。今日では、東京で貧乏生活をしていますので、そんな立派な昆布は買えませんが、それでも、日高の1等くらいなら築地で安く買えます。

おいしくて安い昆布の買い方を教えてほしいとよく聞かれるのですが、養殖昆布も出回り、海流の変化も激しい今日のことです。そんなものは、わかりません。私は信用できる昆布問屋の親父さんに聞いて買っています。向こうはプロですから、その年のできぐあいもよく勉強しています。料理の本などを見ると、「良質の昆布」を使うように書いているのがありますが、あれは昆布屋の親父さんと相談して買いなさいと言っているようなものです。

昆布も鰹節同様、うまいだしの素となるだけではありません。カロリーゼロなのに、ミネラルは豊富に含んでいますし、繊維もあります。ミネラルも、いろんな種類を含んでいるので、毎日少しずつ食べる食品に適していると思います。

ただし、からだによいからといって、昆布ばかり食べたり、粉末を健康食品や薬のように飲むのは非常に危険です。本書で再三述べていますが、過剰摂取《かじょうせっしゅ》は必ずからだに害をおよぼします。根昆布の粉末を、からだによいからと言われて飲んでいた人や、便秘にきくからと毎日多量の昆布を食べていた人が甲状腺に異常を生じ、からだがむくんだりしているのです。私は使いすぎにならぬよう、あらかじめ昆布を5ミリくらいの幅に切っておき、みそ汁や煮物にパラパラと入れて使っているのですが、このやり方だと、たしかに使用量は少なくなります。もちろん、だし味は充分に出ています。

すき昆布（たたみ昆布）――ひと月１０８円、即効型の便利な味方

呼び名は地方によって異なるようですが、薄い昆布を細切りにし、A4くらいの大きさにすいた昆布です。

昆布巻きやだし昆布とくらべるとうま味は薄く感じられますが、使い勝手のよさならこれが一番。酢の物、炒め物、煮物など昆布と同じように使えます。そのうえありがたいことに、戻るのがいたって早い。小鉢《こばち》に取って酢をかけるだけでシナーッと軟らかくなります。醤油をかけてもシナーッ。炒め物にそのまま放り込んでもすぐにシナーッ。およそ戻す必要のない即効型の昆布。

ちらしずしならちぎって混ぜるだけ。すし飯の水分ですぐにシナーッ。イワシのつみれ団子にそのまま混ぜたり、魚のすり身に混ぜて蒸せば昆布入りかまぼこ。ギョーザ、シュウマイ、春巻きの具をつくるときも、ちぎって他の材料ともみ合わせると、肉もいらないくらいにうま味が出ますので、野菜ギョーザのときなど強い助っ人です。お酒を飲むとき、ちょいと吸い物なんぞほしいと思ったら、お椀《わん》にすき昆布と麩《ふ》を入れ、塩をパラリとふって熱湯を加えます。ふたをして1分間。あっさり味の吸い物がすぐできます。

こんな便利なすき昆布ですから、これもポイポイ使えるように、あらかじめパリパリとちぎってマヨネーズビンに入れておきます。普通、A4くらいの大きさのものが、4～5センチの厚み（10枚くらい）で袋に入っていて、1300円前後で買えます。私のように無節操に使ったところで半年以上もっています。かりに半年で食べきったとしても一人ひと月108円。除夜の鐘を聞くときは、すき昆布料理を百八つつくって年を越しましょう。

煮干し――「ひとり2匹、ひと月83円」でおいしいみそ汁

これもわが家の一人ひと月9000円健康美食を支える強い味方です。毎朝のみそ汁には、昆布と煮干しが常連。吸い物やめんつゆには昆布や鰹だしを使いますが、みそ汁や野菜の煮物にはやはり煮干しのほうがよいようです。

ひと口に煮干しと言いますが、いりこと呼ばれる小さなものから、カタクチイワシの煮干しのような大きなものまでさまざまです。小さなものはあっさりだしで、大型になるにつれ、濃厚なだしになるようです。

吸い物やそばつゆなどには鰹節を用いますが、みそ汁や煮物には煮干しのほうが濃厚でよく合うと思います。ひと口に煮干しと言っていますが、地方によっていろいろな大きさのものがあります。よい煮干しをつくるには、とれたての鮮度のいいところを、すぐに煮あげることだと、乾物屋の親父さんに聞きました。また、いくら良質の煮干しであっても、時間がたって酸化が進んだものは、脂やけと言って煮干しの腹部がかなり黄色くなります。これはだしをとっても、嫌なくさみが出て困りものです。良質の煮干しが手に入ったら、冷凍保存が一番です。

煮干しと言えば誰もがカルシウムと答えるほど、煮干しに含まれるカルシウム量はおおいのです。脂質は生のイワシよりかなり少なくなっています。朝のみそ汁に煮干しと根菜類を入れるだけで、ミネラル類はかなり摂れることになります。

煮干しは、だしを取る用途以外にも、煎《い》ってそのままおやつにしたり、酒に漬けておいたあとに醤油を加えて煮切ったりするのもうまいものです。

よく煮干しのだしは魚臭いとか、生臭いなど言われますが、理由のひとつに煮干しがいたんでいることがあげられると思います。長く店頭に置かれて日光に当たっていれば、当然変質してしまいます。

臭みのもうひとつの原因は調理法にあるのではないでしょうか？　煮干しを入れて沸とうさせ続けていると、ますます生臭みが出てくるようなので家では煮立てません。煮立てなければみそ汁など、煮干しを引き上げなくても臭みは出ないのです。

先日、ある女性に「みそ汁の煮干しは、家では小さなものを一人当たり2本使います」と言ったところ、彼女は100パーセント信じてくれませんでした。詳しく話を聞いてみると、私とは料理方法が異なっていました。彼女は朝食をつくる前に鍋に水を張り、昆布、煮干しを入れています。私は同じ作業を前の日の寝る寸前にやっています。これだけの違いなのです。どうせ鍋に水と昆布と煮干しを入れるのなら、少ない材料でおいしくつくったほうがトクではないでしょうか？　かける時間と手間が同じだったら、経費（材料費）を下げて好結果を得るほうがいいと思います。煮干しの使い方にもリストラがあるのです。

今、家の冷凍庫にはマヨネーズビンに入った煮干しが入っています。冷凍にするといたみにくいし、出してもすぐそのまま使えます。1000円で買った煮干しが、半年たった今もまだ残っています。かりに半年で1000円としても、一人ひと月83円！　そうなんです。健康美食を心がけると、いやでも食費は下がるものなのです。

いやだいやだ、たまにはお金を使ってみたい。

ちりめんじゃこ・姫エビ
――そのまま食べられる食卓の常連がひと月83円

ちりめんじゃこは、こうなご、シラス干しなどと、大きさや乾燥具合の違いなどによって名前も分かれているようです。しかし、どれもそのままで食卓に出せるありがたい乾物です。当然のことながら、よく乾いたものは、生乾きのものより日持ちがいい。それでも毎日の食卓用はビンに入れて冷蔵庫に、ストック分は冷凍庫に入れておきます。そうしないとすぐに鮮度が落ちてしまいますから。保存性にすぐれているのが乾物じゃなかったのか？　と言われそうですが、そのままで食べられるという長所でもって大目に見てください。

姫エビ、オキアミ、干しエビはいちおうエビの姿格好をしていても、あまりに小さすぎて天ぷらやすしダネになれるわけもなし、という理由かどうかは知りませんが、それを干したもの。

姫エビは生乾きなのでソフトな感じ。ソフトであるということは、そのままで食べられるということなので、これも食卓の常連。

カリカリに乾いたオキアミは少し戻して使ったほうが食べやすいけれど、焼きソバやお好み焼きにはそのまま使えます。

一度、知り合いから、大きな干しエビをいただいたとき、戻してみたら長さが5～6センチにもなりました。天ぷらにしてみたところ、生のエビよりコクがあって身もしまっているのには驚きました。

ちりめんじゃこや姫エビなどは、そのまま食べる以外にも、幅広く使えます。炒め物、酢の物、煮物にはそのままポイポイ放り込めます。冬にハクサイ漬けをつくるときには、これらを加えるとうま味が増します。また、韓国産粉唐辛子と姫エビをすり鉢ですり合わせ、醤油を少したらすとドロッとしたペースト状のタレになり、漬物を漬けるときや、鍋物のとき、肉や魚を焼くときにとてもおいしいものです。

すりつぶすと言えば、やはり姫エビやオキアミをすりつぶして小麦粉に混ぜ、塩と水を加えてかた練りにしたものを薄焼きにすると、エビセンもどきがつくれます。洋風料理のときも、エビだと思って使えば、出来上がりの味と香りはエビなのに、エビの姿はいずこやらとなります。ポークビーンズの豚肉に代えて姫エビを使い、トマトソースで煮るのもうまいものです。

姫エビは食パン一斤半《いっきんはん》くらいの袋いっぱいで500円。3カ月くらいで食べてしまいますが、一人ひと月83円。とすると、一食あたり……。

鰹節――毎日削ってひと月233円

昆布、煮干しとくれば当然のことながら鰹節。削り節と呼ばれることも多いのですが、それは、サバ節やムロアジ節などを削ったものを混ぜて売られていることが多いからだと思います。上品な吸い物には鰹節、煮物やそばつゆにはサバ節と、使い分けている人もいます。

私も当初は大きな袋に入った鰹の削り節を買っていました。大袋だからたくさん入っているような気がします。しかし、しょせん削ったもの。容積はあっても目方は少ない。試しに鰹節1本と削り節1袋の目方をくらべてみました。そこがリストラの始まり！　削り節10袋合わせても鰹節1本の重さにならない。削る手間代と袋代がかかっているのです。「これはきっと自分で削ったほうが安いに違いない。絶対にそうだ。そうにきまっとる！」

さっそく削り器を買おうとしましたが３０００〜1万円もするのです。買えるはずなどありますまい。そこで再びリストラ！「よそさまが浮かれて買ったり、お歳《せい》暮《ぼ》でもらって実際にはほとんど使ってない死蔵品《しぞうひん》があるはず。バザーだ」。ありました、ありました。目黒公会堂のバザーで新品同様、デパートで見たあの７０００円の鰹節削り器が目の前でなんと５００円。手にとってあまりの感激にひたっていたら、何を勘違いしたのか、売り子のほうが、「いいよ、３００円でいいからさあ」。買って帰りました。

さっそく3本２８００円の鰹節を買い求め、削り器の刃を研ぎ直して削ってみました。だしが違う！　香りが違う！　味が違う！　まったく違う！　おひたしなど10回もシャカシャカ削れば充分です。しかも1本の鰹節は、毎日シャカシャカ使っても、2カ月持ちました。一人ひと月２３３円！　うまいものは安いんです。

友人たちにもすすめましたが、皆、削り技で暗礁《あんしょう》に乗り上げるようです。まず、削り器の刃を出しすぎます。そうすると、節に歯がくい込むので、うまく削れないばかりか刃をこぼしてしまうのです。それでますます削れなくなり、やがて削り器は死蔵され、バザーに出されて500円。そこに私が……。やめておきましょう。かんなの刃を抜いて研ぐことです。中砥《なかと》だけでも研げますが、仕上げ砥があると、とてもシャープに研げます。研ぎ方は、大工さんのかんな研ぎと同じ。乾物屋さんか、大工さんに聞けば教えてくれます。研ぎ上がったら刃を戻しますが、刃はかんなからわずかに出る程度にします。やっと見えるかな、くらいが薄く削れ、力も要りません。もうひとつのコツが削る前に鰹節を十分に湿らせておくこと。乾いたままの節では削っても粉になりますから。

鰹節を自分で削るようになると、おいしいものを安く食べられて万々歳《ばんばんざい》なのですが、もうひとつよいことがあります。お客が来たとき、目の前でシャカシャカ削っておひたしにかけたり、さっと鍋に入れて吸い物をつくったりすると、何かこう、職人風で格好いいのです。と、不純な動機で今日もシャカシャカ……。

鰹節は削るにかぎる

カツオ以外にも、ムロアジやサバ・イワシの節もよく使われます。それらを削ったものが削り節として売られており、カツオを削ったものよりクセが強いというか、濃厚な味が出ます。しかしここでは、鰹節一本にしぼって説明してゆきます。

その製造法を簡単に申し上げますと、まず、おろしたカツオの身をゆでた後、乾燥させてから煙でいぶします。その後、独特のカビのついたカビ箱でねかせて、カツオのまわりにカビを繁殖させます。そのカビをいったんこすり落として、再びカビ箱でカビ付けをします。昔はこの作業を4～5回行ったようですが、現在では、2～3回で終えるそうです。カビをつけることで、カツオのタンパク質からうま味の素となるアミノ酸をつくるのだそうです。

鰹節によるだしのうまさは、カビをつけなければ生じてきません。ところが、今よく売れている鰹節ミニパックに入っているのは、カビをつけた鰹節ではありません。

ゆでて乾燥しただけのものや、煙でいぶすまでのものです。私も使ってみましたが、10パックくらい使ったところで、カツオふうの魚臭さこそあれ、鰹節のうま味＝熟成したようなうま味がまったくないのです。これでは残念ながら、だしには向きません。

ミニパックよりは、かなり大きなビニール袋に入った鰹節や、花かつおと書かれたものになると、いろいろ種類があって、いちがいには言えませんが、やはりミニパック同様のものもあります。もちろん、本物の鰹節を削ったものもありますが、いかんせん、削ってから時間がたっているため、香りの落ちているのが多いようです。少し古くなったものになると、嫌なにおいのするものもありますので、だしをとるとき、あまり温度を上げないほうがいいようです。正直なところ、これで二番だしまでとるなど、あまり意味がないように思えます。私が鰹節は自分で削ると書いたのは、そのような理由からです。

パックはどうしても、削りたての鰹節には勝てません。朝削っておいた鰹節も、夕方には味がガクンと落ちています。しかも、削りたてだと香りも味も抜群ですから、ほんの少量で充分においしいのです。鰹節に関しては、料理屋より家庭料理のほうが質の高いものを使っています。料理屋が1日に使う鰹節の量たるや、気が遠くなるほどです。それだけの量を自分の店でシャカシャカ削るところなど、およそありません。だいたいが毎日、鰹節屋に削りたてを届けさせているのです。

鰹節屋は、電動削り機で高速で削ります。これは、大工さんがカンナで削った木のカンナくずを薄くしたようなものですが、家庭で削ったものはもっと薄く、ふわーっとした感じです。料理屋とて、手で削ったものを使いたいんじゃないでしょうか？このもっともおいしい鰹節が、皮肉なことにもっとも安上がりでもあるのです。

鰹節は、乾燥していますので、生のカツオにくらべて、水分は5分の1ほどです。その分、濃縮された感じで、タンパク質は3倍、カルシウムも3倍、ビタミン類も数倍に増えています。カルシウムやビタミンなどは一気にドバーッととっても意味がありません。鰹節をシャカシャカと削って、おひたしや豆腐などといっしょに、少しずつとるのがいいんじゃないでしょうか。

スルメ——ひと月41円、バラして削って使いまわす

かちかちに干し上げたもの、ソフト干し、生干しといろいろなスルメがありますが、私は保存性の高いかちかち干しのスルメを使っています。スルメというと、火であぶってちぎって食べるイメージですが、それは居酒屋さんや「料理めんどくさい酒飲みおじさん」にまかせておき、食材としての私の使いまわしをご紹介します。そもそもスルメ1枚あぶって一度に食べてしまうなど、もったいない話です。食の基本的な組み立て方（清貧健康美食の六つの掟）のところでも述べましたが、私は、魚介類は主食や根菜類の応援団と考えて、少しずついろいろな料理に使い分けているのです。

スルメを買ってきたら、まず足と胴に分けます。足は1本ずつ離してマヨネーズビンに入れます。そして胴体は、3枚くらいまとめて持って、鰹節削り器で削ります。そうです、昆布を削ったのと同じように削るのです。これは面白いくらいスパスパ削れますが、スルメが小さくなってくると指を削りそうでおもしろくありません。けがをする前にやめて、残りは足と同じビンに入れておきます。

足と削り残りの胴体は、野菜の煮物に入れるとよいだしが出ます。戻す必要もなく、野菜といっしょに入れるだけ。水につけて軟らかく戻しておけば、野菜炒めや八宝菜、焼きそばに最適です。生のイカより味が濃く、熱を加えるとやはり赤くなって、まるでイカそのものです。軽くあぶって、すぐに酢につけておくと、しばらくしたら軟らかな酢イカになりますので、おやつやお酒のおつまみに。ハクサイ漬けなどの漬物には、そのままはさみ込みます。

　胴体のほうの削りスルメも、これらと同じように使えますが、こちらはまったくもって戻す必要なし。なにぶん細く削ってあって、軟らかいうえに火もすぐ通るので、炒め物全般に使えます。肉団子や魚のすり身団子、コロッケにまで使えます。お好み焼きやギョーザなども、これが入らないとさびしいくらい。手軽さだったら削りスルメ、食べごたえ、味の濃さを求めるなら足や削り残りスルメと、

〈スルメ削りの図〉

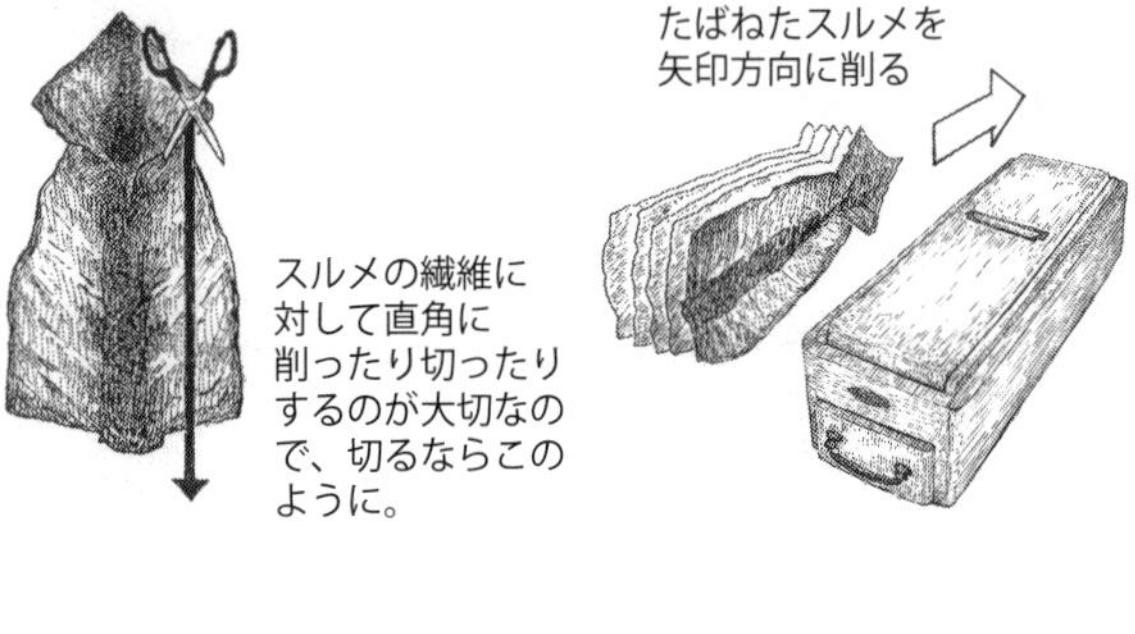
スルメの繊維に対して直角に削ったり切ったりするのが大切なので、切るならこのように。
たばねたスルメを矢印方向に削る

使い分けています。

ひとつの食材でも、形態を変えて保存しておけば、可能性がどんどん広がるようです。私が今使っているのは、長さ30センチくらいの袋に入った、10枚980円のスルメですが、このような使い方だと1年たってもなくなりません。かりに1年で使いきったとして、一人ひと月41円。酒を飲みながらあぶって食べれば10日ともたないでしょう。切ったり削ったりして他の食材といっしょに料理すれば、料理が一味違ううえに、安上がり。スルメのおかげで台所のリストラがいちだんと進んだようです。スルメさん、あんたはえらい！ それはアタリメ。

干しシイタケの濃厚なうま味がひと月83円

生シイタケはそのまま使えるので、ついつい買ってしまう人も多いでしょうが、干しシイタケはストックができて、ひんぱんに買い物に行かなくてすむので、ついつい使ってしまいます。生はフレッシュな香りと味が身上ですが、干しシイタケには、濃厚なうま味がたっぷり含まれています。

近ごろ、すぐに戻るソフト・シイタケとか、スライス・シイタケというものがありますが、あれはなんのためにあるのか、よくわかりません。天日乾燥していないので、うま味もなければ、だしも出ません。すぐに戻ったところで、生ほどの歯ざわりもフレッシュさもありません。やはり天日で、しっかり干したシイタケでないと、意味がありません。

干しシイタケは戻すのに一晩かかりますが、別につきっきりになる必要などないのです。夜、ビンに干しシイタケと水を入れて放っておけば、朝には戻しシイタケと濃い戻し汁ができ上がっています。毎晩、一枚か二枚のシイタケをビンに入れておけば、いつでもシイタケだしは使えるし、戻しシイタケも使えます。こんな簡単にとれるだしも珍しいんじゃないでしょうか？　このシイタケは、生同様に使いまわしします。戻し汁は、みそ汁、煮物、炊き込みごはんなどに、昆布同様、植物性のだしとして使えます。わが家で使っているのはごく普通の〝足切りシイタケ〟。５００グラム１０００円。30センチ×50センチの袋にパンパンに入っています。これもやはり半年がかりで使いきるので、一人ひと月83円！

干しシイタケは、これまたカロリーゼロですが、タンパク質やミネラルはたっぷりです。どんこと呼ばれる肉厚のものから、薄いもの、ひいてはくずシイタケなどもありますので、用途《ようと》によって選びます。特別な料理のときはどんこを使いますが、それはもちろん、貰《もら》いもんに決まっています。

だしも保温調理で

四大だしの素について述べてまいりましたが、次は、そのだしのとり方についてです。私の実家では、母がだしを担当していました。鍋に昆布と水を入れ、ゆっくりと加熱してゆき、沸とう直前に引き上げていました。温度が上がるにしたがって、昆布のまわりの湯に昆布のうま味が溶け出してゆくにつれ、ユラユラしたものが見られます。沸とうしてからは昆布のくさみが出るので、その直前に引き上げるのです。

鰹節は、沸とうしたところにバサッと入れ、もう一度、沸とうしてきたところで火を止め、ふたをして、鰹節が沈むのを待って、ふきんでこします。その後、こした鰹節を別の湯でぐつぐつと煮たてて、二番だしをとることもあります。

煮干しは水から入れて加熱し、沸とう後は、弱火で少し煮出してから取り出します。いずれにも共通しているのが、高温を続けないことで、アクを出さないようにするということだと思います。二番だしなどは一番だしをとった残りですから、少々アクが出たら、すくいとっちゃえというやり方ですので、これは除外して考えてみます。

沸とう直前、または沸とう後も、弱火で煮たてないのが、よいだしをとる方法だとすると、保温調理と同じじゃないでしょうか？　保温調理すれば、煮干し・昆布・鰹節などのアクが出なくですむだろうから、煮干しを引き上げる必要もないんじゃないだろうかと考えました。「これが、創業大正7年の古典料理屋のせがれか？」と疑われそうですが、もともと伝統など、よくわからん不肖《ふしょう》の子です。何をやってもかまわんと思って、やってみました。

みそ汁をつくるとき、水に煮干しと細切り昆布、小さく切ったニンジン・ジャガイモ・ダイコンを入れ、ふたをして火にかけます。沸とうしはじめたら弱火にしてみそを溶き、ふたをしめてすぐに火からおろし、20分ほど保温調理します。つまり100℃になったのはほんの一瞬で、その後の20分間は99℃～90℃あたりで、ゆっくり冷めていったということになります。

このみそ汁だと、煮干しも昆布も、うまいだしが出ているにもかかわらず、煮干しの苦味、昆布のアクはほとんど感じられませんでした。煮干しはもともと小さいものですし、昆布も細く切っているので、そのまま、みそ汁の具としておいしく食べられるのです。

鰹節でつくるときは、削りたての鰹節を、保温調理に移る直前に鍋の中に入れて混ぜておくと、おいしいだしが出ていました。もし、削ったものが口に不快なら、小さなガーゼの袋にでも入れて使えばいいと思います。

従来、昆布と鰹節でだしをとっておいて、いろいろな料理に使っていたと思いますが、家庭料理でそんな手間をかけるのは、嫌だと思います。みそ汁をつくる。煮物をつくる、そばつゆをつくる、そのたびごとに保温調理をうまく生かせば、手間をかけずにうまいだし味にめぐりあえるのです。こんなに簡単にうまいだしがとれていいのだろうかと、悩んでしまいます。父や母が、苦労してとっていたあのだしは、いったいなんだったのでしょうか？

料理は儀式ではありません。形式だけにとらわれずに、もっといい方法はないだろうかと、さぐり続けたいものです。

3章　魚料理編

美味しい安魚で味覚を呼び戻す

魚の有効な食べ方

本書では、「よくそんなバカなこと考えたな」と言われかねないような料理をご紹介しています。食費を安くしようとして、せこい料理法を考えたのか、バカなことを考えながらやっていたら、結果として安くなったのか、そこはご想像にまかせます。まあ、それでも、これらの発想、着想、技術を駆使《くし》すれば、その人なりの健康美食の手助けにはなるかと思います。

この本には健康美食の普遍的参考メニューのごときものはありません。私がそれを書いて、読者の方がそのとおりやってみても、おおよそ意味のないことだからです。誰にでもあてはまる健康食とか、一般的においしいものというのは、あてになりません。私のからだにとって「よい食品」であっても、別の人にとっては、「よくない」場合もあると思います。また、味覚はみな異なります。私にとって薄い味も、他人にとっては濃い味である場合もあります。したがって、醤油大さじ1杯と書くのは、あまり意味がないと思います。

本書は私が実践している一人ひと月9000円、健康美食の謎を公開したものですから、単純に同じようなまねをするのは、たぶん無理でしょうし、つまらないことだと思います。

本章は、どうしても避けて通れない「魚料理」でいってみようと思います。

一人ひと月9000円の健康美食を成立させるうえで、魚は重要なものです。ところが昨今、この魚の有効な食べ方がなされていないようです。料理屋でフグ刺しを食べて、すし屋で大トロを食べて、魚はからだによいなんて言われても困ります。私の3カ月分の食費が、ポーンと空へ飛んで行ってしまいます。魚のおろし方などは魚屋さんで見学するか、図書館の本で調べてください。

動物性タンパク質ではありますが、魚と肉とでは含まれる脂肪やミネラルがおおいに異なります。魚を食べるか肉を食べるかで、健康状態は大きく変化します。もともと肉はあまり食べず、魚や貝・海藻《かいそう》類を食べていた日本人が肉をたくさん食べだしたのは、1960年代以降のことで、いまだに増え続けています。動物性タンパク質として、肉も魚も長所・短所はあるでしょうが、近年は肉に偏りがちではないでしょうか。

私は、自分の食生活改善実験では、タンパク質は植物性のものを多くし、不足分は魚と肉でおぎなうという組み立てにしました。肉に対する欲求がさほどわいてこなかったのは、おいしい魚料理と乾物料理・豆料理などによって、過不足なくタンパク質を摂ることができたからだと思っています。

本章では、わりとまともなこともご紹介していますが、中にはやはり、「何を考えているんだ、こいつは⁉」というものもあるかと思います。包丁を砥石でよーく研いでから、お読みください。

なにはともあれ安魚、リストラは尾頭つきが常識

一人ひと月9000円、健康美食の世界には、魚の切り身というものはありません。切り身は、遠い世界に旅に出ました。では、何が残されているのでしょう?

まず、一人ひと月9000円、健康美食の世界の入り口にあるのが、イワシ、サン

マ、アジ、ニシンなどの安魚です。これらの魚は下魚《げざかな》などと呼ばれて非常に安い魚ですが、これでも一応、尾頭つきです。そこが切り身との違いなのです。スーパーでパック売りされている切り身などは、頭、中骨、内臓などが取り除かれています。

　１匹丸ごと買えば、１０００円で買えるサケを、仮に10切れに分けるとすると、この場合、一切れ１３０円くらいになります。当然、人件費が上乗せされるわけです。そのうえ、頭や中骨は付いていない。二重の損です。そりゃ、本マグロやアンコウを１匹買いするなどは無茶な話ですが、カツオやサケくらいまでなら、１匹丸ごと買っても、冷凍にしたり、ナマリにしたりできます。

　とは言っても、魚をおろしたことのない人にとっては、カツオを１本で買う勇気はなかなかわかないものです。そこで、イワシなどの安い魚の登場となります。５匹１５０円のイワシ、５匹２８０円のサンマなど、練習魚にぴったりではありませんか？　仮に失敗して身がぐちょぐちょになったとしても、最後はすり身団子にすれば、それは立派に「イワシつみれ汁」の中へと飛び込むことでしょう。

　誰だって４～５匹もやってみれば、三枚におろして刺し身くらいできるようになるもんです。週に１回やってみれば、１カ月後にはアジやサンマくらい難なくできるようになっています。そうくりゃあ、カツオだってこわいこたあ、ありゃしねえや。ちったあ、がたいがいいからって、ヘッ、束《たば》ンなって、かかって来やがれっ!!

束にするほどたくさん買うものではありませんが、イワシもカツオも魚は魚、おおよその形は似ているものです。こうして、自分でおろしてみると、頭や中骨がどんなもので、どう料理できるのかもわかってきますし、魚のうまいところもわかるようになります。そうなると、もはや「切り身」は買えません。きっと、せっせと包丁を研ぐようになることでしょう。

魚用の出刃などなくても、よく研いだ文化包丁で、なんとかおろせるものです。ただ、包丁はよく研いでないと、おろすときに身がぐちゃぐちゃになって、刺し身をつくるつもりが魚ハンバーグになったりします。野菜炒めが八宝菜《はっぽうさい》になるくらいなら、たいして驚きはしませんが、刺し身のつもりでワサビを用意していたところにハンバーグと来た日には、ワサビの立つ瀬がありません。いい包丁を買う前に、今ある包丁をよく研げば、まずはどうにかなるものです。

さて、それでは、どこでも誰にでも、いたって手に入れやすいイワシやサンマのすばらしさをちょこっとご紹介いたしましょう。

1匹30円、イワシは9000円美食のためにある

またまた学生時代の話ですが、当時私に買える魚というのはイワシだけでした。生のイワシ、丸干し、目刺《めざ》しと名前は変わっても、すべてイワシです。米と丸干し1本しかない日など、ごはんを炊くときに丸干もいっしょに炊き、できあがりをしゃもじでひっかき回して食べたこともありました。生のイワシは焼くか煮るかして食べていたのですが、そのうちすり身団子からハンバーグと、ハイカラになってゆき、酢じめや刺し身へと転身してまいりました。

とくにイワシの刺し身を覚えてしまうと、もういけません。こんなにボロクソに安い魚が、ここまでおいしくていいのだろうか？　と思ってしまうほどでした。九州は関門の魚介類を連日食べて育った私です。関東に移って以後は、なかなかうまい魚にめぐり会えなかったのですが、イワシの刺し身はいけません。

完全にイワシにはまった私は、来る日も来る日も1皿5匹150円のイワシを買っ

て、刺し身つくりの研究です。何度か、鮮度の悪いイワシを下手に処理して食べて、3日ほど腹痛に苦しんだこともあります。そのたびに魚の選び方や処理のしかたを覚え、今ではもう失敗はありません。

よく、イワシも七度洗えばタイの味と言われます。この言葉は、手を加えて工夫せよと言ってるように思います。きちんと処理した刺し身は脂がのって、身がひきしまっているので、口中でトロンととろけ、まるで大トロです。とくに塩でしめて酢洗いした身で握った握りは、マグロのトロとはまた別の、トロの味です。

すしダネの場合、大きく切っても、1匹のイワシで四個の握りがつくれます。昨日、渋谷で8匹250円で売っていたので、それなら1匹約30円。一人8個の握りを食べたとして、イワシ代は60円。すしめしやワサビを計算に入れたところで、100円にもならないでしょう。今どき100円以下でこれだけの大トロイワシをたらふく食べられるでしょうか？　高いお金を払って変に飼料臭いハマチの握りを食べる気になど、全くなれません。次の項では、イワシによる刺し身と握りについて述べてみたいと思います。

イワシを常食していたおかげでムダな出費をしなくてすんだのはありがたいのです

が、ムダな出費をしなくなったわりにはお金持ちになっていないのは、なぜでしょう？　イワシは貧乏神を呼ぶのでしょうか？　まじめに考えてみたら、そうではないらしいのです。イワシは安い→うまく食べる技も身につけた→だったら何も必死に働くこともない。といった図式で、私の勤労意欲がますます低下したためだろうというのが、私の推論です。イワシはけっして貧乏神なんかではありません。イワシに対して失礼です。

刺し身と握り――まずイワシより始めよ

一瞬とはいえ、イワシを貧乏神などと思った自分を恥じに恥じて、名誉挽回《めいよばんかい》すべく、イワシ、サンマの刺し身と握りを、心をこめてご説明申し上げます。イワシとサンマ、それにニシンなどは、形が多少異なっていますが、基本的には同じような魚です。いずれにもあてはまるように説明してゆきます。

買ってきた魚は、水を張った鍋の中で洗います。表面に小さなうろこが残っていますので、水中で洗い取ります。次に、頭と腹わたを切り取ります。頭は縦二つに割ってよく洗い、塩を振って干しておきます。あとで焼くと、うまいつまみになります。内臓はこの後の項に登場しますので、捨てずにお待ちください。頭と内臓を取ったあと、流水で腹の内側をよく洗います。布巾《ふきん》でふいて三枚におろし、腹の部分の細い腹骨を薄くすき取ります。次に外側の薄い皮を、爪でつまんで剥《は》がします。このまま、切ったほうが鮮度のいい刺し身になりそうな気がするのですが、それは気がするだけで、じつは違いました、

塩を振って30分ほどおきます。これを少量の酢で洗って塩を落とし、酢を拭き取って切れば、刺し身になります。刺し身の引き方は、自分の食べやすいように、格好のいいようになさってください。塩でいくらかしまっているので、醤油は少しで大丈夫です。ワサビやショウガがよく合います。

握りにするときは三枚におろして、塩、酢洗いまでは同じで、切り方だけが異なります。イワシなら、半身を斜め二つにそぎ切りにします。サンマなら、半身を斜め三つにそぎ切りです。つまり、イワシ1匹で4個分、サンマ1匹で6個分のすしダネが取れるのです。

このタネを、左手の親指と人差し指でつまみ、右手で少量のすしめしを軽く、キュッキュッと握ります。遊んでいる右人差し指でワサビをすしダネに塗り、そこに握ったすしめしを押しつけます。左手を丸めて下から押さえ、右人差し指と中指で上から押さえます。すしの上下をひっくり返し、左右の親指で握りの前後から押し、最後は右人差し指、中指で上からグイッ!!

文字にするとややこしいのですが、やってみると簡単です。うちに来る人たちも、何個か握るうちに、だんだん握りに近づいてきます。素人は素人なりの握りで楽しんでいいと思います。握る前は、手酢《てず》（酢水）をつけてからでないと、すしめしが手にくっつきます。ご注意ください。

すしめしのつくり方については、ちらしずしの項（5章）をごらんください。ちらしのときより甘味をおさえたほうがいいと思います。

刺し身や握りずしというと魚の鮮度がとても気になるところですが、じつは、おろしてから身をしめることのほうが大切だと思います。生きているタイをその場でしめて即、おろしてつくった刺し身より、しめてから数時間寝かせたものをおろして、布巾や昆布で包んで、また寝かせてからつくった刺し身のほうがおいしいと思います。

やや水っぽいトビウオなども、おろして塩を振って昆布じめにしたあとの刺し身は水っぽくなくて、非常に身がしまって、うま味も増しています。

イワシから学んだ刺し身や握りは、タイやフグにまで応用できるのです。やはりイワシはえらい。まずイワシより始めよという言葉どおり、我々も真イワシより始めよう。

骨・腹身・内臓——みそ、パテ、ハンバーグなど余すところなく

世の中、タイだ、ヒラメだ、ハマチだと浮かれているようですが、一人ひと月9000円世界はいたって冷静であります。高級魚をちょこっと食べることより、安魚を余すところなく食べるほうがどれだけ得か、知っているからです。前項で刺し身やすしダネをつくりましたが、そこで残った中骨を上手に食べる方法です。中骨というと塩を振って油で揚げる人が多いのですが、あんなもったいないことはとてもできません。もっと原始的に料理します。中骨は、なぜ刺し身のときにはずされるのでし

ようか？　そりゃ、硬いしおいしくないからに決まっています。では、軟らかくておいしくしてしまいましょう。

出刃包丁で中骨を、ゴリッゴリッと押し切ります。挽き肉より小さいくらいになったら、すり鉢に入れて、サンショウの粒といっしょにゴーリゴリ、擂《す》ります。ドロドロになったらフライパンに入れ、酒を振ってから煎りつけます。火が通ってきたら骨の半量弱のみそを加えて混ぜながら、よく火を通します。これが、骨みそです。ビンに入れておけば、1週間くらい持ちます。

これは、あわせみそとしていろいろ使えます。醤油がわりに豆腐をのせてもうまいし、ごはんにのせてもなかなかのものです。粒ザンショウをいっしょにすり込んでいるので、においはかなり消えていますが、それでも魚臭いと思われるようでしたら、煎りつけるときにおろしショウガやすりゴマ、ミカンの皮を加えるといいと思います。

これで中骨は無事、骨みそとなったわけですが、まだ残っているのが内臓と腹骨のすき取った身です。内臓は、卵や白子だけを取り出します。これを小さな鍋に入れ、みりん、醤油を少々加えて弱火にかけます。木ベラでかき混ぜながら水気を飛ばしていきます。これはまるで、「腹子パテ」という感じです。洋風にするなら、みりんや醤油でなく、塩、こしょう、ガーリックパウダーを用い、仕上げにオリーブ油を少々加えます。パンや、ゆでたジャガイモに塗るとおいしくなります。

腹骨をすき取った身またはサンマなどの腹身も、骨みそ同様、出刃包丁で小さくたたいたあと、すり鉢で擂《す》ります。そこにサトイモかヤマイモをすりおろして加えます。さつま揚げ風にするのなら、醤油、ハチミツ、ショウガ、小麦粉を加えてすり合わせます。ハンバーグ風なら、タマネギのみじん切り、塩、こしょう、小麦粉を加えてすり合わせます。どちらもフライパンに油をごく薄く敷いて、両面ともしっかり焼きます。魚からたっぷりと油が出ますから、ほとんど油をひく必要はありません。

刺し身を取ったあとの残り物でも、このようにいろいろな料理ができます。ただでさえ安いのに、これだけ使いまわしができれば、もう鬼に金棒でしょう。イワシやアジを開いてパン粉までつけた冷凍食品などは、とんでもない大損をしているようで、とても手が出ません。骨みそはできないし、腹子パテも腹身ハンバーグも……。

煮る、焼く、鍋る――まとめて安く買い、使いまわす

いくら刺し身好き、握り好きとは言え、それればかりでは飽きも来ますし、冬も来ます。寒いときには頭と腹わたを取った魚をドーンと放り込んだ鍋など、からだをホカホカにしてくれます。魚を入れた鍋もののサンプルは、よく居酒屋さんのショーケースで見ますが、野菜をぎゅうぎゅうに詰めたうえに、これ見よがしに魚をのせています。そしてもっと目だつところに、十文字の包丁が入ったシイタケです。私は外食をしないのでよくわかりませんが、あのまま火をかけたらハクサイやネギはすぐに火が通るし、上のシイタケや魚は生煮えだし……と、他人事ながら、つい老婆心《ろうばしん》が起きます。

うちでつくるときは、鍋に根菜類と昆布を入れて、火が通ってくるかこないかのころに魚を入れ、その上に葉物野菜をのせてふたをします。ひと煮立ちさせたら、さっさと火から下ろして、いつもの保温調理10分間。これで、魚も野菜も軟らかく、臭み

もなく煮えます。

これをつけダレでいただきます。鍋物全体に味つけするより、小皿につけダレを取って、それにつけたほうがおいしいし、調味料も少しですみます。鮮度のいいサンマでしたら、薄くそぎ切りにしたものを、シャブシャブにして食べるのも良いものです。ユズやスダチのしぼり汁におろしダイコン、七味に醤油を小鉢に取って、それにつけていただきます。

イワシやサンマの煮つけは保存できますし、弁当のおかずにもなるので、よく作ります。やはり頭と腹わたを取って、よく水洗いしたものを用います。煮汁ですが、基本的には、だしに塩味と甘味をつけたもので、そこに香辛料を加えればいいと考えています。

うちでは図に示したような調味料の組み合わせを楽しんでいます。この中でソースやジャムは、どこか「変」と思われるかもしれませんが、ちっとも変ではありません。もちろん私が買うはずもなく、これらは、いわゆる「もらいもん」です。甘すぎるジャムも少量を使うことで、煮つけの甘味づけになります。ソースだって、タマネギやニンジンなどを炒めてつくるのですから、なにも「変」ではないのです。だいいち、

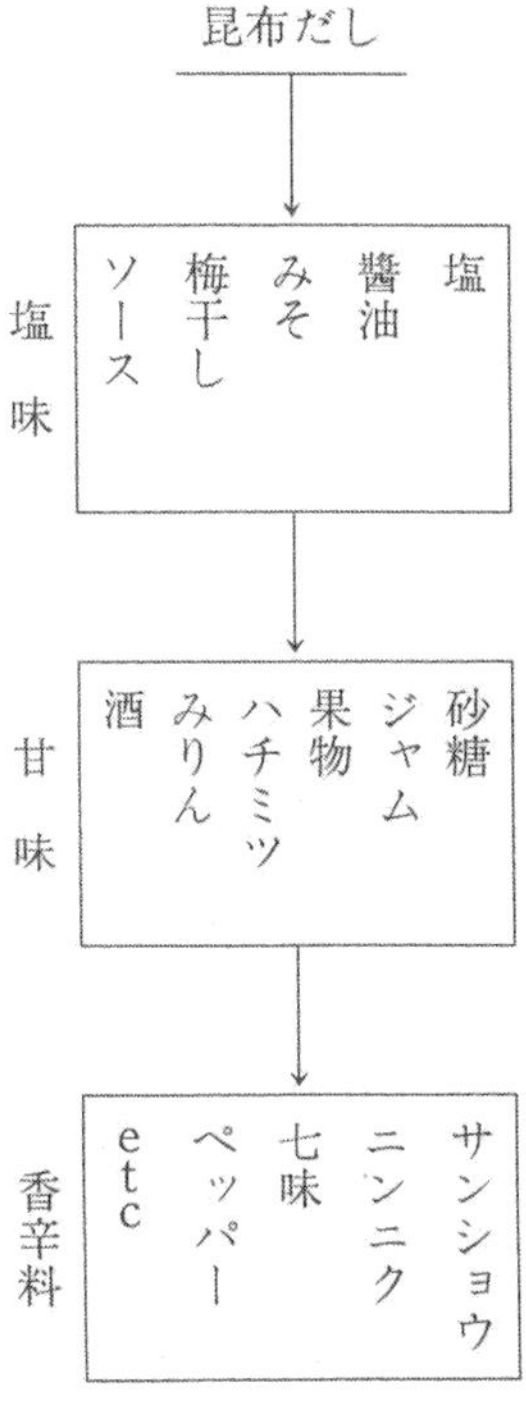

いつもみりんと醤油とショウガだけでは、あまり楽しくありません。

　これらを組み合わせた煮汁をひと煮たちさせたら、魚を鍋に入れます。サンマは長いので2分の1に切りますが、イワシはそのまま入れます。魚がすべて煮汁にひたるように落としぶたをして、さらにふたをします。再び煮立ったらすぐに火から下ろして、保温調理20分。これだと魚がまるで生のときのように見えますが、じつは充分に火は通っているし、味もしみ込んでいるのです。コトコト煮込まないほうが味がしみ込むなんて、どこか「変」だと思うでしょうが、ガス代をケチることを考えていると、こういう恐るべき裏技にも出合えるものなのです。

変な煮つけばかりご紹介していますが、単純にショウガとみりんと醤油で煮たものは、やはり相性がいいと思います。あっさりしたところでは、梅肉と酒だけの煮物がこれまたおいしい。魚の煮物は梅のような酸味が味をひきしめるので、梅を入れないときは酢を少し加えて味をひきしめています。

煮つけのついでと言っては悪いのですが、イワシなどをゆでて保存食にもしています。これはつくってから数日後にうまくなるものなので、たくさん買ったときなどに煮物や刺し身用にするばかりでなく、保存用水煮をつくることにしています。

頭と腹わたを取り除いて水洗いした魚を、塩味の昆布だしで煮ます。保存性を高めるために薄切りショウガとペッパーや唐辛子などの香辛料も、煮汁に入れておきます。これも酢を加えてひと煮立ちさせたら落としぶたとふたをして、自然に冷めるまで保温調理します。冷めたら植物油をティースプーンに3杯くらい敷いたタッパーなどの容器に移して保存します。3日目くらいからが食べごろとなります。ほぐしてサラダやちらしずしにも使えて、便利です。

まとめて20匹くらい買うと、この手の魚は1匹50円そこそこで買えます。刺し身だ、握りだ、鍋だ、煮つけだ、水煮だと使いまわせば、腐らすことはありません。また、頭と腹わたを抜いて水洗いしたものは、ラップにくるんで冷凍できます。長期冷凍すると脂がまわって臭くなるので、1週間くらいで使うようにしています。冷凍にしたものでも酢じめくらいには耐えられるし、煮物などなら充分です。

まったくイワシ、サンマオタクみたいですが、今夜はサンマの塩焼きです。塩を振って、焼きたてにカボスを、ジュッ!!

蒲焼《かばや》き——イワシ、サンマでごはんが見えないぜいたくさ

蒲焼きと言えば、そりゃもう、イワシやサンマに決まっています。遠い昔のことですが、うなぎの蒲焼きというものがあったとか、なかったとか、古老たちから聞かされました。

そう言えば子どものころ、穴子の蒲焼きをよく食べていました。これでも関門海峡の魚を使う古典料理屋のせがれです。西のほうでは、うなぎより穴子をよく使うようです。しかし、時は移り、今は東国関東に住む料理人です。穴子など、とてもとても

高くて買えません。そこで、やはりイワシとサンマのお世話になることにします。とくにイワシには脂がのっているので、蒲焼きには最適です。ここでは、イワシの蒲焼きをご紹介しましょう。

頭と腹わたを取って水洗いしたイワシを、包丁を使わずに手で開きます。イワシの尾のほうに親指をギュッと突っ込むと、親指の腹のほうに中骨が触れます。中骨をなぞるように、親指をイワシの、今はなき頭のほうへ移動させると、開きになります。中骨は尾の根本のところを、ポキッと折って引っ張ると、いともたやすく身とさよならしてくれます。この骨なし開きにちょっぴり塩を振り、小麦粉をたっぷりまぶして、薄く油を敷いたフライパンで焼きます。片面が焼けたら、ひっくり返して、もう片面も焼きます。両面とも、小麦粉が固まる程度に軽く焼けばいいだけです。

そこに、みりんか酒とハチミツを入れ、すぐに醤油を加えて、ふたをします。弱火で、フライパンを前後に揺すりながら30秒くらいしたら、ひっくり返して30秒。これでイワシの蒲焼きのできあがりです。酒とハチミツやみりん、醤油などがイワシの脂、小麦粉などと混ざってトロッとしたタレになっているので、このタレともろとも、ごはんの上にデーンとのせ、粉サンショウや七味を振って食べます。イワシ1匹でけっこうなボリュームの蒲焼きになります。

以前、浅草で、友人が蒲焼きをおごってくれました。丼のふたを取って、びっくりぎょうてん。白いごはんが見えています。たしかにうなぎの蒲焼きらしいものが、丼中央部に存在していました。しかし正直言って、食べ方がわかりませんでした。これだけの蒲焼きで、どうやって丼一杯のご飯を食べるのでしょう？

タレも少量しかかかっていない、しみったれ。薄い吸い物とタクワン二切れ。しかし、ここはひとつ粋《いき》な江戸っ子の食べ方を研究しようと、他の客をじっくり観察してみてやっとわかった、その食べ方とは……。ごはんを半分以上残すということでした。そして江戸っ子は粋ですから、蒲焼きが小せえ‼ などとは言わないものなのです。そして粋にごはんを残し、残ったごはんで憐れなノラ猫を養うのでしょう。私のような心の狭い者には、とてもできる芸ではございません。ましてや、そこで1200円も払うのですから、もはやこれは、浅草風物保存運動なのでしょう。

気がめいってまいりましたので、思い切って大奮発《だいふんばつ》いたしましょう。今日は特製二段蒲焼き丼といきましょう。ごはんがどこにあるのか？ 捜索隊を出さなければ探せないくらいのぜいたくな蒲焼きです。一人、イワシ2匹も使ってしまいましょう。4

匹150円のイワシですから、2匹で75円。いったい、どこが大奮発の蒲焼きなんざんしょ？　蒲焼きには、粉ざんしょ。

そして、また別の使い方——安魚で上品料理

安魚の使いまわしをいろいろとご紹介してまいりましたが、少し上品な料理も出さねばなりません。しょせん安魚、下衆《げす》な料理ばかりだ、などと思われては、イワシ、サンマとて心外《しんがい》でございましょうから。お客さまに出しても、「上品」だと思われるものを次に述べてみます。

三枚におろした身を、ひと口大のそぎ切りにします。なるべく薄く切ること。これを片栗粉にまぶして、さっと熱湯にくぐらせます。ただそれだけですが、これを酢醤油やポン酢で食べると、じつにさっぱりとおいしいのです。

梅干しをすりつぶして、みりんでのばしたつけダレもなかなかいけます。すりゴマ、サンショウの粉、ユズごしょう、七味、刻みネギなどの薬味を加えますと、そりゃも

う、酒の2~3本はすぐに空くことでしょう。

同じ片栗粉をまぶすにしても、先に味をつけておく方法もあります。そぎ切りにした魚の身を、塩や醤油、すりつぶした梅肉などで味つけしてから、片栗粉をまぶして湯通しします。これだと、つけダレ不要なので、弁当用などに向いています。

片栗粉をつけて熱湯に通した魚は、吸い物などに使えます。薄い塩味の吸い物を作る時、これを一切れ加えるとおいしくなります。片栗粉で表面を覆っているせいか、あまり魚臭くなりません。

また、あまりにあたり前すぎて触れませんでしたが、イワシやサンマ、アジ、トビウオなどのすり身も、いろいろに使えます。私は骨ごとたたきますが、骨がいやなら手開きで骨だけ取ってから、たたいてすりつぶします。少し塩を加えてすったすり身は、魚団子、ハンバーグ、カマボコ、ハンペンなどのベースになります。

カマボコなど、単に蒸せばいいだけです。すり身におろしたヤマイモを混ぜて蒸せば、ハンペンができます。おでんのときに入れるハンペン、さつま揚げ、つみれ団子、カマボコなども、魚のすり身さえあれば、簡単に自作できるのです。すき昆布や姫エビ、戻しシイタケなどを混ぜると練り物らしさも増し、うまさも増してきます。すり身は冷凍保存できますので、たくさんつくっておけば、カマボコ、ハンバーグ、つみれと、必要に応じてすぐつくれます。

安魚をしっかり味方につけてしまえば、もうカマボコやおでん種など、買う必要はありません。すり鉢抱えて、安魚にごますっている情けない私。

たたき――刺し身失敗、敗者復活料理

魚を生で食べるのは、刺し身やすしだけではありません。三枚におろして皮をむいた魚を、包丁でトントンとたたいて、みじん切りにしたものが「たたき」です。元来、海辺に住む人たちや漁師さんが、刺し身がわりに手早くつくって食べていたものではないでしょうか。

安いイワシ、サンマ、アジなどは、たたきによく合う魚です。ちなみにカツオのたたきは、たたき違いでありまして、これは普通に刺し身として引きます。それを皿に並べて、薬味をたっぷりとのせ、土佐酢をかけまわします。薬味の味がカツオによく

なじむよう、上からたたくから、たたきというそうです。ここで取り上げるのは、そのたたきでなく、身を包丁で小さくたたく（切る）ほうのたたきです。

魚料理の専門家やたたき料理屋さんには怒られそうですが、たたきというのは、その、何と言うか、はなはだ歯切れが悪くなりますが、その、魚料理の初心者向きだと思うのです。なぜか、というと……。初心者は鯵《アジ》を買って来て刺し身にしようと努力しても、やはりそこは初心者です。手ぎわがよくありません。

「ん～っと、ぜいごをとってぇ……えらは……ここかあ……」などと言いながら、大格闘。いじくりまわされたアジは、やっとのことで三枚におろせたときには、手の温度で身にはしまりがなく、どろーんとなっています。しかも初心者ですから、三枚におろすとき、中骨にたっぷり身をつけ、肝心の身はひどく薄くなってしまっているものです。温まった身は冷蔵庫でいくぶんしめることもできますが、中骨についた身をはぎ取って刺し身用の身にはりつけるなど、できるものではありません。パン粉パンではないのです。そんな薄っぺらな身で刺し身をひいてみてください。見るからにみじめな、情けない刺し身になること請け合いです。

そこで、リストラ。たたきです。刺し身にするから、身の薄さがばれるのです。この際、形態を変えればなんとかなります。包丁で小さくたたきましょう。ついでにスプーンでもって、中骨にたっぷり残した身をこそぎ取りましょう。そこに、ネギ、シソ、ショウガなどの薬味を刻んで混ぜ、ポン酢や醤油をかけて出せば、そりゃもう立派な「たたき」です。誰も、刺し身失敗、敗者復活料理とは気づかないでしょう。

たたきは薬味を充実させれば、よりいっそうおいしくいただけます。おろしニンニクやゴマ、七味などもよく合います。酢醤油にかえて、手づくりのマヨネーズやトマトソース、または、みそなどもおいしいものです。刻んだネギとみそでつくったたたきを板に張りつけて焼く料理がありますが、フライパンでハンバーグのように焼いても、似たようなものができます。

朝早く築地の魚河岸《うおがし》に仕入れに行ったときなど、帰って来てすぐに魚をおろして下処理をします。その後、おろしたカツオの腹身や中骨から身をスプーンでこそぎ取り、ショウガ、ネギ、みそを加えてたたきます。これを熱いごはんにのせて食べると、早起きした疲れなどスポンと抜けてしまいます。

たしかに、腕のいい人がつくるたたきは、小さな身でも身に張りがあり、味も歯ごたえも申し分なくおいしいものです。初心者のたたきとは、えらい違いです。でもまあ、それはそれ、初心者は初心者で、色とりどりの薬味をたっぷりそろえて、たたきをつくることをおすすめします。塩焼きくらいしかやったことのない人にとって、たたきをつくるというのは、何か高級そうな、むずかしそうなことをやったという気分になるものです。

そうなりゃ、また魚を買って来てやってみようか、という気分になります。たぶん、なると思います。いや、なるんじゃないかなあと思ってみたりして……。

洗い——タイを夢見て安魚で修行

洗いこそは、夏の味覚そのものです。コイ、タイ、スズキなど、いろいろな魚でつくられます。刺し身を薄く引いて冷水で洗うので、洗いなのです。しかし、こういう魚でつくる料理など、一人ひと月９０００円世界には存在しないことになるのですが、じつは存在するのです。

普通、洗いには、白身の身に粘りのある魚を用います、それを強烈な勢いの冷水で踊らすと、身がちりちりになってくれるのです。イワシやサンマの身は壊れやすくて、そんな強烈な水流には耐えません。したがって、この場合は冷水で臭みや脂を抜くための洗いなのです。

三枚におろした身を薄くそぎ切りにします。大鍋にたっぷりの氷水をつくって、その中にそぎ切りを入れます。菜箸《さいばし》で1分近くかき回してからザルに取り、水気をよく切ってから盛りつけます。薬味はたたきのような強烈なものより、おだやかなもののほうが合います。ショウガなどは避けて、ワサビ、シソの葉、さらしネギ、ミョウガなどがピッタリです。醤油も生醤油でなく、だし割り醤油や酢醤油を使います。

洗いというのは、クーラーなどないころに、涼を求めてつくられた料理だと思います。暑い夏の日の夕方、打ち水をして、縁側でうちわを使いながらの「洗い」と「冷や酒」というのが、もっともおいしく「洗い」を食べられる舞台構成じゃないでしょうか？　もし、ゆとりがあってタイやスズキが買えるなら、イワシで鍛《きた》えた包丁さばきで洗いをつくってみましょう。

タイなどは身がしっかりしているので、水道の蛇口《じゃぐち》を指で押さえて、強烈な水流でそぎ身を踊らせてやりましょう。窓を開け放ち、すだれをおろした部屋で、氷水で冷やした冷や酒をすすりながらのタイの洗いです。あまりのうれしさに涙をすすりながら。

刺し身の茶漬け——すりゴマ、昆布の醤油に漬けて

私の生まれた福岡では、サバの刺し身をよく食べます。ただし、鮮度のよいサバでないと、腹は痛くなるわ、ジンマシンは出るは、そりゃもうたいへんなのです。学生のころ、鮮度の落ちたサバで刺し身をつくって食べ、1週間くらい苦しんだこともあります。

つくり方は、いたって簡単です。サバをごく普通の刺し身にします。それを、昆布とすりゴマの入った醤油に10分~40分ほど漬け込むだけです。醤油から引き上げて小鉢に盛りつけ、新たにすりゴマ、切り海苔、ワサビを加えたものを食べるのです。

この醤油漬け刺し身を熱いごはんの上に並べて、熱い緑茶をたっぷりとかけまわします。サバはすぐに煮えるので、そこに漬け込んだ醤油とワサビ、最後に切り海苔を

振って食べます。

何が好きって、これほど好きなものはありません。ところが東京では、新鮮なサバを手に入れるのがむずかしいのです。築地に行けば買えますが、よいものはけっこう高いうえに、目黒まで帰る間に鮮度が落ちます。なにせ、目黒のサンマという落語にされるほど、目黒は河岸から遠いのです。しかし、それであきらめてはいけません。目黒のサンマ、けっこうじゃありませんか。脂ののったサンマなら、サバとは別のうまい茶漬けができるにちがいありません。サバと同じようにつくってみました。

そぎ切りにして、すりゴマ、昆布の入った醤油に10分ほど漬けておいて、茶漬けにしました。アッハハのハー、うまいんですよ、これが。近ごろでは東北や北海道でとれたサンマが、氷漬けでスーパーにまで来ています。充分、充分。サンマで充分。サンマでできてイワシでできぬわけがないと、イワシでもやってみました。これまた、アッハハのハーです。要するにサバだけでなく、刺し身というものはこうして食べるとうまいんだということなんでしょう。

今では刺し身を食べるとき、まず普通に醤油で食べながら、日本酒を飲みます。その後、四～五切れの刺し身はぐっとこらえて残しておき、最後に熱いごはんとお茶でお茶漬けにします。茶漬けをつくる10分ほど前に、残しておいた刺し身を醤油につけておき、これで茶漬けをすすり込むのです。この茶漬けで、その日の酒を切り上げるというのが、粋な飲み方ではないでしょうか?

白子や肝——酒蒸しで甘さ、コクを引き立てる

サケやタラの白子、あんこうの肝などは、料理のしかたによっては、かのフォアグラよりおいしいものです。もちろん、ガチョウにむちゃくちゃにエサを食べさせて肥大した肝臓などといっしょにされたら、元気に泳ぎまわっているタラに失礼でしょう。どんな魚にも肝はありますし、白子に出くわすこともあります。フグのように毒を持つ魚を除けば、だいたいの白子や肝はおいしく食べられます。

魚から白子を取り出すときは、つぶれぬよう気をつけて取り出し、水洗いします。白子の肝の外側はよく洗っておかないと、胆汁などがついている場合などは、とても苦いのです。

これらは、酒蒸しや酒ゆでにするとおいしいのです。醤油で煮つけることもできますが、白子や肝の軟らかさ、甘さ、こくをもっともよく感じるのは、やはり酒蒸しのようです。鍋に酒と水を半々に入れて蒸します。もし蒸し器がない場合は、鍋の二段階活用（5章参照）で用いたステンレスザルに白子や肝を入れ、鍋に酒と水を入れて蒸します。蒸しかげんは大きさなどにもよりますが、10～20分でだいたい蒸し上がります。蒸しあがったらブツ切りにして、ポン酢、二倍酢など、酸味のきいたタレで食べます。刻みネギなど、薬味もあったほうがおいしくいただけます。また、カマボコみたいに切って、ワサビ醤油で食べるのもうまいものです。

これをすしダネにするとウニみたいにとろっとして、口の中ですしめしとうまくとけ合います。裏ごししたものは、おいしいペーストになります。ただつぶしただけのものより口あたりがなめらかになるので、これに洋辛子、塩、こしょうなどの香辛料を混ぜてよく練ります。これは保存性がいいので、ビン詰めにして冷蔵庫へ。

蒸し上がりを漬け汁に漬け込む方法もあります。酢、醤油、昆布（または昆布だし）を入れたマヨネーズビンを用意しておき、タラの白子の蒸し上がりを即、漬け込みます。熱い白子が放り込まれた漬け汁は一度温度が上がりますが、しだいに冷めてゆきます。その過程で白子に味がしみ込んでゆくので、少し時間をおいてから食べるようにしています。

白子や肝は生のままで鍋物に入れてもおいしいのですが、煮すぎるとまずくなるので、火が通ったら、すぐ取り出して食べます。鍋物に使うとき、白子をすりつぶして酒でのばしたものを流し込むのも、全体の味を濃厚にする手です。

魚屋で、ザルに山盛りのサケの白子が350円でした。タラの白子はけっこう高いのですが、以前、佐渡に行ったとき、大きなパックで300円でした。2パック買って、白子の味を堪能《たんのう》したのは言うまでもないことです。じつはカニを食べようとしたのですが、あいにく、しけで漁ができないとのこと。東京から行った私たちはまさに泣き出さんばかりになりましたが、タラの白子と佐渡の名酒の吟醸《ぎんじょう》で、ニッコニコ。300円の白子で救われるなど情けない話かもしれませんが、そのときの私たちにとっては、沖合のカニより、Aコープの白子です。高い金払って肥大肝《ひだいかん》のフォアグラを食べる度胸は、まだ持ち合わせません。日本海を泳ぎまくるタラに、感謝!!

ニセウニ――1杯120円、スルメイカの身をそいで

東京ではスルメイカが多く入荷するので、安く買えます。イカ刺しなどで食べるのなら、紋甲《もんごう》イカや赤イカなどのほうがおいしいのですが、これはいかんせん高いのです。西の住民が、ミズイカの刺し身を食べたあとでは、とてもスルメイカは食べられないとよく言いますが、これは、スルメイカのうまい食べ方を知らないと言っているものと解釈して、スルメイカのうまい食べ方を研究してまいりましょう。

スルメイカの身はそんなに厚くないし、食味的にもうま味が薄いと感じますが、肝臓が大きいのです。この大きな肝臓＝ワタを使って食べる刺し身は、驚くほどうまいのです。

まず、スルメイカの内臓を足もろとも、胴体から引き出します。ワタの外に細長い墨袋がついているので、それは取り除き、水洗いをします。ワタの袋に穴をあけ、中のワタをしぼり出します。これに少し塩を振ってよくかき混ぜたものにイカ刺しをつ

けて食べると、淡白なスルメイカも濃厚なうま味に包まれて、大変身。このとき、ユズやスダチを数滴しぼると、酒の二〜三本はもう……。ちなみに、この「ワタ袋」と下足《げそ》を包丁でよくたたき、塩を加えれば、塩辛になります。塩のかわりにみそを入れても、おいしくできます。

ワタを加えるだけでこれほどおいしくなるなら、身をもっと小さく、トロトロにしたらどうなるだろう? 重ね重ね「変」だと思われるでしょうが、やってみました。

皮をむいたスルメイカをまな板にのせ、左手でイカの左端を押さえます。出刃包丁の峰《みね》をやや左に傾け、イカの身を左から右へそぐようにすると、出刃の右側には削られたイカの身がトロッとくっつきます。何度かやるうちに、「トロッ」はだんだんたまってゆき、イカはどんどん薄くなります。この「トロッ」とした身をすり鉢に取り、ワタといっしょにすり合わせます。色といい味といい、これは「ウニ」です。一人ひと月9000円の世界にも、明るい太陽のようにウニがやってきたのです。

さっそく握りです。熱いご飯にのせて、切り海苔にワサビで、ニセウニ丼。けっこう、けっこう、ニセウニけっこう。うまくて安けりゃ、なおけっこう。スルメイカ特売!! 3杯360円!! それ見て、「今夜はウニだ!!」

イカ下足《げそ》——刺し身、ヌタ、シュウマイなど安く楽しく

大きな魚屋さんや刺し身をパックで売ってるスーパーなどに行くと、イカ下足に出合うことがあります。イカは前項で書いたごとく、一パイ丸ごと買うと「ワタ」がついていて得なのですが、スルメイカ一パイ３００円のときに、ザルに山盛りの「イカ下足」がやはり３００円だったりすると、やはり下足へと走る下衆な私です。イカ刺しパックなどを買う人がいるから、下足がこんなにたくさん、こんなに安く出るのでしょう。本当にありがたいことです。イカは冷凍しても味が落ちないので、多めに買って冷凍にしておけば、いつでも使えて便利です。

下足を料理するときは、まず塩でもみ洗いをし、布巾を使って皮をむきます。これだけで、下足の刺し身。これを熱湯にさっとくぐらせると、生とは異なった味になります。歯の悪い方には、このほうが食べやすいようです。また、この下足をヌタにも使えます。ゆでネギ、ホウレンソウ、マグロ、ワカメなどといっしょに小鉢に盛り、

みりんでのばしたみそ、粉サンショウ、練り辛子、すりゴマ、切り海苔などでいただきます。

ただ単純に直火であぶって食べるのも悪くはありませんが、野菜といっしょに中華鍋で炒めると、野菜にイカのうま味がついておいしくいただけます。

またしても「変」と思われそうですが、下足を出刃包丁でみじんにたたき、すり鉢で擂《す》ると甘味が出てきて、おいしい「粘りもの」になります。これはトロロよろしく、醤油や酢醤油で味をつけ、ご飯にかけるとおいしいのですが、これを使ってイカしゅうまいなどがつくれます。手回しの挽き肉機などを使うと、わりと簡単です。

下足の煮物は昆布だしにみりん、醤油を加えて、煮立ったところで下足を入れます。弱火でもう一度煮立ったら、ふたをして火から下ろし、保温調理20分で出来上がり。煮続けるとすぐに硬くなるし、ガスのムダです。せっかく安く買った下足も、ガス代を考えずに料理しては台なしです。ガス代もゲソってこそ、下足料理でしょう。

先日、スーパーに行ったら、冷凍下足がありました、2キロ以上もある大きなパックで600円です。イカは冷凍しても味が落ちないとは、このことです。心中、「これだ!!」と叫び、買ってみました。まあ、なんと大きなタコじゃないか？　と思うほどの太い下足でした。

新鮮で安いイカが手に入らないときはブーブー言わずに、下足で楽しく下足刺し、下足ヌタ、下足シュウマイ。ニセウニがつくれないのが、残念ですが……。

しめサバ――冷凍もののメリットを見直す

市販されているしめサバがおいしいのかどうか、私にはわかりません。買ったことがないものですから。これは自分でつくるものだと、生まれる前から思っていました。私の実家は大正時代からその手の料理をつくり続けているので、たぶん遺伝子の中にそう組み込まれているのでしょう。

サバは鮮度のよいうちに手早く開いて、塩じめしなければなりません。普通、三枚におろしてたっぷりの塩を振り、冷蔵庫で5～8時間寝かせます。酢水でさっと洗い、毛抜きで骨を抜いたら、昆布を入れた酢に漬け込んで酢じめにします。生っぽいしめサバでしたら、10分ほどでできます。長く酢に漬けていると、身がどんどん白く硬くなってゆきます。切るときはまず薄皮をむいてから、刺し身と同じように切ります。しめサバというと、酢でしめるというイメージを持ちがちですが、酢でしめる時間より、塩じめの時間のほうが圧倒的に長いのです。減塩などと言って塩を少なくしたり、塩じめ時間を短くすると、どんなに長く酢に漬けてもうまくしめられませんし、うま味も生まれません。そこで、15分もあれば食べられるサバづくりをご紹介しましょう。

前に述べましたように、サバは鮮度のよい、つまりとれたてを塩じめにするのがベストです。海から遠い京の都でしめサバ料理が発達したのは、なぜでしょうか？　若狭でとれたサバをその場でさばいて塩漬けにして、京へ運んでいたのです。サバ街道というのが、その名残です。その塩サバを京都で酢じめにして、しめサバをつくっていたわけです。これです。この手を使えば、山国の人でもしめサバをつくることができるのです。

冷凍の塩サバを買って来て、頭、中骨を取り、骨を毛抜きで抜きます。昆布入りの酢に漬けて10分間。ハイ、出来上がり。いろいろな冷凍サバでやってみましたが、これはスーパーのものより、デパート地下の名店街なんかによいものがありました。身割れせず、脂もまわっていない良質の大きなもので、600円～800円でした。冷凍食品を買わない私が、冷凍サバ？　と思われるかもしれませんが、これにはもうひとつわけがあります。

サバには、アニサキスなどの寄生虫がいます。こいつらの生命力たるや、塩だろうが、酢だろうが、ビクともしません。塩や酢の中でも2～3日平気で生き抜くのです。目黒には寄生虫館という、世にも珍しい博物館があるので、そこで学びました。ところが、この寄生虫も、冷凍にするとコロッといきます。北欧の国ではニシンなど寄生虫の恐れのある魚は、一度冷凍にしてからでないと売ってはいけないという規則もあるそうです。北海道のサケのルイベも同様に、寄生虫の心配がないものなのです。

今日、日本で売られている冷凍サバは、大半がノルウェーなどの北欧産です。現地でさばいて塩じめにしたものを冷凍輸送するのだそうです。サバ街道も地球規模になりました。そんな塩サバだから塩はかなりきつく使っているので、そのまましめサバの刺し身で食べるより、バッテラにするか、握りずしにしたほうが食べやすいのです。頭や中骨などはしょっぱいので、たっぷり野菜を加えた汁物に入れます。塩味が分散するくらいたっぷりの野菜と汁で、バランスをとるのです。

高級魚——1パック200円、「粗《あら》」の活用で刺し身からそぼろまで

さすがにここまでくると、イワシやサンマ、イカなども食傷《しょくしょう》ぎみです。いくらイワシの刺し身が大トロで……と言ったって、たまには食べたいマグロの大トロ。それも、お金をかけずに……と、とことん欲張りな私です。

そんな人のために、「粗《あら》」があります。スーパーやデパートの魚売り場、大きな魚屋さんで、よーく探してみると、「切り身1パック680円」のはしっこあたりに、粗《あら》の山盛り1パック200円なんていうのを発見できます。種類も、タイ、ブリ、ハマチ、サケ、マグロ、カジキ、カツオ等々、いろいろあるものです。ブリ、ハマチ、タイなどは養殖ものが多いし、カツオはたいてい鮮度が落ちて黒ずんでいるので、避けています。

よく買うのは、サケ、タラ、マグロなどです。サケはカマや頭、尾の近くが入っています。マグロはトロや大トロに近い筋っぽい部分、タラは、切り身にするにはちと

小さいような部分、カジキもトロの近くの部分が中心となっているようです。これらを上手に使い分ければ、焼き魚、刺し身、鍋物、すり身団子、粕漬け、みそ漬け、照り焼き……と、「高級魚」をたらふく食べられるのです。では、「粗《あら》」の活用法といきましょう。

粗《あら》を買ったら、まず刺し身で食べます。粗《あら》で刺し身になるのが、マグロとカジキ。買うときは、なるべく白っぽいものを選びます。黒っぽい血合いや赤みが暗赤色になっているのは、鮮度が落ちています。粗《あら》の鮮度にまでチェックを入れる、恐ろしい消費者です。白っぽい粗《あら》は魚の脂の多い部分なので、身もしっかりしています。

では、どうしてそんなにしっかりした、それも大トロのご近所さまが「粗《あら》」になってしまうのでしょうか？　答えは簡単、筋なのです。筋っぽいということは、硬くて食べにくいということです。けっこう、けっこう。筋でも硬くても、安けりゃけっこう。

すし屋のネギトロを見てください。マグロのすき身に刻みネギ。これを芯にして、すしめしを海苔で巻けば、ネギトロ巻きでございましょう。すじすじしたマグロの粗《あら》は、ティースプーンでひっかくと、おもしろいほど簡単にすき身が取れるのです。これでネギトロはたっぷりつくれます。あとに残るのは筋ばかり。ところが、その硬くて歯のたたない筋だって、熱湯で10秒もゆでてから、酢醤油に漬けてしまうと、あら不思議。なんと筋が軟らかく、これまた美味。

おまけにそのゆで汁は吸い物になるから、もうたいへん。たかだか10秒しかゆでていないので、アクは出ていないが、脂などは流れ出ています。塩で味を整えて、麩とユズの皮で、お吸い物。ネギトロで脂ぎった口の中も、さわやかすっきりのお吸い物です。

マグロやカジキはこのようにして、まず、すし、刺し身を楽しむのです。

刺し身ばかりではありません。みりん醤油に漬けておいて翌日焼けば、弁当のおかず。赤身はすり身にして、みじん切り野菜、小麦粉、みそと練り合わせれば、魚団子やハンバーグ。すり身にせずとも、包丁で小さく切った粗《あら》をフライパンで煎りつけると、そぼろになります。酒や醤油に、ショウガ、唐辛子などを加えてよく煎りつけると、最後には水気が飛んで、そぼろのできあがり。

タラやサケは2個ずつくらいに分けて、冷凍しておきます。これらは鍋物の強い味方。また、小麦粉をまぶして薄く油を敷いたフライパンで焼くと、とろけるようなうま味です。焼くときはフライパンにふたをすると、早く中まで熱が伝わります。タラもすり身にしてハンバーグなどになりますが、ヤマイモや片栗粉などのつなぎを入れて、蒸してもおいしいものです。サケの頭は、焼けば軟骨までコリコリ食べられます。「粗《あら》」と言うと、すぐにあら煮を連想なさるかと思いますが、一般に言われるあら煮は、うちの場合、やりません。あまり煮込むと魚の臭みが増し、生のときのうま味がどんどん失われるので、どうしても調味料が多く必要になります。ですから、粗《あら》と野菜の煮ものをつくるときは、まず野菜を煮始めて、少し煮えたころに粗《あら》を入れ、煮立ったらすぐに下ろして、例の保温調理です。これなら、野菜の甘味、魚のうま味が引き出せるし、あくがほとんど出ません。残った場合は、煮汁を別にして冷蔵庫に入れます。

先日、築地市場に出入りしている友人が、「マグロの頭いるか?」と声をかけてくれました。本マグロの頭を処分する店もあるのです。30センチ四方の発泡スチロール箱から突き出たマグロの口先。あわてて家に帰り、出刃包丁、スプーンなどを使っての大解体。鍋いっぱいのマグロのすき身です。小分けにして冷蔵庫へストックし、その日はネギトロ食べほうだい。夢でありませんように……夢なら夢でもいいから……

さめないで……。一人ひと月９０００円？　昨日の計算だと、うちは７５００円でした。

安魚が大好きな理由

イワシ・サンマ消費推進協会（そんなものがあればの話ですが）から表彰されるんじゃないかと思えるくらい、本書では両魚に登場してもらいました。何はともあれ、安いことはたしかですが、それらに含まれるＥＰＡ（エイコサペンタエン酸）やＤＨＡ（ドコサヘキサエン酸）が、やはり魅力です。私が赤貧だった学生時代は、肉が高くて買えなかったのですが、イワシは気の毒なくらい安かったので、「ＥＰＡだかＰＴＡだか、よくわからんが、安くてうまけりゃええんじゃ!!」とよく食べたものです。後になって、それらのよさを知り、肉の多食による害も合わせて知ったとき、「あのとき、肉が高くてよかった」と胸をなでおろしたものです。

私は料理屋で生まれ育ちましたから、子どものころは、魚はぜいたくを極めていました。タイだ、ヒラメだ、サワラだなんてのはあたり前で、冬になればフグだって当たり前でした。しかし、その私も、今日では高級魚というものは、ほとんど口にしません。別に子どものころに食べ飽きたわけでも、貧乏で買えないわけでもありません。今日の高級魚は、養殖魚が多いからなのです。

タイ・ヒラメ・ハマチ・アジ・シマアジなど、料理屋やすし屋でよく見かける高級魚に養殖魚が目だちます。養殖魚にはいろいろな配合飼料を与えるため、魚肉が変に臭かったりするのが、まず嫌なのです。それに、養殖魚の網に塗られている塗料が、非常に危険な化学物質だという報告もあります。狭い網の中でたくさんの魚を養殖するため病気になりやすいので、抗生物質をエサに混ぜて、ドンドン食べさせるそうです。その結果、背骨のまがったハマチや、中枢がおかされたとしか思えないような泳ぎ方をするハマチなどが大量に発生したと報告されたのは、1980年代後半のことでした。

消費者が、高級魚を安く、たっぷり食べたいと願うから、そういう養殖業者も出現するのでしょう。背骨のまがったハマチなどは、一般的には流通しませんが、アンダーグラウンドでは、流通したのです。切り身にして照り焼きなどにされれば、もう見分けはつきません。実際、加工食品として流通したと聞きます。仮に背まがりや中枢に異変が起きたハマチでないハマチでも、同じ生け簀《す》にいたとなれば、体内には発病しなかったというだけの違いはあるものの、同じくらいの毒物を持っていると考えていいと思います。養殖業者の中には、危険な塗料や抗生物質を使わずに養殖している人もいるでしょうが、私たちが買う場合、外から見てもわかりっこありません。切り身となれば、なおさらです。

私が高級魚を避けたり、加工食品を買わなかったり、外食しないのはそういう意味もあるのです。ただ単に高いから買わないと言っているわけでは、けっしてございません。本書を読んでいる方には信じられないかもしれませんが、本当なのよー!! 信じてっ!!

日本をとりまく海の事情

誰がどう見たって、日本は島国です。暖流・寒流がうまいこととりまいているので、海産物には恵まれています。海というと、加山雄三ではありませんが、まさにでっかい大自然という感じがします。この海が、年々傷ついてきています。

生物の世界には食物連鎖というものがあります。たとえば、海藻や植物プランクトンを、イワシが食べます。すると海藻に含まれているα・リノレン酸がイワシの体内にＥＰＡとして蓄積されてゆきます。そのイワシをエサとする大型魚は、もっと多くのＥＰＡやＤＨＡを蓄積してゆくのです。

これが食物連鎖と呼ばれるものですが、困ったことに、わが国でたれ流された農薬や工業廃水に含まれる重金属なども、食物連鎖で蓄積されているのです。もはや南極や北極あたりの生物も汚染されているという話もあるほどですから、長生きしたけりゃ、自分たちの環境を少しでも改善していくしかありません。台所や洗濯の洗剤から農薬、排気ガスまで、はき出した汚れは、みんな食物連鎖されて、食べものといっしょに、私たちの体内に入ってきちゃうんです。こりゃもう、加山雄三の若大将みたいに「まいったなぁ」というしかありません。しかめっつらして「誰が悪い」と叫んだところで、なっちまったものは、しかたありません。絶望的であっても失望しないことです。少しでも回復するよう、これ以上傷つかぬよう、うまくつき合うしかありません。

北海道の襟裳岬《えりもみさき》では、荒れた漁場を再生すべく、20年以上も海岸に植林《しょくりん》を続けて土砂の海への流出を防ぎ、今日では立派な漁場となっています。できるところからやっていけば、東京湾（千葉県）の谷津干潟《やつひがた》のように、よみがえることだってできると思います。

それから日本の場合、基本的に近海でとれる範囲で、なんとかやりくりしたほうがいいようにも思えます。エビ・タコ・シシャモ・カズノコ・マグロ・タイ……etc。あまりに多くを外国から輸入したり、遠洋まで獲りに行っていると思います。石油はまだ安いし、日本の経済力が強いからできるのでしょうが、こんなに乱獲《らんかく》していては、よその国とて気分はよくないはずです。タイなどは、日本に輸出するエビの養殖で潤《うるお》ってはいるでしょうが、そのために海や海岸を荒らされていたのでは、やはり気分が悪いと思います。

クジラをめぐる状況もそうです。調査捕鯨《ほげい》では頭数は増えているにもかかわらず、多数の国がなかばヒステリックに捕鯨禁止を叫んでいます。現在の日本のやり方を見ていると、感情的になるのもしかたないんじゃないでしょうか？　私が子どものころ、クジラは安く食べられる肉でした。しかし、ないのなら、ないで、別のうまいもんでも探そうかい、と思ってしまいます。捕鯨を通しての政治的・経済的日本たたきのにおいはプンプンしますが、まず、こちらが七つの海を荒らしまわるのをやめるほうが先だろうなと思って、今日も近海のイワシやトビウオを食べているのです。

ちなみに近海でとれるイワシの8割は、養殖魚のエサや家畜の飼料、畑の肥料になっているんですって。それで薬漬けの背まがりハマチじゃ、割が合わんように思うのですが……。

鮮度についての思い違い

料理屋で生まれたせいか、鮮度のいい魚にいつも恵まれ、たしかにおいしいと思いました。また、うちの場合、関門《かんもん》海峡に近いこともあって、非常に良質の魚があがっていました。今は東京に住んでいますので、関門の、それもとびっきり鮮度のいい魚にはとてもお目にかかれません。

鮮度のいい魚はおいしいですが、昨今は、この「鮮度のいい」という言葉が、何か勘違いされているように思えます。釣ったばかりをその場で刺し身にして、すぐ食べたり、活き造りなぞ、タイの口がまだパクパクしているような刺し身は、本当においしいでしょうか？　鮮度のいい活きた魚でも、活け締めした後はしばらく、低温で身をしめます。水分の多い魚でしたら少し塩をふって、ふきんで巻いたり、昆布で巻いてしめるのです。水分が抜けて身がしまるころには、魚のタンパク質がアミノ酸に分解されてきて、よりうま味を感じます。たかが安魚であっても私がいつも塩や昆布・酢などを使ってしめるのは、そういう意味あってのことです。

鮮度が少し落ちていても、それはそれで、それなりの調理法があるはずです。それを、今日の日本では、鮮度が悪いと使いものにならないような見方をしてはいないでしょうか？　信州《しんしゅう》の山奥では、一塩した塩サンマが売られていました。三枚におろして酢でしっかりしめると、鮮度ピチピチの生とはぜんぜん違う、別のおいしさに出合えました。

同じようなことが、産地にも言えます。若狭《わかさ》のサバでないと食えんとか、土佐のカツオでなきゃカツオじゃないとか、お国自慢はほほえましいものですが、みんなが通《つう》ぶって、「あれを食べたら、よそのは食えん」などというのは恥ずかしいことのように思えます。質のうえで差が生じるのは、海水温度や海流、プランクトンなどによるものですから、しかたないことです。質で落ちても、それは、それなりの良さがあるはずです。それをおいしくするのが、料理だと思います。

冬の佐渡で食べたアジのおいしさは太平洋のアジでは味わえないものでしたが、いくらおいしいと言っても、東京に取り寄せて食べようとは思いません。あれは佐渡の味として、また訪れたときに楽しめばいいと思います。鮮度や産地にこだわりすぎると、それはもう、こだわりというより、信仰じゃないでしょうか?

4章

肉料理・油脂編

こうすれば太りようがない

牛丼・肉丼——100グラム50円の牛筋《ぎゅうすじ》と麩の利用でおいしい

出ました。この本で唯一無二の「牛」の文字。おなつかしゅうございますの「牛」の字。というのも、わが家で牛肉を買うというのは、まず、絶対にあり得ません。牛肉と言えば、何かの拍子に間違ってもらうものです。では、ここに登場する、この牛丼の「牛」の字は何なんでしょう。恥をしのんで告白いたします。牛ではなく、牛筋なんです。したがって正確には「牛筋丼」。

牛筋は店によって値段も質も異なります。白っぽい筋はよくありません。赤い筋を100グラム50円くらいで買います。これを、ただ煮て軟らかくするには1～2時間かかります。そこで煮る前に筋の繊維に直角に包丁を入れ、小さく切っておきます。まかり間違ってパイナップルがあったときには、少量、おろし金でおろして牛筋にまぶしておくと、軟らかくなりやすくなります。

牛筋を軟らかくするためには、ある程度煮なければなりません。ひたひたくらいの水に酒を加えて、弱火で煮ます。煮始めに出るアクはすくい取ります。小さく切っているため、水がなくなるころには噛み切れる硬さになっていますので、ここで醬油、ショウガ、ハチミツで味をつけます。薄切りにしたタマネギを加えて、弱火のまま汁気を飛ばせばできあがりです。これをごはんを盛った丼にのせれば、牛「筋」丼。

一方、肉丼のほうですが、これは豚肉丼のことです。以前は二人で150グラムくらいの豚肉を使っていましたが、今はとてもそのような度胸はありません。二人で50～60グラムです。当然、肉の不足分は「麩」で補います。豚のバラ肉を薄く切り、少量の塩を振って、よくもんでおきます。

中華鍋に薄切りタマネギとザク切りネギ、薄切りショウガを入れ、酒を少し注ぎ、ふたをして火にかけます。沸とうしたら、ふたを取り、醬油、ハチミツで味を整えます。煮汁が少ないようでしたら、だし汁を少し加えます。それから、水につけて戻し、しぼってちぎった焼き麩や車麩と豚肉を中華鍋に加え、よく混ぜ合わせます。豚肉に火が通ったら、それ以上煮たてると、豚肉が硬くなるので、すぐに火からおろします。

肉が少なくて情けないと感じるかもしれませんが、焼き麩は薄切り肉みたいになりますし、車麩はまるで角切りのバラ肉のようです。しかも煮汁をたっぷり吸っていますから、うまさも充分なのです。

このときのハチミツの量についてよく聞かれることがあるのですが、これは好みの問題だし、ハチミツの種類にもよるのでいちがいには言えませんが、うちの場合を述べておきます。一人分でしたら、ハチミツに箸《はし》1本を3センチつっこんで引き上げた時についてきた量です。まるで落語の世界で、ケチな男が醤油にはしをつっこんで、そのはしについてきた醤油だけでごはんを食べるという話みたいですが、私はそこまでせこくありません。醤油と違ってハチミツは粘りのある分、はしにタップリつくのです。

ところが先日、二人分つくるときにはしを二本そろえてつっこんでハチミツを使ったところ、少し甘すぎました。はしを二本そろえてつっこんだため、「毛細管現象《もうさいかん》」が起こり、ハチミツが多めに上がってきたようでした。次からは、二本別々につっこむことにしています。

また、最初に日本酒を注ぐと書きましたが、ワインでも可能です。ただし、ワインは種類によって苦くなったり、酸っぱくなったりするものがあります。その点、日本酒だと甘くなることはあっても、苦くなることはありません。

豚肉でつくる場合、豚から油が出るので、他の油を加える必要はありません。タマネギやショウガなども、酒が入っているために焦げたりしません。サンショウの粉や七味唐辛子、刻みネギなどの薬味をたっぷり使って麩丼を……じゃなくて、肉丼をお楽しみください。

カレー――鶏ガラと昆布の絶妙組み合わせだし

私が大学生だった1970年代、カレーのつくり方にこだわる人がだんだん増えてきました。それまでカレーというと、角切り肉、野菜を油で炒めて水を加え、煮えたら市販のルーを入れるという「一億統一カレーつくり協会」的なつくり方しかしていなかったんじゃないでしょうか？　それが今では、スパイスを20種類以上組み合わせる人もざらにいますし、インドのなんとか地方風などとこだわる人もいます。本当かどうかは、私はインドに行ったことがないので知る由《よし》もありませんが、たしかに本場インドでは、それぞれの家庭で独自のつくり方をするようです。それなら日本とて同じこと。わが家には一人ひと月9000円風カレーというものがあります。それをご紹介いたします。

材料をすべて鍋に入れ、水を張り、火にかけます。

まず野菜ですが、ジャガイモ、タマネギを1～2センチ角に切って入れます。ショウガ、ニンニク、干しプルーン、ミカン皮は小さく刻んで入れます。クルミ、落花生などのナッツ類もつぶして入れます。

1羽35円の鶏ガラを出刃包丁で小さくたたき、木綿袋に詰めて入れます。火にかけると沸とう直前からアクが出るので、中火にしてアクを取ります。4～5分で一応のアクが取れたら、香辛料などを加えます。韓国産粉唐辛子、ペッパー、カレーパウダー、酒、ローレル、干しエビ、昆布などです。

弱火にして再び煮立ってきたら、少量のスキムミルク（濃くつくったもの）、おろしたリンゴとタマネギを加え、塩で味を整えます。ふたをして弱火5分で火から下ろし、保温調理に移ります。15～20分で食べられますが、保温のまま、ふたを開けずに冷めるまで待ってから温め直すと、いっそうおいしくなります。かなりサラッとしたカレーですが、温め直したりすると、だんだんとろみが出てきます。なにぶん、ぶった切りの鶏ガラが入っているので、スープは濃厚なのです。食べるときにスキムミルクでつくったヨーグルト（5章参照）を少し加えて混ぜ合わせると、辛さもいくらかマイルドになります。

昆布をカレーに入れるというと、なんか変？　と思われるかもしれませんが、昆布は動物性のだし味をサポートさせたら、天下一品なのです。干しエビ、姫エビなども、スパイスのきいた鶏ガラスープにピッタリ。レストランでは、「シーフードカレー」などと言うくらいです。昆布や干しエビだってシーフード。

さて鶏ガラですが、袋から出して骨を取り除きます。そうです。ガラには「身」がついていますから、その身だけ取って中華鍋でみじん切りのタマネギといっしょに炒めます。これで鶏、タマネギそぼろカレー味。明日の弁当のおかずが一品できあがりました。

うちでは近ごろぜいたくになって、カレーのとき、ガラもいっしょに食べてしまっています。ガラは木綿袋に入れず、そのまま放り込んで煮ます。ですからカレーを食べるとき、まるで魚のあら煮を食べるみたいに、骨を「チューチュー」吸っているのです。軟骨くらいでしたら、もはや、ものともしません。噛みくだいて胃に送り込んでいます。しかし、硬い骨は歯をいためるだけなので、食べません。
カレーを食べるときに骨を出す皿を用意しているなど、人には言えません。まして
や、その骨を洗って干した後、すりつぶして……など……けっしてしません。誰が、
そんな……。

ハムいらず——100グラム70円の冷凍豚舌利用、10分調理

「もらいもん、困りもん」のところで書いたように、市販のハムは味が濃く感じられます。どうせ買わないいんだから、かまわんだろうと言われたらそれまでなんですが、味が濃すぎるから買わないいんだ、などと一度は粋がってみたいものです。

同じ日方だったら、ハムより生肉のほうが安く買えます。だったら自分でつくってみろよ、某国立大農学部なんだろう？　残念ながら、畜産製造学の単位を取る前に中退しました。すみません。とは言え、薄味のハムを安くつくれたら、オードブルやサンドウィッチなんかに使えていいなあと考えた私は、さっそくとりかかりました。

普通、ハムつくりは肉に塩や香辛料をすりこんで水分を抜き、熟成させたものをゆでたり、燻製にしたりします。これらを行うことで保存性が高まり、うま味が増します。うちの場合、うまくさえなれば、保存性はたいして求めません。冷蔵庫で3日もてばオンの字です。もちろん10分やそこらでつくることができれば、という前提ですが。

冷凍の豚タンでつくります。牛タンでもできますが、値段がかなり違います。100グラム70円の冷凍豚タンを半解凍状態にして、包丁で薄く切ります。マヨネーズビンに漬け汁を用意します。これは濃い昆布、鰹だしに塩、醤油、ハチミツ少々を加えてひと煮立ちさせて少しさましたものです。

鍋に湯をわかし、沸とうしたら薄切りタンを4~5枚ずつ泳がせます。シャブシャブみたいに表面の色が変わったら、即引き上げ、漬け汁のビンにポイッ。たったこれだけです。30分後から食べられますが、1日おくと非常においしくなっています。

燻製のようなスモーク臭をつけたいときは、つけ汁に削りたての鰹節を加えておくといいと思います。タンを薄く切っていることと、さっとしか煮ていないことで、軟らかく、臭みのないハムもどきになっています。

ここに書いたのは、私が最初につくった和風ハムいらずですが、バリエーションは豊富です。湯を通すことは同じでも、漬け汁を変えることで変化させます。すりゴマ、ラー油、八角《はっかく》、バジル、ローレル、ペッパー、唐辛子などを使い分けることで、中華料理やラーメン用、韓国風、サンドウィッチ用と変化します。

豚タン丸ごとでハムをつくろうとすると、調味液に1週間以上漬け込むなど、なかなか努力が必要です。また、1本丸ゆでにしてからスライスして食べる料理もおいしいのですが、ゆでるとすぐに硬くなるため、軟らかくなるまで長時間ゆでることになります。ガス代をケチる私にはむずかしい料理です。

ところで、豚タンをゆでた湯は、あくのない、よいスープになっています。あまり煮立てず、塩かみそのワカメスープにすると、おいしいのです。これでハムを買うこともなくなりました。

鶏皮——100グラム15~50円をまとめ買いして、あらゆる肉料理に代用

牛肉、豚肉と比べて、鶏肉は安く買えますが、それに輪をかけて安いのが、鶏皮です。絵に描いたような赤貧生活をしていた学生時代、焼き鳥と言えば焼き鶏皮のこと。唐揚げは皮揚げ、鳥釜飯は鶏皮飯を意味しておりました。このように鶏皮は豚モツと並んで、肉の代用品をつとめてくれたありがたい食材です。鶏皮は店にもよりますが、100グラムが15～50円くらいです。安いときにまとめ買いするか、業務用1キロパックを買って、下ゆでまでやってから冷凍しておきます。

まず、下ゆでをします。たっぷりの湯で、ゆでます。強火でゆでるとアクが出るので、それを取り除きながら4～5分ゆでます。皮を取り出しザルに入れて、湯沸かし器の熱めの湯で流しながら、もみ洗いをします。これで下ゆでは完了ですが、ゆで汁とて捨てられません。そのまま冷ますと上のほうに脂が固まるので、スプーンですくってビンに入れます。これは炒め物のときにほんの微量加えるだけで、おいしくなります。しかし加えすぎると胃がもたれてムカつくので、気をつけましょう。

そのほか、ゆで汁は、スープ、煮こごり、炊き込みごはん、ゴボウ炊きなどに使いまわします。

鶏皮はこの段階で冷凍にしておくと、使いやすくて便利です。まずは鶏ワサがわりに。皮を細切りにしてワサビ醤油で食べます。

そして、酢のもの。細切りにした皮、細切りにしたキュウリ、ダイコン、ゆでモヤシ、薄切りタマネギなどを、すりゴマ、練り辛子、醤油、ゴマ油、唐辛子、酢でよくあえます。冷麺のスープの項で書いた唐辛子みそであえても、ピリッとしておいしいものです。

ぬたもいけます。細切りにした鶏皮をゆで、ネギ、ホウレンソウなどといっしょに小鉢に盛り、白みそを酢とだしでゆるめ、練り辛子と混ぜ合わせて上からかけます。切り海苔もパラリ。

肉じゃがは、いかが？　皮じゃが、肉じゃがじゃないがな、皮じゃが。

カレーうどんにも使います。肉のかわりに細切り鶏皮を使うと、とろ味があってうまくなります。鍋に鶏皮、薄切りタマネギ、細切りニンジンを入れて、よく炒めて塩、こしょうをします。鶏皮のゆで汁に切り昆布と煮干しを加えて鍋の中へ。煮立ってきたらカレーパウダーと醤油で味を整え、最後に片栗粉を溶いたゆで汁で、ルーを固めます。

キャベツ皮炒め。鶏皮の細切りを中華鍋で煎りつけると、脂がにじり出てきます。

そうしたら、ザク切りキャベツと酒を加えてよく炒め、塩、こしょう。鶏皮の脂とキャベツは、よく合う仲間なのです。

鶏皮飯。中華鍋に細切り鶏皮を入れて、空煎りします。脂が出てきたら具を入れます。具は、切り昆布、ニンジン、ゴボウ、シイタケ、キクラゲ、凍豆腐などを小さく切ったものです。酒、みりん、だし汁、塩、醬油を加えて、火が通ったら下ろして冷まします。

冷めたら具を引き上げ、残った汁を使ってごはんを炊きます。炊き上がる直前に具を入れて火を止め、15分以上蒸らします。煮汁に醬油が入っているので焦げないようにすることと、水の量を少し多めにしないと硬くなるので気をつけることが大切です。また、具はレンコンでも、コンニャクでも、サトイモでもよいのですが、大切なのは最初から入れて炊かないこと。必ず炊き上がり直前に入れます。鶏皮の脂やゼラチン質で、つやのある炊き込みごはんになります。

最後に鶏皮焼き。これは串に刺してあぶるだけ。いたって簡単です。

鶏皮などは、そういつでも食べるものではないと思いますが、たまにしつこいものを食べたくなったとき、冷凍庫から出して使えるので便利です。

豚モツ
——100グラム30〜80円を軟らかくゆで、冷凍保存で

モツ鍋ブームで牛モツは値上がりしてしまいましたが、どっこい豚モツはまだまだ、どうにか安値安定しています。これまた店によって値段は異なりますが、100グラム30〜80円くらいで買えます。鶏皮同様、下ごしらえをして冷凍しておけば、いろいろ使えて便利です。下ごしらえの前に、もし、おからがあれば、まぶしてもんでおくと臭みが抜け、軟らかくなりやすいようです。

モツはたっぷりの湯に入れ、中火でゆでます。モツの種類にもよりますが、30分くらいで噛み切れるようになるでしょう。とにかく、噛み切れる硬さにゆで上がったら、ザルに取って水気を切ります。このゆで汁はさすがに臭いので、捨てます。

この段階で冷凍保存分は、分けて冷凍にします。ひと口大に切っておくと、解凍後使いやすいでしょう。串焼きにするなら、串に刺して、直火であぶります。火はすでに通っているので、焦げ目をつけるだけにして、塩やタレで食べます。赤ちょうちん

で焼きトンとかモツ焼きと呼ばれているものが、これです。

炒め物の場合は、細切りにして野菜といっしょに炒めます。鶏皮同様、最初にモツだけを空煎りして脂を出したところで野菜を入れ、塩、酒、唐辛子、醤油をよくからめます。

ホルモン漬けはひと口大に切ったモツをタレに漬け込み、翌日から5日間くらいの間に鉄板焼きや直火焼きで食べます。タレは、醤油ベースとみそベースがあります。

材料は醤油（またはみそ）、唐辛子、ハチミツ少量、酒、すりゴマ、おろしショウガ、ニンニク、タマネギ、果物をおろしたもの（パイナップル、リンゴ、パパイヤなど）。この漬け込みダレにつけて翌日から食べられますが、急ぐときは手でもんで味のしみ込むのを早くします。

もつ煮。これは私が赤貧大学生のころ、年中つくって極めた料理です。根菜（ニンジン、ゴボウ、ダイコン、レンコン、イモなど）をたっぷり用意します。

モツと根菜をひと口大に切って鍋に入れます。これに昆布、煮干しを加えて中火で煮ます。根菜に火が通ったら、酒、みそ、すりゴマ、ハチミツ、タカノツメ、おろしニンニク、刻みショウガ、豆腐を加え、味を整えてもう少し煮るか、保温調理に移るかします。

食べるときにはタマネギのみじん切りや刻みネギ、七味をたっぷりと入れます。ゴマ油やラー油を一滴落とすと、モツのにおいがますますごまかされて食べやすくなります。

吸い物。豚モツの吸い物というと「変」かもしれませんが、沖縄に「ナカミー汁」というのがあります。モツは細く切っておきます。昆布と鰹節をたっぷり使って、濃いだしをとります。そこにモツを入れて少し煮てなじませたら、塩で味を整えます。非常にさっぱりしているし、だし味が濃いので、モツのいやな臭みが、まったく感じられません。

このほかにも、みじん切りにして塩煎りしたものは、肉のかわりにコロッケに入れてもよく、徹底的に軟らかくゆでたモツを酢みそで食べてもいいものです。

肉の食べ疲れ

うちでは肉をまったく食べないわけではなく、以前は2日に一度は肉の入った料理を食べていたと思います。もちろんステーキなんちゅうのは……、10年に一度くらいしか食べていませんが。

肉を食べると何かしらんが、パワーがわきそうだなぁと、漠然と思っていました。しかし、肉を食べた後は、食べ疲れとでも言うのでしょうか、疲労感が続くのです。昼に肉を食べると、夕方になっても空腹感をあまり感じません。

食生活改善実験をはじめたころ、私はペーパーナイフづくりに没頭していましたが、木を削ることや、ペーパーナイフの形をイメージする作業に神経を集中する毎日でした。すごく堅い木を削るので、肉体的にもかなり疲れるのですが、不思議と肉より穀物・豆・魚・野菜に欲求が向けられました。押し麦や緑豆、ヒエなどのいっぱい入ったごはんと、根菜類たっぷりのみそ汁に焼いた丸干し、納豆、ワカメの酢のもの、温野菜などをやたら食べたくなりました。これらを食べていると、食べた後の疲労感が少なく、適当に腹も減ってきますが、何よりありがたかったのが集中力の持続性が高まったことです。ペーパーナイフ削りは型紙があるわけではないので、削りながら形をイメージしてゆきます。飽きてきたりイライラすると、その日はハイそれまでよ、なのです。

肉や油を減らすことで、こんなに違いが出るのはなぜだろうかと、調べてみました。栄養学関係の本で調べてみると、次のようなことが考えられました。タンパク質を消化するには、多量のエネルギーが必要だそうです。消化にエネルギーを使われてしまうため、からだの他の機能が手薄になり、筋肉の活動や集中力がちょいと落ちるらしいのです。

なるほど、肉や油を減らしたことで消化しやすくなって、疲れが少なくなったのかもしれんと、一人納得したのですが、これでタンパク質はちゃんと摂れているのか不安だったので調べてみましたら、タンパク質の1日の摂取基準量は、体重1キロ当たり、0・8グラムくらいが適量というデータを見つけました。その基準が絶対とは言いませんが、ひとつの基準としてとらえてみますと、私の場合、体重53キロですから、1日42グラムのタンパク質ということになます。これなら、穀物・豆・小魚・野菜などからどうにか摂れていそうですので、肉は料理の化粧品程度にしておこうと量を減らしたのです。

単純にタンパク質を補うだけなら、肉を100グラムも食べれば、それで充分なんでしょうが、それだと、他の食物から摂るタンパク質は過剰分となります。しかも、タンパク質を分解し、消化吸収させるために必要なビタミンや澱粉などが肉には含まれていません。肉以外でそれを補うと、けっきょく食べすぎになってカロリーオーバーです。そういう意味では、豆や穀物・小魚・緑黄色野菜の組み合わせで食べていれば、ビタミンなども補えますし、繊維も多いので満腹感も早く訪れます。そんなことをふまえて食事の組み立てをつくっていったのです。

肉は減らしたものの、今一番気にしているのは、魚によるタンパク質過剰摂取にならぬようにすることです。野菜・穀類・豆などは、食べすぎることなどなかなかできるものではありませんが、魚は食べすぎることがあります。いくらEPAがからだにいいと言っても、食べすぎてはタンパク質の過剰を招きます。

タンパク質を摂りすぎると、体内で有害なアンモニアになり、それは肝臓で解毒されて尿素《にょうそ》になります。それを多量の水で、おしっことして排泄するのです。これらの分解作業中に、血液が酸性となります。これを中和するために、骨からカルシウムが流出するのだそうです。せっかく親からもらった丈夫な骨です。もろくされてたまるもんですか。カルシウムを流出させないためにもタンパク質が過剰にならぬよう心がけようと思いました。

カルシウムは体内でリンとくっついて、リン酸カルシウムとなって体外へ排泄されることもあります。食品中のカルシウム対リンの比率をみますと、丸干しイワシは、ほぼ同等で1・2対1。豚肉は1対32、鶏肉は1対70。リンだってからだにとっては必要なものなので、カルシウムとの関係だけで安易に避けるのは危険な考えですが、現代の食事情では、添加物などでかなりのリンが体内に入ってきていると思います。肉を単に避けるというのでなく、他に食べるすべての食べものとのバランスの問題じゃないでしょうか？

それにつけても肉はおいしいけれど

それにつけても、なぜ肉はおいしいのでしょうか？　世界中どこを見ても、所得が上がれば肉の消費も上がっています。私には、肉がおいしい理由は、その生産に要したエネルギーの量が多いからじゃないかと思えるのです。牛・豚・鶏などが育って、肉として人の口に入るまでには、いったいどのくらいのエサを必要とするのでしょう。これでも、某国立大学農学部中退の私です。学生のころ、その量を聞いて驚きました。

家畜はもともと草や木の実、残飯など、人の食べないもので養っていたのですが、今日では人と同じように穀物なども食べます。家畜の種類や育て方、肉質などによって異なりますが、一定量の肉をつくるために必要な飼料は、その8倍から20倍も必要となります。単純に考えますと、100グラムの焼き肉を食べようとすると、800グラム〜2キロの飼料が必要になるのです。しかもそれらが、私たちの食べるのと同じコーンや大豆・麦などの穀物なのですから、これは、おいしくなってくれなければ困ります。

つくりあげられた肉は、その大部分がタンパク質と脂肪です。タンパク質はうま味の素であるアミノ酸の集まりですし、脂肪もおいしさを感じさせます。

こんな、コストのかかる食べものが、どうして今日、こんなに安く買えるのでしょうか？　本書でもふれましたが、これは、今のところ飼料穀物が安く手に入るからなのでしょう。

しかし、これから先はわかりません。日本のスーパーなどもオーストラリアに進出して、積極的に、「肉づくり」をしていますが、「食情報」の項（7章）で述べますように、穀物生産能力は落ちつつあります。人間の食べる主食を減らしてまで肉づくりを続けることはできないだろうと思います。今だって地球全体で見れば、穀物が食べられなくて飢餓線上におかれた人たちがたくさんいます。人道主義的にどうしようと言ってるのでなく、このまま農業に適した土地が荒廃してゆけば、私たち自身がまず、肉をとるか、穀物・野菜をとるかという選択を余儀なくされそうです。一人が100グラムの肉を食べるか、8～20人が100グラムの穀物を食べるかという選択でもあります。そんな事態にならないように、その道のプロたちは研究し続けているのですが、家畜の飼い方や肉に対する考え方も、変えていく必要があるんじゃないでしょうか？

飼料は、人が食べることができない草や木の実などを中心にして、穀物飼料を減らしてゆくのが望ましいと思います。それなりの牧草地が必要ですし、飼料のカロリーが下がるので、今まで年間100頭生産できていたのが、3頭くらいになるかもしれませんし、肉質とて、「さし」など入らないはずです。しかし、これなら、少なくとも生きるのに必要な穀類は確保できます。硬くて脂肪の少ない肉は、現代人の好みには合わないでしょうが、低脂肪のうえ、よく噛むのですから、からだにいいのです。

霜降《しもふ》り肉は脂肪がトロッとしておいしいですが、よく考えたら、人間でいうところの生活習慣病と違いますか？　あまり健康な牛とは思えないのですが……。肉が硬くなって食べられる回数が減ったくらいが、おいしいごちそうとしての肉らしくていいと考えるのは、ステーキを10年に一度しか食べられなかった私の、単なるひがみかしら……。

「あぶら抜き」よりも分離脂肪を減らす

コレステロールを気にする人、太りすぎを気にする人は、肉の脂身を切り取ったり、焼くときに、できるだけ脂肪を落とす焼き方を工夫するようです。それで摂取する脂肪量が減るわけですから、それはそれでよい選択だと思います。しかし、脂肪も本来は大切なエネルギー源です。しかも少量でバンバン燃えるエネルギー源です。からだによくないのは、余分な脂肪です。肉にもともとついている脂肪を落としておいて、揚げもので脂肪をたっぷり摂るというのも、変なものです。脂肪は、分離したもの、しぼったものより、素材に含まれたままの状態で摂ることを心がけていれば、肉や魚の脂肪をわざわざ落とす必要はありません。

私はそもそも食べる肉の量が少ないのですから、皿についた「あぶら」まで、すべて食べちゃいます。生来のしみったれ性によるものであることは、疑いの余地《よち》のないところです。しかし、かっこよく言うのならば、牛や豚の生命を奪《うば》い、発芽《はつが》できる種子の可能性を奪ったのですから、生命を奪った以上、けっして粗末にしたくありません。自分が快楽を求めて食べすぎとなり、その結果、これ以上太りたくないから脂肪の部分は捨てちゃおうじゃ、あまりに牛や豚に失礼です。

本書では、油料理というものがほとんど登場しません。炒めものもあまり油を使わずに行いますし、揚げものにいたっては、ただの一回も登場しないという、まるで今日の日本の台所をまったく無視したような料理本です。揚げものが嫌いなのかというと、嫌いなほうではなかったのです。ここ数年、意識的に揚げものを避けてきて、今ではそう積極的に食べたくはありません。からだが変化したのかもしれません。

1960年ごろから、日本人の油脂摂取量はうなぎ登りに高まってきています。米国ほどではないにせよ、それ以前の日本人の摂取量から見ると激増《げきぞう》しています。油脂と健康については、リノール酸だ、動物性脂質だ、エイコサペンタエン酸（ＥＰＡ）だと言われてきましたし、コレステロールとの関係や生活習慣病との関係も、いろいろと言われてきました。つい近年まで、生活習慣病やガン・高血圧・コレステロールが気になる人には、植物性の油がからだにいいですよと栄養指導がなされていました。バターやラードなど動物性脂肪は体に悪くて、ベニバナ油やナタネ油などの植物性脂肪はからだによいと言われ続けてきたのです。

しかし近年、長期間の動物実験や人で行った試験でのデータをもとに、医学・薬学・栄養学の研究が進められた結果、リノール酸を含む油がガンや生活習慣病、種々のアレルギーの要因であることがわかったそうです。また、「○○油はからだによい」からと言って、どんどん使っていいわけではけっしてないそうです。逆に、動物性・植物性を問わず、油脂の総摂取量を減らしてゆかないと、健康を維持・増進してゆくのはむずかしそうです。油をたっぷり使う料理方法と味にどっぷりつかってしまった日本人にとって、困った報告かもしれませんが、生活習慣病やアレルギーの危険性を少なくし、健康で快活な人生を送ろうと思うなら、油脂は減らしたほうがよいと思います。

おいしいだけの料理や見た目だけの料理なら別ですが、健康を本当に心配する「食関連」の研究者は、どうしても脂肪摂取の問題を避けて通れません。私も、安くてうまくて手軽な料理でいいのでしたら、バンバン油を使う料理を書いたでしょう。しかし、それでは「健康的で」という重要なポイントが欠如してしまいます。そこで以下、「では、どのようにして、家庭料理をリストラしてゆくのか?」をさぐってみようと思います。

先日、非常に料理熱心で、栄養バランスなどにも気づかっているご婦人に油を減らす必然を話しましたが、「そうは言っても、今さら油なしでは、お料理なんてできるわけがないじゃない!」と、しかられました。くり返しになりますが、一度に全廃するのは危険です。少しずつ減らす方向に、前向きに取り組むことが大切だと思います。「できるわけないじゃない!」という後ろ向きな姿勢ではできないかもしれませんが、「なんとかしてみよう」と思ってやってみれば、意外と簡単にできるものです。

私のところでは、1年間に使う植物油は1400ccくらいになったようです。ここのところ、もっと減っているみたいですが、何がありがたいといって、換気扇《かんきせん》に油汚れがつかなくなったことほど助かることはありません。私、換気扇の掃除、大嫌い!!

油脂摂取量の現状と必要量

小見出しが、だんだんえらそうになってまいりました。こんな見出しを、コミック料理作家が使っていいのでしょうか？　いけません、いけません。しょせん某国立大学農学部中退の私です。したがいまして、まったくの台所感覚で進めてゆきたいと思いますので、気楽にお読みください。

日本人が植物油・動物油をバンバン使えるようになったのは1960年ごろからで、もともと油なんて高級品でした。後述しますが、昔の圧搾法《あっさくほう》でしぼると、10キロのゴマから1キロちょっとの油しかしぼれなかったそうです。それが化学・工業の進歩で、「抽出法《ちゅうしゅつほう》」という効率のよいしぼり方をするようになり、安く大量に植物油がしぼれるようになったのです。そこに例の高度成長期がやってきて、肉やバターを買う経済力がついてきました。その勢いがいまだに続き、植物油の原料となる穀物はどんどん安く輸入されるのですから、油は安くなってゆきます。こりゃ、使うなというほうが無理です。ですから、使うなとは言いません。ただし、アレルギーやガンなどの生活習慣病、心疾患なんか、「こわかぁねぇやぁ！」というのでしたら……。

私は小心者ですから、ガンや心臓病になるのは恐ろしいとおびえています。健康で好きなことをしながら生きていたいと思っています。だからこそ、油脂についても正しい知識を身につけ、病気から身を守っていきたいのです。

さて、油脂の必要量というのも、その基準はむずかしいものです。人の体内でつくられる脂肪もあれば、つくられない脂肪もあります。仮に、バターや植物油をまったくとらなくなったとしても、今日の日本でしたら、豆や米や肉・魚などから充分にからだに必要な脂肪は摂取できるはずです。

人体にとって必要不可欠であるが体内でつくることのできないものに、リノール酸があります。リノール酸が不足すると、成長障害や皮膚炎が起きると言われていますが、では、リノール酸の必要量って、どのくらいか、知ってますか？　毎日食べるごはんやパンに含まれている量で、十分なのだそうです。もちろん個人差があるでしょうが、それでもティースプーンの二分の一杯も必要ないくらいなのです。

私たちはこれまで、ことあるごとに、「リノール酸はからだにいい」と聞かされ、「リノール酸たっぷりのベニバナ油」を、たくさん使うと健康によいと思ってきたようです。しかし、近年明らかにされていった油脂に関する研究結果が、それらの漠然とした信仰をくつがえしました。

外食や加工食品は言うにおよばず、家庭で使う油脂の量は動物性・植物性を問わず、かなり減らしたほうが、健康を維持するうえでは得策です。どのくらいなら摂ってもいいのですかとよく聞かれますが、油脂＝脂肪は、食材の中に充分含まれていますし、日本の場合豊富な食材にかこまれているので、その量で充分なのです。余分に摂れば、それだけ脂肪によって健康に害を与える可能性が増えるのですから、どのくらいなら大丈夫とは言えないんじゃないでしょうか？

揚げもの・炒めもの料理の損

揚げ物に使った油で、嫌なにおいのするものがあります。くり返し使った油などで、そういうにおいを経験した方も多いと思います。あれは油が酸化したためなのです。植物油は、日光が当たったり熱が加えられると、急速に酸化してゆきます。平たく言えば、いたんでくるのです。これを過酸化《かさんか》脂質《ししつ》と呼ぶのですが、揚げものや炒めもののように、過熱した脂肪だけでなく、普通に摂取した脂肪だって、体内で過酸化脂質に変えられてしまうことも、よくあることなのです。活性酸素《かっせいさんそ》というやつが、脂肪酸をあっというまに過酸化物脂質に変えてしまうのです。活性酸素などと言うと善玉《ぜんだま》のような名前ですが、ところがどうして、ガンを引き起こす仕掛け人のようなやつなのです。私たちをとりまく、ひどく汚染された空気や食べものなどが体内の酵素《こうそ》にちょっかいを出すと、こいつが発生してしまいます。

この活性酸素をあっという間にやっつけてくれるのが、鬼の平蔵ならぬ、抗酸化物《こうさんかぶつ》と呼ばれるものたちで、ビタミンA・C・Eなどの酵素なのです。ガンの予防にビタミンや酵素が大切なことは、このような理由からなのですが、それより何より、過酸化脂質になる、もともとの脂肪量を減らすことが、まず第一ではないでしょうか？

揚げものは簡単にできて、おいしいし、油だって昨今、安くなりました。安いタマネギやニンジンだって、かき揚げにすればおいしくなるので、得した気分です。でも人生、トータルで考えれば、どうでしょう？　本当に得でしょうか？　なあんて、おどかしたりしてもしかたないことなのです。

油脂を徐々に減らしてゆくことと、抗酸化物である野菜や果物を、保温調理のような酵素やビタミンなどの破壊の少ない調理で食べることで、ブロックしてゆきましょう。酵素はタンパク質なので、高温の状態が長く続くと破壊されます。だからこそ、5章で後述する、100℃から3分に1度ずつくらい下がる保温調理をお勧めするのです。

炒めものの油だって、料理の本に書かれている量は、まず不要です。油大さじ4杯なんて書いてあっても、ティースプーン1杯で充分にできます。本書（5章）の油なし炒めものをご参考になさってください。

植物性油の製造法

植物性の油というと、大豆・ナタネ・ゴマ・コーンなどいろいろな種類がありますが、製造法になると現在では、そのほとんどが抽出法と呼ばれる方法をとっています。ゴマ油など、一部では圧搾法を取っているものもありますが、スーパーなどで市販される油のほとんどが抽出法のようです。油とは元来、しぼるものでした。ゴマならまずよく煎って、それを頑丈《がんじょう》な鉄釜《てつがま》に入れます。その上から半球状《はんきゅうじょう》の石を圧力で加えてゆくと、油がジワーッとしぼられてゆくのです。この圧搾方法を「玉じめ」と呼んでいました。この方法だと手間がかかるうえ、ゴマに含まれている油の25％くらいしかしぼれないそうです。そのかわり、圧力が低いので、温度が上がらず油がいたまないとのこと。この圧搾法をもっと効率よく行うために圧力をはるかに高くし、「玉じめ」のような1回こっきりのしぼり方でなく、連続してしぼり続ける方法がとられたのが、今日見られる圧搾法です。これだとコストが下げられ、ゴマに含まれる脂肪のほとんどがしぼられるそうですが、高い圧力のため、油はいたみやすいそうです。

さて、この圧搾法に対し、今日もっとも多いのが、抽出法によってつくられた油です。これはしぼるのではなく、揮発性《きはっせい》物質である「ヘキサン」（ベンジンみたいなもの）で脂肪分を溶かしてしまい、次に60℃くらいに温めて、ヘキサンだけを蒸発させます。その後、いろいろな化学物質を使って脱色したり、不純物を取ったりします。

消泡剤《しょうほうざい》としてシリコンなども添加《てんか》するのですが、大規模な工業化や安い石油化学物質のおかげで、今日の安価な植物油が生み出されました。

以上、いたって簡単ではありますが、植物油の製造法について述べてみました。おわかりのように圧搾法、それも「玉じめ」法だと、油をしぼれる歩留《ぶど》まりはよくありませんが、いたみの少ない油がしぼれます。抽出法は歩留まりは最高ですが、製造過程で、おびただしいほどの化学物質を使います。また酸化防止剤などの添加物も入っていますので、はたしてどのくらいの安全性が認められるのかわかりません。動物実験で大丈夫だったと言われても、人体でどう反応するかは、あと数十年たってみなければわからないというのが本当のところじゃないでしょうか？　人類は、いまだかつて、これほどの化学物質を用いてつくられた油を使い続けた経験がないのですから。

この項では、今日行われている油の製造方法をかいつまんで述べてみました。いずれの方法も一長一短《いっちょういったん》です。圧搾は効率が悪いし、抽出は安全法に疑問がありそうです。どの油を選ぶかは、その人の価値観によるものだと思います。

私は、近所に、圧搾法のナタネ油や玉じめしぼりのゴマ油を売っている油屋さんがありますので、そこで買っています。スーパーよりはちと高いのですが、自然食品店よりははるかに安く買えます。今どき、良心的な店もあるものです。世の中捨てたもんじゃありません。油を買う時は、何油かというのも大切ですが、どんな製造法かというのも、大切なことだと思います。

「あぶら」にも、いろいろありまして

動物性の脂肪は血液の流れを悪くするのでよくない、と言われてきました。バターやラードにかぎらず、肉を食べたときも、そこに含まれる脂肪によって血液は粘りを持ってきます。赤血球どうしがくっつき合って、血液がスムーズに流れなくなります。そうすると、血液によって運ばれている酵素が、からだのすみずみまで行き届かなくなり、人は疲れた感じになるのです。これは肉類を食べた後、5〜6時間続くそうです。

それと反対なのが、植物や魚の脂肪です。これらを摂った場合、血液は春の小川のように、さらさら流れます。このような理由から、動物性脂肪を減らして植物性脂肪

を増やすような栄養指導がなされてきました。ところが近年になって、植物性脂肪も摂りすぎは危険であると言われはじめたのです。それも、昨日までは正義の味方だったリノール酸系の油が、要注意とされているのです。

植物油をひとまとめでなく、リノール酸系とα・リノレン酸系とに分けて考えるところからはじまります。リノール系の油は、コレステロールを下げると言われていたものです。ところが、一時的に下げることはあっても、長期的には下げないどころか、逆に心筋梗塞《しんきんこうそく》などの心疾患《しんしっかん》を引き起こしやすくなると、世界各国の研究機関が報告しています。ところが、同じ量の脂肪を摂っていても、α・リノレン酸系の油の場合だと心筋梗塞は約10分の1となり、乳ガン・大腸ガン・膵臓ガン・前立腺ガンなども少なくなるそうです。

ただし、リノール酸系の油とα・リノレン酸系の油は、体内で変化して細胞に取り込まれるときに同一の酵素を必要とします。もし、リノール酸系が多い場合は、力関係上リノール酸にばかり酵素がはたらき、α・リノレン酸系は吸収されません。かと言って現在摂っているリノール酸と同量のα・リノレン酸を摂ると、脂肪全体の量がとんでもなく過剰となります。そうなると方法はただひとつ、リノール酸系の油を減らすことです。

リノール酸系の油と言えば、大豆・コーン・ヒマワリ・サフラワーなどの油です。そしてα・リノレン酸系の油は、魚や野菜、海藻類に含まれているもので、シソやエゴマに多いものです。魚のＥＰＡやＤＨＡを含む油も、この系列の油です。野菜では、冬野菜にとくに多く、ホウレンソウ・コマツナ・シュンギク・ハクサイなどがその代表でしょう。これらの野菜とイワシ・サンマ・サバなどの魚、それに海藻類を食べるようにして、リノール酸系の油の使用量を減らしてゆくのが、これからの「安全なあぶら使用法」だと思います。

肥満と食生活

肥満を中心において料理の本を書けば、確実に売り上げは伸びるのでしょうが、本書の目的とは異なりますので、本章の最後に持ってきました。私のやってきた食生活改善のような食事を摂っていれば肥満になりにくいと思えます。肥満の原因とされる要素が非常に少ないからです。私の料理が肥満になりにくい理由を、まず解き明かしたいと思います。そして、それと今日行われている「ダイエット食」や「ダイエット法」との違いを、述べてまいります。

大学生のころ、体重は62キロ前後で、たまに65キロになることもありました。身長が163センチですから、少し太ってたのでしょう。その後、少しずつ食事内容をよくしてゆきましたら、30歳の頃には55〜57キロになりました。そして、食生活改善実験をはじめてからは52キロから53キロでおちついたまま、ほとんど変化はありません。

遺伝的にも、そんなに太りやすい方ではないと思いますが、私の兄や弟は私とほぼ同じ身長で、二人とも60キロを超えています。私が、けっこういいかげんな食生活をしていたころの体重と同じくらいというのも、興味あることです。

私の同居人は153センチで45キロですが、この人は太りやすいタイプです。大学を出て職についたとたん、半年で60キロ近くになってしまいました。その後、私のつくった食事を中心にすることで50キロ以下に戻りましたが、田舎に1週間も帰っているると3キロや4キロは、すぐに増やしてきます。仕事で2〜3週間、南米に行ったときなど、軽く4キロくらいもらってきました。それでも、うちで三食とも私の料理をとりはじめると、2週間ほどのうちに体重は戻ります。現在、42〜43キロあたりでおちついているようです。

肥満にもいろいろあり、脂肪細胞の数が増えることによるものと、脂肪細胞そのものがふくれるもの、そして、その両方によるものに分けられます。脂肪細胞が増えるのは生まれてすぐのころと、第二次成長(性徴《せいちょう》)期のころだそうです。そのころに余分な栄養を摂りすぎると脂肪細胞そのものの数が増えるので、大人になってからやせようとしても、むずかしい。

しかし日本人の肥満はたいてい、脂肪細胞が肥大するタイプなので、余分な脂肪がたくわえられないよう食事に気をつければ、無理なくやせられると思います。子どものころから20歳くらいまで、そんなに太っていなかった人ならば、私の行っているような食生活を取り入れることで、だいたい、その人に適した体重になるように思えます。では、なぜ、私のやり方だと太らないのか？　簡単に説明してまいりましょう。

太らない理由

①脂肪と穀物食

何はともあれ、食べる脂肪の量が少ないことです。余分な脂肪はストレートに脂肪細胞にもぐり込んで、脂肪細胞を肥大させます。私の料理の場合、脂肪をすりゴマなどで摂ることが多いため、植物油を使うより脂肪の摂取量がかなり少なくなります。最近の栄養学では、高カロリーより高脂肪のほうが肥満になりやすいと言われています。もし、私の食事の組み立て枠に揚げもの料理がひんぱんに入ってきたとしたら、現在の体重より増えるだろうと思います。

次に考えられるのが、砂糖を使わないということです。繊維やミネラルなども含んだ穀物の糖分ならゆっくり吸収されるため、インシュリンの分泌《ぶんぴつ》もゆっくりと少量ですむのですが、砂糖の場合、いともたやすく消化・吸収されますから、それに対応するためにドーッとたくさんのインシュリンが分泌されます。血液中にインシュリンが多くなると、脂肪は脂肪細胞へ、脂肪細胞へとなだれ込んでいくのだそうです。私の場合、脂肪の摂り方が少ないので、多少は砂糖を摂っても問題はないと思うのですが、糖分は酒を飲むことで充分すぎるほど摂っています。これ以上は、いりません。

首をかしげる人がいるかもしれませんが、穀物など、穀類をあれこれ食べているのも、太らない条件になっていると思います。いかにも太りそうな感じがしますが、じつは違います。食べたものは、脂肪も炭水化物もタンパク質も、消化・吸収されてゆきます。口から入って腸にゆくまで、体内にやどる数十種類もの酵素で食べものは分解されて、消化・吸収されるわけです。ところが、この酵素というのが職人気質というか、わがままというか、気に入った補酵素《ほこうそ》がいないとろくに働こうとしません。つまり補酵素がいないと食べたものはなかなか分解されずにじっと待つしかないのです。かと言って、そのままだと、それこそ腐るしかありません。そんなもったいないことはできないと、もともと貧乏性にできている人間のからだはさっさと脂肪に換えて、脂肪細胞に取り込んでしまうのです。

そうならないように酵素のご機嫌をとって、バシバシ分解させる補酵素が、ビタミンB1・B2・B3・B12、ビオチン、パントテン酸などです。どんな良質なタンパク質も、これらがなければ皆、脂肪となって、肥満のもと。そしてこれらを多く含んでいるのが、穀物なのです。とくに胚芽《はいが》の部分は、ビタミンB群の宝庫です。精製度の低い穀物ほど、補酵素を多く含んでいます。せっかく食べたものを脂肪細胞に横どりされないためにも、私は穀物を摂っているのです。

さて、太らない理由は他にもあります。私の料理には乾物がよく出てきますが、乾物には食物繊維の多いものがたくさんあります。繊維なんてなんの栄養もないというか、消化も吸収もできないものですが、こいつが増量剤となって、満腹感をくすぐります。腸内では、ともすれば硬く固まりがちな「うんち」を、ホゴホゴとほぐして軟らかくするため、流れがよくなります。純粋に脂肪や糖分だけだったら、いちどに吸収されてしまうでしょうが、食物繊維をたっぷりと摂っておけば、ゆっくりと吸収されるため、肥満防止につながるのだと考えられます。

②よく噛む食事

太らない理由として、よく噛まなければ食べられないような料理をしていることもあげられるでしょう。豆だとか魚の骨など、かなりガシガシ噛むものが多いのです。

野菜を煮るにしても、トロトロに軟らかくするのでなく、保温調理で歯ざわりよく煮ますから、噛む作業は多くなります。パン粉パンなどはパンと違って、そりゃしっかり噛まにゃ、とても食べられません。この噛むという作業をすることで、消化ホルモンの分泌が激しくなります。それに、食欲の抑制にもつながるのだそうです。

よく噛まなきゃ食べられないものが多いうえに、私の食事は品数を多くしますので、あれも少し、これも少しと食べていると、けっこう時間がかかります。食べはじめてから20分以上たたないと、人間の満腹中枢は、「あっ、もう腹いっぱい!!」と反応してこないらしいのです。ですから、早食いしていると20分たったときには完全に食べすぎになっているのです。よく噛んでゆっくり食べると、少ない量で満腹感が味わえるのです。肥満になるのがむずかしいほどです。

それでも、人間とはいやしいもので、一定量食べた後でも、何かまだ食べたいような気になるものです。そんなときに、リンゴやミカンなどを少し食べれば、不思議なくらい「もうたくさんだ」という気になります。

みかんをジュースにして飲む場合、5個や6個をジューサーでしぼってみても、二口くらいで飲んでしまい、まだいくらでも飲めそうに感じます。しかし、皮をむいて、

1袋ずつ噛んで食べると、2、3個も食べれば、もう満腹です。これを考えるとジュースやスープ、流動食でダイエットするのは、ろくに噛まないので、満腹感にも欠け、どんなにかつらいことでしょう。

③基礎代謝《きそたいしゃ》力

太らない理由は、食事内容だけではありません。私の場合、基礎代謝が活発なんだろうと思います。これは、心臓や肺の活動、体温調節活動などのことですが、これがしっかりしていると熱生産がさかんになって、脂肪がたまりにくくなります。新生児は母体から生まれてきたとき、外界の温度に対抗できるように、褐色脂肪組織が活発にはたらいて、熱生産するそうです。しかし、このすぐれた体温調節機能はだんだん弱くなりはしても、人によっては残されているそうです。私は明らかに赤子なみに残っているようで、寒くなってもからだが勝手に発熱してあたたまるし、夏の暑さもがまんできないということはありません。こういうからだの機能は、鍛えてどうなるものでもないのでしょうが、たとえば、冬山に行く人の耐寒訓練などは、それに近いもののようにも思えます。

基礎代謝力を上げるには、筋肉細胞を活性化させるのもよいと思います。私はこれといって運動はしないのですが、すり鉢でゴマをすったり、出刃包丁で骨をたたいたり、ペーパーナイフをガリガリ削ったりする肉体労働でエネルギーを使うため、脂肪がつきにくくなるのではないでしょうか?

生活の中の太らない理由など、あげてゆけばたくさんあるのでしょうが、なんといっても、やけ食い、義利食い、つき合い食いをしないのが、最たるものでしょう。食べるのは、生きるためであると同時に、楽しいことであり、無理をしないことだと考えています。ストレス解消などと言って、やけ酒を飲んでガシガシ食って……、という食べ方ができるほど、太っ腹ではありません。

ダイエットは健康な食事で

ダイエット食という言葉はあてはまりませんが、私の組み立てている食事は、その人にとって適正と言える体重を維持する食事だと思っています。身長が何センチなら体重が何キロでなければという基準などないと思います。個人差というのがあって当然ですから。人間のからだのしくみを考え、栄養バランスと量のバランスを上手にとっていれば、そこそこの体型に収まるんじゃないでしょうか？

正確な知識に基づかないダイエット食は危険に思えてなりません。やせる薬などはホルモンバランスをこわしたり、内臓にいろいろな障害を引き起こすことも、皮膚に炎症を起こすこともあります。コンニャク・ダイエットも、胃がふくれて満腹感はあるでしょうが、ブドウ糖ですらつくれませんから、本当の意味でも満腹中枢を刺激したことにはなりません。必ず、反動がやってくるでしょう。

食べたものをわざと吐いてしまう人もいますが、からだの機能はハチャメチャになります。食べものが口に入った段階で、消化器官はすべて受け入れ態勢をとり、さまざまな分泌物を出して待っています。それを、途中で「やっぱりやめました」では、分泌された酵素など、いったいどうしましょう？　体内の収支が合わなくなります。

また、ひたすら運動に取り組む人もいますが、運動で使うカロリーなど、よほど激しいものでないかぎり、しれたものなのです。「これだけ運動したのだから、少々食べても大丈夫」と言って、食べすぎてはいないでしょうか？

ダイエットを目的とした食事づくりをするよりは、からだ全体をより健康に保てる内容と量の食事づくりをして、それを食べた結果として、肥満から解放されるようにしたほうがいいと思うのです。

肥満を呼ぶ味

人の脳には摂食中枢と満腹中枢とがあって、おなかがすくと摂食中枢が「何か食べろよ」と指令を出します。そして食べはじめて血液中の糖が増えてくると、今度は満腹中枢が「もう、いいよ」と指令を出します。この「もう、いいよ」を満腹中枢に伝えるのが、血液中のブドウ糖なのですが、これが、まことに鈍足でありまして、満腹中枢に伝えるまでには、食べはじめてから20分くらいはかかるそうですから、早食いすると、「もう、いいよ」と伝わったころには、太鼓腹をかかえて、食べすぎてたなんてことになりかねません。

胃が一定の大きさにふくれることと、ブドウ糖による連絡で、満腹感を感じて箸《はし》を置くとされているのですが、その連絡をおかしくさせていると考えられるのが、濃い味や化学調味料（アミノ酸等）の味です。

本書「化学調味料」の項（1章）で述べましたように、化学調味料の味は混じりっ気のないうま味の成分です。これは天然のだし味と異なり、ストレートに味蕾にうま味を訴えます。最近の中華料理などを食べるとわかりますが、ひと口目からパンチのきいたうま味がなだれ込んできて、すごく食欲をかきたてます。たぶん摂食中枢は、「こりゃうまい。すぐ食え、もっと食え、なんぼでも食え〜!!」と指示を出すことでしょう。

インシュリンも当然そうですが、あらゆる消化酵素たちも、「こりゃ、たいへんだぁ!! ドドーッと来るぞー!!」と大挙して待ちかまえるはずです。そして、化学調味料のうま味というやつは、しつっこく味蕾を刺激し続けます。「ホレホレ、おいしいぞ、おじさぁん、食べて、み、な、いっ?」と、いやらしく味覚を誘惑するのです。

化学調味料ほどではないにしろ、砂糖や醤油・ソース・マヨネーズなどをたっぷり使った料理も、かなり摂食中枢を強く刺激していると考えられます。血液中のブドウ糖が満腹中枢に、「おなかいっぱい、もういいよ」と伝えることで満腹を感じるというのが、学術的な、理論的な説明だと思います。しかし、人間には、それで割り切れないものがあるのも事実です。体内の機能として、「もう充分だから、食べなくていいよ」と判断しても、目の前に好物のお菓子でも出てきたら、人間は、視覚《しかく》・嗅覚《しゅうかく》で、そのお菓子の味を、想像してしまいます。経験として、そのお菓子がおいしいことを知っているので、おなかいっぱいでも食べちゃうのです。

情熱を傾ければ太らない

まず、イメージトレーニングです。自分の憧《あこが》れる体系を描いて、現実の自分と照らし合わせてみます。大型の鏡を毎日のぞき込むのもいい方法です。

朝はあまり食欲がないかもしれませんが、夜の食事を早めに切り上げたり、量を減らして、朝を充実させます。そうすると、昼食での大食いが防げます。慣れてくると、朝、お腹が減って目がさめるようになります。今の私がそうで、5時を過ぎると、腹が減ってしようがないのです。それで、すぐに起きて、あれこれつくって、だいたい

30分。そのころには、唾液も胃液も、受け入れ態勢充分です。朝しっかり食べても、日中あれこれと動きまわるので、脂肪細胞にたくわえられるほど、カロリーは残りません。

再三書きますが、よく噛むために、軟らかい食べものは避けることです。豆腐を食べるなら、煮大豆か、大豆チーズのほうが、まだましです。早食いするソバなども、どうかと思います。

ゆっくり食べるためには、めんどくさい食事にかぎります。小鉢に少しずつ多種類のおかずを用意して、「どれにしようかな」と迷わせます。おかずも豆など、一粒ずつちまちま取るようなのが、いいですね。またたくまに20～30分はたってしまい、ブドウ糖はとっくのとんまに満腹中枢に伝言を届けているのです。

そして、これは私がもっとも強く思うことですが、漫然とした生活をしないで何かに情熱を傾けることが、太りすぎないための重要なポイントだと思うのです。何か目的をもって、情熱の炎をたぎらせているとき、人間の精神エネルギーは信じられないくらい発散されます。人が思わぬ能力を発揮するのも、そんなときだと思いますし、そんなとき、とても太れるものではありません。

私自身、執筆を通して「食べる」ということを、さまざまな角度から、整理し直してみました。たかだか1カ月あまりの期間で本書の元となった2冊をまとめましたが、もちろんそこに至るまでには、十数年の模索と3年近い実験的実践がありました。しかし、この1カ月、一日中机にかじりついて、たよりない頭をひねくり回しながら、ペンを走らせ続けたのですが、ちっとも太りません。食事ノートを見ると、食べる量も質も、以前とたいして変わってはいません。ペーパーナイフ作家として、とんでもなく堅い木を一日中削っていた運動量よりは、はるかに少ない、物理的な運動量だと思います。

それでも、本としてまとめようとする精神的なエネルギーは、すさまじいものがありました。ろくに運動しなくても、食の組み立てを上手にやって前向きな生き方をすれば、肥満にならないよ～っ、という、実験結果をご報告して、この章を終わりたいと思います。

5章　発想転換篇

普通のメニューも常識外れの「変な発想」で安価に

変な発想が可能にする安価健康美食

本書では一人ひと月9000円健康美食を続けるための情けないような知恵と、せこいほどの裏技をご紹介しております。私の人格はすでに、疑いようもないくらい疑われていることでしょう。「お前はふだんからそんなことばっかり考えているのか？ほかに考えることはないのか？　ちょっと変なんじゃないか？」と、よく言われます。

自分でも「たしかに変です」と書きました。その「変」でもって普通のメニューに向かうとどうなるでしょうか？　カレーや牛丼、ちらしずしにチーズつくり……。あらゆるものに挑戦するのですが、その方法たるや、本人も「変」な奴《やつ》だなあと思っているくらいです。

気をしっかり持ってお読みください。あきれ返ってひっくり返らないように用心しながら、この章に進んでください。

鍋とザル――煮る・蒸す、の二階建て

私は生まれつきせこいのか、しみったれなのかわかりませんが、鍋を火にかけているあいだ、何かもったいないなあと感じていました。たとえばみそ汁をつくるときでも、鍋に水や材料が入っているものは底から3～5センチくらいで、そこから鍋のふちまでの5～6センチは空間になっています。しかもそこは熱い蒸気のふきだまり。そこでリストラ！　鍋を倍に使うことはできないか？　どうせ一定時間火にかけるなら、一品より二品つくったほうがトクだというのは前にも書いた清貧健康美食の掟。その実践です。

まず、自分の鍋と同じ直径のステンレスの浅いザルを用意します。ザルは下にすぼまっていますから、これを鍋にスポっと入れるとザルのふちが鍋のふちにのっかるようなかたちになります。ザルが完全に鍋に落ちるようではいけません。もう少し大き目のザルが必要です。みそ汁をつくるときでしたら、鍋の底では昆布、煮干し、ニン

ジンなど、みそ汁の具が煮えています。そしてザルの中では、おひたしになるハクサイが蒸されているのです。これは便利。しかもハクサイには昆布の香りなどが移っていっそうおいしくなるなど、「一粒で二度おいしい」です。

ただし、下と上の関係を考えてやらないとたいへんな結果になるのでご注意ください。煮魚の上で蒸した酒まんじゅうなど、食べたくないのは私だけではありますまい。

中華まんじゅうや、ギョーザ、シュウマイなどをつくるときには、せいろで蒸します。しかしこのときにも、せこい私は「これぞリストラ」などと言いながら、鍋の二段活用を始めます。

せいろを使うときは、中華鍋にのせて蒸しますが、中華鍋の中にはたっぷりの水。そうくればもう何かを入れずにはいられない、せこい私。鶏ガラを出刃《でば》包丁でしっかりたたいて放り込むのです。そうすると上のせいろで中華まんやギョーザが蒸されているあいだに、中華鍋では鳥のスープが取れています。せいろに昇ってゆく蒸気も鶏スープですから、中華まんやギョーザを、いっそうおいしくします。

また、自分で打ったためんで中華料理をつくるときも、この方法で蒸してみました。細く打っためんをゆでるのではなく、せいろで蒸して、焼きそばにしたのです。めんが水っぽくならずにできておいしく、そのときにチキンスープがそえられていたのは言うまでもありません。

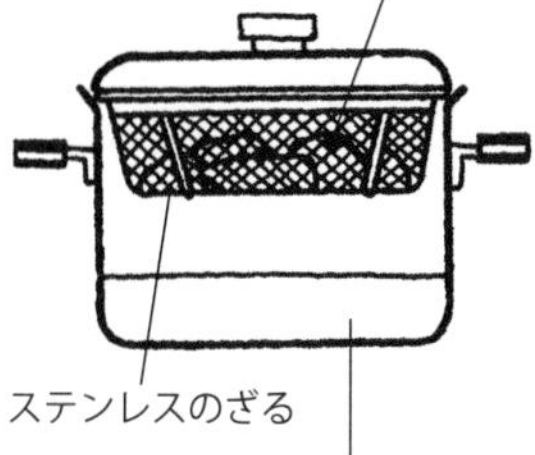

冷めるときに味はしみ込む

調理温度

本書では、昔のやり方にとらわれる必要はないとくりかえし書いていますが、調理温度の分野では、1980年代に過去の調理温度の常識をみごとにくつがえす発見がありました。一部の人たちは、調理温度に疑問を持ってはいたのでしょうが、科学的に理論づけされてはいませんでした。どういうことかと言いますと、①食材によって適した加熱温度が異なるが、それらはいずれも100℃より下である。②しかも、その温度とて必要最低限加えるのが、栄養素の損失を招かないことにつながる。③料理に味がしみ込むのは、温度が下がるときである。④高温で煮続けると、素材の味・香りは抜け、身が硬く煮しまってしまう。

おおまかに言って、以上のようなことです。冷めるときに味がしみるということなどは、なんとなく観念的には知られていましたが、それが物理学で言うソレー効果によるものだと理論づけられたのが80年代だったのです。本書でも、やたらたくさん、「ここで保温調理15分」などの記述が目だちますが、それは、ここにかかげた調理温度の裏づけがあってのことです。この調理温度についての研究を行ったのは料理の世界の人ではなく、早稲田大学名誉教授（当時・理工学部応用物理学科教授）だった故・小林寛氏です。

氏のお書きになった『お鍋にスカートはかせておいしさ大発明』（光文社）を読み

ますと、さすがに工学博士だけのことがあります。さまざまな実験を行ったうえでの理論が、わかりやすく書かれています。ぜひ、お求めになってくださいと言いたいところですが、出版元に問い合わせたところ、品切れとのこと。困ったものです。東大出身で早稲田の教授をしている人の理論を、某国立大農学部中退の私がいくら説明しても、どれだけ伝えられるものやら不安なのですが、簡単に述べてみたいと思います。

「はかせ鍋」

小林氏が調理温度に興味を持ったきっかけは、温泉卵だったそうです。生でもなくゆで卵でもない温泉卵がすこぶるおいしく、消化吸収がいいのはなぜか？

20分間65℃に保てば、温泉卵はできます。氏は、「それならホウレンソウだって、１００℃じゃなく65℃でゆでたら美味しいんじゃないか？」と考え、実験してみました。肉は？　魚は？　豆は？……ｅｔｃ。あれやこれやってみるうち、１００℃で煮続けるより、少し低い温度のほうが、味も香りもだんぜんいいことがわかりました。実験の結果、次の表のような、煮えるのに必要な温度と時間がわかったそうです。肉や魚は１００℃で煮ると硬く煮しまりますが、75～80℃くらいですと、軟らかく煮え

煮えるのに必要な温度と時間

食品名		温度	時間
米		98℃以上	15～20分
芋類		85℃以上	15～20分
豆類	枝豆、そら豆等	85℃以上	15～20分
	黒豆、大豆、あずき等	95℃以上	1～2時間
ダイコン、ニンジン、ゴボウ		85℃以上	15～20分
肉類		75～80℃以上	15～20分
乾燥スパゲティ		90℃以上	10～15分
乾燥うどん、そば		90℃以上	10～15分

（小林寛著『お鍋にスカートはかせておいしさ大発明』より）

ます。

反対に100℃を続けますと、まず香りがどんどん抜けてゆきます。香りは揮《き》発《はっ》性《せい》ですから、あまり高温にしないほうがよいのです。肉や魚にしても、野菜にしても100℃で煮続けるとアクが出ます。タンパク質などがどんどん変性してゆきます。食材の組織は破壊され、栄養素は失われてゆくのです。数々の実験を行ない、科学的に裏づけてゆく作業を通して、小林氏は100℃にせず、もっと低い温度で調理することのすばらしさを発見します。それと同時に、味がしみ込むのは温度がさがるときだということを知ります。

これは料理をする人ならなんとなく体験的に知っていることです。昨晩つくった煮物を今日食べたら、とても味がしみ込んでいたという経験は、誰にでもあることだと思います。

これまで、味は煮込んで＝加熱し続けることでしみ込ませると思い込んでいた小林氏は、「煮込む」ということに疑問を持ちます。冷めるときにしみ込むのなら、「煮込む」必要はないんじゃないだろうか？　しかも、煮るのに必要な温度は80℃くらいから90℃なんだから、いったん100℃近くに熱しておいて、90℃～80℃くらいまでゆっくり冷めてくれれば、煮るのに必要な温度と時間は確保され、冷めてゆくときに味がしみ込むはずだと考えたそうです。私もけっこう欲張りですが、小林氏の場合は科学的欲張りです。

そこで、加熱して沸とう寸前までいった鍋を火からおろして、保温力を高めるために発泡スチロールの箱に入れてみました。こうすると鍋の温度がゆっくり冷めてゆくので、時間の経過とともに味がよくしみ込み、もちろん火も充分に通ったのでした。

この調理法を小林氏は「保温調理法」と名づけて、その普及をはかろうとしましたが、いかんせん、発泡スチロールの箱は場所もとるし、においもつきやすいのです。

しかし、一般の家庭で簡単に保温調理ができるようにすべく、熱しやすく冷めにくい鍋をつくろうと研究するところなど、まことに欲張りな工学博士です。試行錯誤《しこうさくご》の末、発明したのが、その名も「はかせ鍋」。

これは、火にかけたとき非常に熱しやすく、普通の鍋より20％以上も早く湯がわきますし、火からおろして保温に移ると、普通の鍋の倍以上の保温力を発揮します。保温は火からおろして、平らなところに置くだけです。何も、特別なものは入りません。この鍋を使うとガス代は節約できるし、加熱しすぎないため、素材の味や香り、それに栄養素が失われません。そして、ゆっくり冷めることで、味がよくしみ込むわけです。

今や絶版となった博士の本には、そういうことが詳しく書かれていました。私が、漠然と考えていた、調理するうえでの温度管理というものが明確に、理論的に書かれていたので、とてもよく整理することができました。

保温調理

私はいろいろな人たちにも、保温調理を勧《すす》めました。大半は疑いながらも手軽でおいしいのに驚いていましたが、中にはそんなすばらしい調理なのに昔からなされていないのは問題があるからだ、と言う人もいました。小林氏自身、著書の中で、そういう疑問についても書かれておられます。私が思うに、保温調理が一般化しなかったのは調理温度を、たとえば80℃とか90℃とかに保つのが難しかったからではないかと考えます。

台所に温度計が入ってきたのは近年のことです。それに、１００℃という温度はいたってわかりやすい、維持しやすい温度です。火にかけていれば、それ以上にはならず、下がることもありません。したがって、料理を伝えたり教えたりするときに、「まず95℃にして、その後20分かけて80℃まで下げなさい」と言われるより、「１００℃で10分煮なさい」と言われたほうが、わかりやすいし現実的です。また、衛生状態の悪かった過去においては、加熱して雑菌を殺すという考えもあったのでしょう。今日では60℃よりちょっと上で、30分保温すればだいたい殺菌できると、小林氏は著書の中で述べておられますが、昔の人に、そのような知識があったとは思えません。そんなことなどから、「保温調理法」というものが生まれなかったのだろうと推測されます。したがって、この「保温調理法」は、栄養素を失わずに省エネルギーで素材の味を引き出す作業を、科学の力で行なったものと言えると思います。

現在、「はかせ鍋」のほかに、保温鍋が数種類発売されています。私もいろいろ使ってみましたが、火にかけたとき、熱効率が普通の鍋よりよくなるのは、「はかせ鍋」だけでした。それに他の鍋は、保温用の外鍋の掃除《そうじ》がめんどうでした。においもつきやすく、常に、ふきんでよくそうじしなければならなかったのです。

また、他の保温鍋はあまりにも保温力が強いため、いつまでたっても冷めてくれません。先ほどのソレー効果でおわかりのように、冷めてゆくときに、味がしみ込むのです。「はかせ鍋」以外の保温鍋は、保温力は抜群です。でも、それが裏目に出て、煮えはするけど味がしみ込みにくいのです。

けっして、「はかせ鍋」の肩を持っているわけではありません。他のメーカーの保温鍋をもっと充実させてほしいのです。大手メーカーはよい品を安く、大量につくるだけの資本・設備・開発力を持っています。加熱効率や使い勝手がもっとよくなって味のしみ込みもよくなれば、消費者は当然そちらに流れます。そのうえ、量産体制に入ってとんでもなく安くなれば、私だって喜んで買いますが、今現在では、「はかせ鍋」の保温調理法のほうがすぐれていると思います。

この章では食材と調理法について述べていきます。20世紀には食材も大きく変化し、調理道具、調理科学も大きく進歩しました。固定観念にとらわれず、いろいろと試してみようと思っています。仮に試行錯誤の末にたどりついた方法が昔からのやり方と同じだったとしても、それは自分で考え、選択した自分の「食文化」と呼べるものではないでしょうか？

それにしても、温泉卵からヒントを得て保温調理鍋をつくったりする小林寛氏も欲張り学者ですが、その品切れになった著書を見て、何ページも書いてしまう私も、たしかに欲張り料理人です。小林教授、ごめんなさい！

「はかせ鍋」でとるスープ

これは、「はかせ鍋」がなくても、火からおろした鍋をバスタオルなどで包んで保温すれば十分ですから、ぜひお試しください。

鍋に水を半分ほど入れて、沸とうさせます。そこへ、ひと口大に切って水洗いした鶏のレバーを入れ、ふたをし、すぐに火からおろして保温すること15～20分。これだけでレバーは軟らかいうえに、嫌なにおいがしません。レバーが本来持っていた甘味や薄い塩味が、口の中でとろけるようです。

同じようなやり方で、ニンジンをゆでてみてください。ニンジンの場合、湯に入れた後、30秒～2分ほど弱火にかける必要があります。切り方によって30秒ですむ場合と、2分ほどかかる場合があります。

この方法でレバーやニンジンをゆでると、ゆで汁はほとんどにごらず、おいしいスープとして飲めるのも、ありがたいことです。鶏ガラスープにしても、60分くらい保温すれば、すきとおった、においの気にならないスープがとれます。

サツマイモ・カボチャのヨーカン――鍋の二段階活用、蒸して裏ごし

私はかなり酒を飲むせいか、甘いものをほとんど食べません。とは言っても、野菜の持つ甘さや果物の甘さは好きで、よく食べます。きらいなのは、アイスクリームや

ヨーカンのような、砂糖でつけた甘さです。ですから普通のヨーカンはとても食べられないのですが、このサツマイモやカボチャを使ったヨーカンもどきは好きなのです。ただ、私がつくる場合、寒天などで固めないのでヨーカンとは言えないと思い、ニセヨーカンとか、カンもどきと呼んでいます。これまたせこいやり方で、例の、「鍋の二段階活用」と「保温調理」の複合技です。気を確かに持ってお読みください。

まず鍋にアズキと水を入れ、その上にステンレスザルをセットします（本章冒頭の鍋とザルの二段階活用参照）。ザルの中にはザク切りにしたカボチャを入れ、ふたをして火にかけます。5～6分ゆでたら、火から下ろして保温します。20分後にふたを開けると、ステンレスザルの中のカボチャは蒸し上がっていますが、下のアズキはまだ少し硬い状態です。そこで、カボチャを取り出し、次はサツマイモをザルに入れて、再び火にかけます。アズキにもよりますが、うちの小粒のアズキの場合、その後5～6分たって火から下ろし、保温20分ですっかり軟らかくなっていました。そのころになると、アズキをゆでた水は、あるかないかくらいしか残っていませんでした。この水は捨てます。

鍋の底はゆでたアズキの集会場、上のザルには蒸したサツマイモとくれば、サツマイモを裏ごしして、アズキの皆さんに黄金色《こがねいろ》のイモ吹雪《ふぶき》を降らせてあげたいと考えるのが人情でございましょう。さいわいステンレスのザルは丈夫ですから、イモを「エイッ」と押しつけると、おもしろいように裏ごしできます。ものはついで、先に蒸したカボチャもやはり「エイッ」と裏ごしします。サツマイモとカボチャによる黄金吹雪に隠れ、アズキの皆さんの姿が見えなくなります。二段階活用、吹雪遭難《そうなん》の図です。当然、救助が必要となります。

ここでステンレスザルを取り外し、少しの塩でもってアズキ、サツマイモ、カボチャをこね合わせます。ムラなく、アズキの顔が見えてきたら、弁当箱に「ギュウギュウ」に押し込んで冷まします。そんなもので固まるのだろうか? 水っぽくないだろうかとご心配なさる向きもありましょう。ご安心ください。よっぽど甘くないサツマイモやカボチャだったらともかく、昨今のサツマイモやカボチャは非常に甘く品種改良されています。そのうえ、この料理法はゆでないので、水っぽくならないのです。

また、ステンレスのザルは、けっこう目が粗いものです。職人が使う裏ごし器ほど目が細かくないので、ザルに繊維が残りません。皆、大ざっぱに裏ごしされてアズキにふりかかっています。あますところなく裏ごしできて、しかも甘さ充分、しっかり残った繊維のおかげで、よく固まるイモ・カボチャヨーカンのできあがりです。

つくったあと食べてみて、甘さに驚きました。またその固まりぐあいにも。蒸しているから甘いとか、繊維が残って固まりぐあいが……などと、えらそうに書きましたが、そんなことはあとから考えたことでありまして、つくるときは、そんなこと考えていません。

アズキをゆでよう↓鍋の上半分の空間がもったいない↓カボチャを蒸そう↓アズキがまだ硬かった。もう一回ゆでよう。↓今度はサツマイモも蒸しちゃえ↓細くて貧相なイモだから、わからんように裏ごししちゃえ↓ついでだからカボチャも裏ごししちゃえ↓ありゃ⁉ けっこう粘りがある↓そうじゃ‼ イモヨーカンじゃ‼ 最初からイモヨーカンをつくろうとしていたことにすりゃええんじゃ。ワシは最初から、イモ・カボチャヨーカンをつくろうとしたのだよ、えらいだろう。

エッ? きみっ‼ あっ、もう弁当箱出して……わしのつくったヨーカンをっ‼ こらっ‼ 勝手に食べ……あ〜っ、もう半分も……。ボコッ‼ ドタッ、ガタ‼ グシャッ‼

浅漬け・一夜漬け――当たり前の材料でキムチ風も

「頭が痛いっ!!」

友人から「一夜漬けの素」という調味料? が売られていると聞いたときの私の反応です。まさか、そんな便利なものが売られているなど……考えもしなかった私は、まだ縄文人なのでしょうか? 浅漬けや一夜漬けは、しば漬け、タクワン漬けのように手間ひまのかかからないところが売りものの漬物です。これ以上手間ひまかけないでできるということは……買ってきたキャベツにその調味料を「シュッシュッ」とかけると、五分後できあがりというものでしょうか。まあ、そんなむずかしいことは私にはわかりません。私のやっている浅漬け、一夜漬けをご紹介します。

まず浅漬けですが、これは今つくって今食べる漬物ですから、どちらかというと塩もみだと考えています。キャベツ、ハクサイはひと口大に、ダイコンは薄い輪切りを四つに切って使います。これを塩もみするわけですが、もむうちに水が出て、シナーッとしてきたら水気をしぼります。塩が強すぎる場合は、サッと水洗いしてからしぼります。塩ワカメがあれば塩を振らず、少量を野菜に混ぜてもむと、その塩で野菜の水分を出すことができます。このワカメも、洗って浅漬けに加えることができます。

浅漬けは塩でもむだけなので、フレッシュではあってもうま味に欠けます。そこで、削り節やすき昆布、すりゴマ、ワサビ、梅酢《うめず》、切り海苔などでドレスアップ。とてもおいしくなります。

一夜漬けになると、かなりうま味のあるものになります。べつに一晩置かなくても、1～2時間でおいしくなるものもあります。まず浅漬け同様に塩もみをし、水分を抜きます。ここに切り昆布、削りスルメ、チリメンジャコなどうま味を出してくれるものを加えます。香り、風味をよくするために、塩漬けしておいたシソの実や葉、ユズの皮などを混ぜて寝かせます。昆布、スルメなどのうま味とユズ、シソなどの風味が野菜について、おいしい漬物となります。漬けるときに少量のハチミツや醤油、針ショウガ、梅肉、赤ジソなどを加えると、しば漬け風や福神漬け風の一夜漬けが楽しめます。

と、このくらいなら、誰でもつくっているでしょう。そこで、あのキムチをやってみました。キムチと言えば、じっくり発酵《はっこう》させないとおいしくはありません。でも、そこはそれ、キムチ風一夜漬けなら、何とかなるのです。

まずキムチの成立条件から迫ってみます。野菜、塩、唐辛子、動物性タンパク質、そしてそれらの発酵食品。なにやらややこしいようですが、キムチのトロッとしたうま味は、アミの塩辛などによるものです。では、うちにあるものでやってみましょう。

野菜を薄塩でもみ、水分を落とします。姫エビや干しエビ、オキアミなどとゴマ、韓国産唐辛子、少量のイカの塩辛、醤油少々をすり鉢ですり合わせます。においが気にならなければ、ニンニクやショウガも加えます。ニンニクは軽くゆでたものだと、あまり辛くも臭くもありません。塩もみして、しっかりしぼった野菜とこれをよく混ぜて一晩置けば、キムチ風一夜漬けのできあがり。

ここで使うイカの塩辛は、スルメイカが安いときにつくっておいたもの。イカの足を持って胴体から引き出し、よく洗って肝《きも》の袋だけを切り分けます。墨袋はとっておきます。よく洗ったイカ下足《げそ》と肝を包丁でたたいてビンに入れ、多めの塩を混ぜます。塩辛はキムチに少量加えるだけでうま味をつくりだしてくれる、重要な助っ人です。

まあ、このように浅漬け、一夜漬けなどは、家にあるあたり前の塩や梅干しでできてしまうのです。それでも、一夜漬けの素とかいうものを一度見てみようと、スーパーへ出かけてみました。なるほど、ビールの小ビンくらいのしゃれたビンに入っています。そして、裏表示を見ると……。

「あっ、これ、薬品だったのかあ!!　あ……あたまが……頭が痛い……」

野菜スープ――煮込まず、保温調理で

うちの同居人がかぜをひき、熱を出して寝込んでしまいました。少し吐き気がするが食欲はあるという、何ともややこしい、そしていやしいかぜです。胃の消化力なども低下しているのですから1日くらい食を抜けばいいのですが、やはり根がいやしいのか、私一人が食べているのを見て損した気分になるらしく、「腹がへった」とうるさいのです。これはそのときにつくった、消化力の落ちたときにやさしいスープです。これまた鍋の二段階活用に、保温調理をかけ合わせた料理法です。

まず、鍋に水、昆布、煮干しを入れ、ステンレスザルを鍋の上部にセットします。

ザルの中にニンジン、ジャガイモ、タマネギ、サツマイモ、ニンニクなどの野菜を小さく切って入れます。ふたをして火にかけ、沸とうしたら弱火で5分。火から下ろして保温調理15~20分。ふたを開けて、ザルの中の野菜類を木べらでつぶします。裏ごしされた野菜は下のスープの中へ。これを火にかけて少しだけ温め、塩で味を整えます。これで野菜の甘さが引き出せ、あくっぽくなく、香りのよいスープになりました。消化力の落ちた人だけでなく、噛むことのできない人にも適していると思います。虫歯で噛めないときなどにやさしいスープです。

先日、大阪に住むお料理熱心な読者さんからいただいた手紙に、「おたふくかぜで、ものが噛めなくて困っている」と書いてありました。ダイコンなどもとても噛めないので、トロトロになるまで煮たところ、煮すぎておいしくなく、ご主人は、まずいのをがまんして食べてくださっているとのこと。そんなときこそ、このせこいけれどやさしいスープがいいんではないでしょうか? 野菜は蒸して、それを裏ごししただけですから、食味は悪くありません。スープは完全に流動食になっているので、噛めなくても、スルッとのどを過ぎてゆきます。歯ごたえがないのはご主人に気の毒ですが、まあ、噛みつかれることはありますまい。このスープ、噛みようがないのですから。

ちらしずし――具は何でも、ただし、それぞれ味つけ

人が集まるときなどに、ちらしずしは重宝します。一度にドッとつくれるし、飯器《はんき》から好みの量を（皆、好きなように）取って食べられます。その人、その家によっていろいろなつくり方がありますが、私はこのちらしずしというものは、準備万端《ばんたん》すべての材料をきちっとそろえてからつくるものではないと考えています。

友人のパーティーで出されたちらしずしは、まるで料理本のグラビアそのものでした。一抹《いちまつ》の不安とともに台所をのぞいてみますと……残った材料の山です。本に書いてあるとおりにエビやホタテガイ、レンコンなどをパックで買い、書いてあるとおりの量を使った結果、そうなったとのこと。ふだん料理をまったくしない友人の冷蔵庫の中で、これらの材料がすべて「肥やし」になるのかと思うと……「もらっていい？」と聞きたくなる私でした。

ちらしずしは基本的な条件さえ満たせば、具は何が正しいなんてことはないと思っ

ています。では、ちらしずし成立の条件とは何でしょうか？　まずは、そのバラエティに富んだ多種類の具でしょう。色といい、味といい、種類が豊富だからこそ、ちらしずしは楽しいのです。そして、味の構成ですが、酸味、塩味、甘味、うま味、そこに風味でしょうか。また、ごはんがベタついたり、ポロポロでは楽しくありません。

これらのことをふまえると、具の下ごしらえに、ひとつ大切なことが浮かびあがってきます。多種類の具を楽しむには、具はそれぞれ、独自の味つけ＝下ごしらえが必要だということです。ニンジンもカンピョウもシイタケもいっしょくたに煮て、すしめしに混ぜたのでは、ドラマがありません。これらもやはり、一品ずつ料理すべきと思います。

さて、一人ひと月９０００円健康美食世界のちらしずしはというと、あるものでつくるというか、残りものでつくるような、やりくりちらしずしとなります。そのために材料を買いに行くような大胆なことはできません。次は先日、急に友人が来ることになって、あわててつくったちらしずしの内訳です。

昆布を入れて、ごはんを炊きます。炊き上がった頃、熱いなか、命がけで昆布を取り出します。炊き上がったごはんを半桶《はんぎり》にあけ、酢、塩、ハチミツですしめしにあわせます。引き上げた昆布は細切りにして、すしめしに混ぜます。

①戻しシイタケを切って、みりんと塩で煮切ります。②シイタケの戻し汁で、凍豆腐を煮つけます。醤油は少々。③サケのカマを焼いてほぐし、少々の酢をふりかけます。④ニンジンの輪切りを、昆布、鰹だしで煮含ませます。⑤ホウレンソウをさっとゆで、しぼって塩酢に漬けます。⑥ショウガを細切りにして塩もみします。⑨冷凍イワシを三枚におろし、小口に切って塩、酢をあわせます。⑩冷蔵庫にストックしている煮ヒジキ、ひたし豆、塩漬けのシソの実、漬物のみじん切りを加えます。ユズの皮のみじん切り、キウイの薄切り、イチゴの薄切りなどを加えてもよいでしょう。軟らかい具がつぶれぬよう、すしめしと混ぜ合わせます。約1時間で仕上がりました。

これらがめんどうなとき、どうしても時間のないときなど、チリメンジャコ、姫エビ、すき昆布、ありあわせの漬物、梅肉、すりゴマ、青のりなどの乾物に、あぶった干物をちぎって入れるだけでも充分と言えます。キウイを入れるのは変と思われるかもしれませんが、口中さっぱりしていいものです。仕上げに切り海苔をちらせば、完璧です。焼き鳥の残りでも、もらいもののハムでも、みじん切りのリンゴでさえ、少し酢を振りかけて混ぜれば、やりくりちらしの具になります。

前述の一夜漬けの素をスーパーに見に行ったとき、すぐ近くに「ちらしずしの素」がありました。「高くて買えんなあ」と思いながら箱の裏を見ますと……「こ、これもやっぱり、薬品だったのか。ああ、頭が痛い‼」

煮こごり──残り汁でつくるリストラ・オードブル

肉や魚の煮たもの、骨や筋でとったスープなどは、冷えるとプルンプルンに固まります。これはゼラチン質が冷えて固まったもので、温めれば再び煮汁やスープに戻ります。ですから、これらをプルンプルン状態で食べるのは、だいたい寒い季節ということになります。池波正太郎《いけなみしょうたろう》氏の時代小説に、わけあって浪人になった侍《さむらい》が小さな借家《しゃくや》に住み、近くの居酒屋から届けさせた魚の煮つけを、夜になって食べる場面があります。プルンと固まった煮汁＝煮こごりをはしで切って口に運び、口中でとろける甘辛さ、そのあとに流し込む冷酒の味。まるで浪人の人生を語っているようでした。

私もじつは、大の煮こごり好き。実家は古典料理屋なので、しめサバなどをたくさんつくっていました。そのとき余った頭、中骨などの「粗《あら》」を、醤油やみりんで煮つけにしていましたが、なにせ料理屋です。恐ろしいほどの量ですから、来る日も来る日も、「サバの頭も信心から」です。温め直した「あら煮」より、煮こごりのほうをおいしく感じておりました。今は普通の生活ですから、サバの頭だらけということはありません。ふだん使う食材から煮こごりをつくっています。

一人ひと月9000円世界で公認される「煮こごりの素」はどのようなものでしょうか？　フカだとかサメだとかは、違う世界のものです。私たちの住んでいるこの世界では、牛筋《ぎゅうすじ》、鶏ガラ、豚骨《とんこつ》、魚の粗《あら》、などでしょう。牛丼の項で前述した牛筋は、プルンプルンに固まります。ですから、牛筋を買って来たら、ひと口大に切り、たっぷりの湯で煮たてぬように弱火でゆでます。あくは、最初だけすくいます。牛筋が軟らかくなったら湯から引き上げ、牛丼なり、おでんなりと使い分けます。うちでは、この段階で小分けにして冷凍にします。そして、このゆで汁が冷めると、プルンプルンになるわけです。

鶏ガラ、豚骨は、かなり煮詰めないとなかなか固まりません。魚の粗《あら》ではブリ、マナガツオ、サバなどの煮汁でつくると簡単に固まります。和食の場合、醤油に甘味の加わった味つけが多いようですが、コールドコンソメみたいに、塩こしょう味で固めるのもいいものです。

しかし、ただ煮汁を冷まして固めただけでは、どこか先の浪人のようで、わびしいものです。煮こごりを一品の料理として皿にのせるなら少し手を加えます。みじん切りにした野菜類（ニンジン、シイタケ、インゲン）やミカンの皮などを加えてひと煮たちさせ、野菜類に火が通ったら、弁当箱などに流し込んで冷まします。これをヨーカンみたいに切って皿にのせると、下衆《げす》な感じだった煮汁も少しは上品に見えるかもしれません。牛筋のゆで汁も同様に、塩、こしょうで味を整えて固めますが、このときにゆでて軟らかくなった牛筋と野菜類をみじん切りにして入れておくと、固まったときに、まるでゼリー寄せ。けっこういけるオードブルになります。この手のオードブルは専門店で買うと、それはそれは高いものです。買うものではありません。ゆで残しの汁や残った煮汁でつくるリストラ料理だと思えば、買わずにすみます。

赤貧大学生だった頃、鶏皮をゆでた後のゆで汁を捨てるのがもったいなくて、そのままとっておいたら、上の方に黄色い鶏脂が固まりました。それを「炒め物に使おう」と、せこくスプーンで寄せ集めてビンに入れておきました。脂を取り除いたあとのゆで汁はというと、プルンプルンのコールドコンソメ。半分は醤油と塩で甘からく、半分は塩こしょうで洋風に仕立て、「煮こごりじゃ!!　焼酎がうめぇ!!　コンソメじゃあ!!　ジンがうめぇ!!」と、酒盛りを続けた、まったく無節操な20代前半の情けない思い出です。

お好み焼き――少量ずつ、いろんな味を楽しむ

お好み焼き屋さんの前を通ると、若い人たちが順番待ちをしているのをよく見かけます。広島風というのが流行らしいのですが、私には縁がないのでよくわかりません。一度、本で見たお好み焼きは、焼きそば、豚肉、卵、天かす、エビ、スルメなどの入った「ゴージャス」なものでした。そこに何とかという特製ソースをたっぷりとかけ、なおかつマヨネーズまでつけるという、まさに夢のようなお好み焼きでした。はたしていくらするのか？　恐ろしくて値段は見ませんでしたが、私の1日の食費を超えることは、火を見るより明らかでしょう。

じつは私もお好み焼きは好きなのですが、内容がかなり違うようです。まず、ベースとなる生地つくりです。だし汁と小麦粉は定番ですが、そこにヤマイモやサトイモをすって入れます。冷やごはんの項でも書いたように、残りごはんを入れることもあります。

具は、まず野菜類ですが、キャベツにこだわりません。ニンジンでもジャガイモでも薄くむいて、細かく切って使います。コマツナや自家製モヤシなど、とにかくある野菜でやってしまいます。肉は豚のブロックを薄く切ったもの三枚くらい、または下ゆで後、ストックしてある鶏皮の細切りなどです。フライパンに油を塗って生地を流し込み、野菜、肉をのせたら乾物をたっぷり加えます。戻しシイタケ、ワカメ、チリメンジャコ、干しエビ、削り節、すき昆布、削りスルメなどです。

これをひっくり返して、よく火を通したら、仕上げにソースをはけ塗りします。ソースも、特製なんとかは持っていないので、その場でつくります。片手鍋に酒を少し、おろしたタマネギ、おろしショウガ、ハチミツ少々、ペッパー、唐辛子に醤油、これを煮たてたものをはけ塗りします。味がしつこくならないので、もたれません。

また、別の料理の残りものでつくることもよくあります。たとえば牛筋牛丼のとき、少し多めにつくっておき、それを具として使うと、牛筋にもともと甘辛い味がついているので、ソースは不要となります。

お好み焼きの楽しいところは、その「お好み」の部分だと思っています。それは一度に何でもかんでも混ぜてつくるというのではなく、少量ずついろいろな味を楽しむことだと考えているのです。ですから、お好み焼きをするときは、少量の生地に自分の食べたい具を数種類のせて焼き、次はまた別の具をのせて焼くといったあんばいが楽しいと思います。

しかし、そんなやり方をお店でやろうとしても、たぶんできないんじゃないでしょうか？　生地と具を最初から混ぜ合わせて出す店や、店の人がさっさと焼いてしまう店が多いと聞いています。しかし、やはりお好み焼きは家で少量ずつ、いろいろな具の組み合わせを楽しみながら焼いて食べたいものです。

薄焼き――パーティー料理の強い味方

日本は米を主食とする「粒食《りゅうしょく》」ですが、「粉食《ふんしょく》」の国々では、粉を水で溶いて薄く焼いた食べものをよく見ます。クレープ、チャパティなど、国によってその素材として使う粉の原料も異なり、焼き方も異なります。日本ではというと、お好み焼き、クレープ巻きのように、粉を水で溶いて焼いただけのものではなく、何か具を入れて焼くか、具を包み込むかしています。しかし、考えてみると、粉を水溶きしてフライパンで焼くだけというのは、なんとまあ簡単なことでしょう。

麺やパンの項でも書きますように、小麦粉などの粉はとても安く買えます。こんなに安く買えるものを無視していては、一人ひと月9000円は成り立ちません。うどんを打つより、パンをつくるより、また、ごはんを炊くより早くできる主食として、まったく味つけをしない薄焼きは重宝します。粉も小麦粉、そば粉、トウモロコシ粉など、手軽にそろえられます。

つくり方は、薄く油を塗ったフライパンで、ゆるく水溶きしたルーを焼くだけ。中火で焼くと、早く、焦げずに焼けるので、すぐに10枚くらいできます。ただ、これで副食を巻いて食べるので、あまり厚くならないようにします。

友人を呼んでパーティーをするときなど、たっぷり焼いておけば、皆、好き好きにオードブル感覚で食べてくれます。ポークビーンズをすくいとって巻いて食べたり、ポテトサラダを巻いたり、果物をのせたり……。また、焼いたものに、あわせみそやレバーペーストなどを塗ってもいいものです。

いろいろなものを塗ったり巻いたりすることを考えると、生地には味をつけないほうがいいと思いますが、塩味、甘味以外の味や香りつけは、これまた楽しいものです。すりゴマ入り、クルミ入り、ピーナッツ入り、ピスタチオ入りなどは、小さな粒々とナッツ類特有の香りとこくが楽しめます。

きな粉や麦こがし（はったい粉）を1割ほどの量混ぜると、やや粘りのある薄焼きになります。とても香りがよくなり、つぶしたふかしイモを巻くと、いいおやつになります。青海苔入り、ヤマイモ入り、唐辛子入りなどは、これもう完全に酒飲みおじさんの友です。ヤマイモ入りそば粉薄焼きなど、熱いうちでも冷めてからでも、わさび醤油で食べた日にゃ、そりゃもう、お酒がますます……。

ココアの粉、抹茶、ブランデーなどを入れると、甘いものを巻くときにとてもよく合います。水で溶くばかりでなく、冷ました鶏ガラスープやだし汁、牛乳やスキムミルクで溶いたものも、なかなかにいただけます。

これらの薄焼きのいいところは、じつに早くできるということ。隣がパン屋でなければ、パンを買いに行くより焼いたほうが早いのです。パーティーのときはいろいろな種類の薄焼きでおもてなしをすると、珍しがられます。手間だってたいしたことはありません。ココア小麦粉薄焼きのルーが終わったら、小麦粉と抹茶を水溶きして焼き、それが終わったらそばをだし汁溶きして焼く、といったあんばいでやっていけば、次から次へとできてゆきます。溶くときも、水やだし、牛乳以外にもいろいろと工夫できます。

野菜炒め——コツは強火、フライ返しの大車輪《だいしゃりん》

一人ひと月9000円の健康美食を続けるうえで、野菜の料理法は重要なポイントとなります。手早くたっぷりの野菜を食べるという意味でも、野菜炒めはおすすめメニューです。野菜炒めと言いましても、中華料理屋さんで食べるものとはかなり違う、似て非なるものです。

以前、外食したときに野菜炒めを食べました。ニラやモヤシ、ニンジン、タマネギなどの野菜と薄切り豚肉をたっぷりの油で炒めてありました。たしかにおいしかったのですが、たべたあと、疲れた感じがずっと続き、腹はいつまでも重い感じです。そのうえ、のどが渇《かわ》いてしかたがないのです。けっきょく、その日の夕方になっても腹が減らないので、夕食は抜きました。

こんなとき、一食もうかった!! と喜んではいけません。体調を崩してまで食費を浮かして、何になりましょう。ましてや私の行なっているのは、一人ひと月9000円の健康美食です。おいしく食べて、なお健康増進でなければいやだという超欲張り料理です。ですから、いくら消化がよく、疲れず、のども渇かないといったところで、まずかったら意味がありません。

次は、コクがあって、うま味があって腹にもたれず、のどかわかず、の野菜炒めです。

中華鍋に切ったスルメ、切り昆布を入れ、酒かみりんを少し加えます。スルメや昆布がどうにかひたる程度です。それから野菜を切り始めます、キャベツ、ハクサイ、コマツナなど軟らかいものはザク切りに、ニンジン、ジャガイモなどの固いものは薄切りや細切りにします。乾物のほうは、戻したシイタケ、キクラゲ、切干しダイコンなどを切っておきます。香りつけにニンニクやショウガも少々。最後に使うので、車麩も戻しておきます。

さて、この準備をしている間に中華鍋の中のスルメや切り昆布は、酒で軟らかくなっています。そこに硬い野菜（ニンニク、ショウガ、ニンジンなど）を入れ、ふたをして強火にかけます。酒が煮立ったらふたを取り、かき混ぜて酒を飛ばしたあと、シイタケ、キクラゲ、切干しダイコン、軟らかい野菜類、チリメンジャコ、姫エビなどを加えます。塩、こしょうで味つけしながら、ガンガンかき回して水分を飛ばします。野菜がベタッとならぬよう、中華鍋とフライ返しを大車輪よろしくかき回し、水気がほとんどなくなりそうなときに、戻してしぼった車麩をちぎって入れます。麩が、最後にスープを吸い取ってくれます。

皿に盛りつけて、すりゴマや削り節を加えると、いっそうコクが出てきます。油や肉を使わない炒め物は、とかくさっぱりしすぎてさびしいものですが、最初にスルメと昆布を酒で戻していますので、これでかなり濃いだし味がつきます。また、野菜から出た水に、戻しシイタケやチリメンジャコ、姫エビのだしが出ます。それらが野菜炒め全体に行きわたり、わずかに残ったエキスは車麩に吸い込まれるのです。

そして、とどめがすりゴマと削り節。ゴマに含まれる油は微量《びりょう》ですが、味をぐんと引き立てますし、削り節のうま味は言うにおよびません。この野菜炒めなら食べ疲れせず、のども渇きません。

コツは強火でやることと、中華鍋、フライ返しの大車輪です。水気も飛びやすくなり、焦げにくくなります。大車輪せず弱火でいじいじつくると、汁たっぷり野菜炒めになりますが、そのときは片栗粉の項(6章)を見てください。ニコッと笑って、

「さあ〜皆さあ〜ん、八宝菜ですよお〜」

みそ汁——具だくさん、汁少々

粋《いき》な江戸っ子の落語家が、「おみおつけの具うなんてなあ、しとしな（一品）もんでござえまひてえ、とうふい（豆腐に）あぶらげ（油揚）なんぞとへえってたぁ日にゃ、どっちが主役だかぁ、わかりゃあしあせん」なんてえことを言っておりましたが、あたしゃ、みそ汁なんてもんは、そんなに粋に食べるものとも、お上品なものとも思っちゃあおりません。朝食のおまんまが亭主ならあ、みそ汁は女房。しみったれた中身よりゃあ、たっぷり詰まったお碗のほうがありがてえってもんで……。

そんなわけで、うちのみそ汁は具だくさん、汁少々です。基本的にはジャガイモ、サトイモ、サツマイモ、カボチャ、ニンジン、ゴボウにダイコンあたりからいくつか取り上げ、ネギにタマネギ、コマツナ、ハクサイからもちょいといただき、ナスにミョウガ、キノコや山菜などから季節のものを取り入れます。

毎日、5～7種類の野菜が入るため、汁の量は必然的に少なくなります。ということは、みそが少量ですむ。ありがたいことです。

みそ汁をつくるときには、まず、だしです。昆布と煮干しでとりますが、前の晩、寝る前に鍋に水、昆布、煮干しを入れておきます。これで朝になると、もういくらかはうま味が出ています。次に、根菜類など硬い野菜を入れて火にかけます。沸とうしそうになったら、「待った‼」と昆布を引き上げ、火は弱火。この昆布は細く切って最後にワカメといっしょに汁に戻します。

ふたをして数分で、ニンジンやイモに火が通りますので、軟らかい葉もの野菜を加え、煮立ったら火を止め、みそを溶きます。お椀に盛る直前に、ワカメや刻みネギ、麩などを加え、煮立たない程度に加熱してから、よそいます。

煮干しはいつだすのか？　と疑問に思うでしょうが、私が今使っているのは小型のいりこで、ずっと入れたままでも、苦くなりません。以前使っていた大型の煮干しは、頭や腹をちぎっても苦味の出るものがありました。そのときは、沸とうして1～2分で引き上げていました。

みそ汁の具は、野菜だけではありません。魚のブツ切りも、豚肉、鶏肉も使えます。豚汁もみそ汁ですし、沖縄の喜納昌吉《きなしょうきち》さんのところで食べたみそ汁は、何やら魚のでっかい身が入っていました。

肉や魚を入れる場合は、まず野菜を先に入れておきます。根菜のように火の通りにくいものをまず入れて、火が通ってきたころ、葉もの野菜と肉と魚を入れます。それからあとは、とくに煮立たぬよう弱火で煮て、みそで味つけをします。魚や肉というと、とかく最初に入れてしまうようですが、煮すぎると硬くなるし、あくが出ます。100℃にならぬよう、ゆらゆらと煮て、火が通ったら、さっさとみそを入れるのがいいと思います。

以上は朝食のみそ汁について書きましたが、夜のみそ汁は、先の落語家じゃありませんが、豆腐だけなんざあ、おつなもんでげすよっ。

ラーメンスープ・冷麺スープ――
一人分25円以下、簡単調理で確かな味

和食の達人と呼ばれる職人さんや洋食の名シェフの方でも、ラーメン好きの人は多いものです。ふだん昆布だしをとるときは神経質なほどこだわって、微妙な味を引き

出す人が、あの大胆きわまりないうま味の殿堂《でんどう》のごときラーメンが好きというのも、おもしろいものです。私も同居人もラーメンは好きですが、野菜炒めなどと同様、外食すると、のどは渇くわ腹にもたれるわで、たいへん困ります。そこで、自分でスープを取ってつくることにしました。たしかに何時間も煮つめたスープはそれなりのおいしさですが、10分で煮出してしまうスープも、なかなかのものです。

スープをつくる前に、まずその量を考えてみます。うちで食べるときに、はたしてあれほどの量が必要でしょうか？　ラーメンの麺をズルズルとすすり込むとき、麺についてくるスープの味で調味するわけですから、スープはかなり濃い味でなければもの足りないはずです。そんな濃い汁をゴクゴク飲めば、のどが渇くのも当然でしょう。ですからうちでは、ラーメンスープは普通のラーメンの半量以下にします。麺が隠れるほどのスープではなく、麺しか見えないほどのスープの量です。もちろん調味料は半分以下ですみます。

スープの材料ですが、ラーメンの味というのは、手当たりしだいにかき集めたうま味ではないでしょうか？　この前提のもとに材料をかき集めて、鍋に入れてみます。出刃包丁でたたきつぶした鶏ガラ、昆布、煮干し、削り節、八角の角1本、タカノツメ、ニンニク、ショウガ、タマネギ、青ネギ、くず野菜、お酒かみりんにローレル・ハーブ、その他好みの香辛料。これらと水を入れて、鍋を火にかけます。沸とう前からあくがどんどん出るので、中～強火で煮ながら、ガンガンあくすくいをします。4～5分たったら中弱火にして、スープに味つけをします。塩味、みそ味、しょうゆ味、いずれにしても少し濃いくらいにしないと、麺と一緒になったとき、薄くておいしくありません。味つけしたら、スープをザルでこしてできあがりです。

たかが10分程度ですが、鶏ガラは出刃でたたいているため、かなりエキスは出ますし、他の材料もだしは充分に出しています。このまま冷ますと、出ただしが逆行してスープの味が落ちてしまいます。あくまでもスープをとるためのだしの材料ですから、火をとめたらすぐにこしてしまいます。ゆでた麺を加えれば、ラーメンのできあがり。

ザルに取っただしの材料とて、捨てるわけにはまいりません。鶏ガラカレー同様、再利用してこそ、リストラ料理術。ガラについた身を指で取ります。八角やローレルなどの食べられないものを除いて中華鍋で空煎《からい》りすれば、これまた、だしそぼろ。こんなおまけまでつくこのラーメンスープは、腹に軽く、食べ疲れませんし、安上がりです。二人分でも50円とかかりません。

しかし、ひとつだけ困ったことがあります。スープをつくるときに入れる「くず野菜」が、うちにはありません。イモの皮、ミカンの皮まで食べるうちです。くず野菜など、あろうはずがないのです。

ついでというか、おまけというか、夏においしい冷麺スープのつくり方です。韓国には、コチジャンという唐辛子の入った味みそがありますが、うちにはないので、コチジャンなしでつくります。

まず、すり鉢を用意します。韓国産唐辛子、みそ、チリメンジャコ、姫エビ、ゴマ、ニンニク少々、ちぎったすき昆布などをすり鉢に入れてすります。そこに醤油、酢、ハチミツ、ゴマ油を加えてすると、ドロッとした唐辛子みそになります。これに鶏ガラスープやだし汁を加えてのばせば、できあがりです。のばす前の「ドロッ」とペーストは、あわせみそとしていろいろに使えます。キュウリにドロッ、小麦粉薄焼きにドロッ……。

ラーメンスープ半量のわけ

どこまでケチなのかと思われた方も多いと思いますが、これはラーメンにかぎらず、かけそばやうどんにも言えることなのです。麺類を食べるとき、味はスープについているわけです。そして麺をズルズルと口にすすり込むときに、麺にくっついて口中に入るスープの味でおいしいと感じるのです。

麺について口中にすすり込まれるスープの量など、たかがしれています。そんな少量で麺をおいしく食べるのですから、かなり濃い味のスープでなければなりません。ザルそばなどは、麺とつゆが別になっていますから、つゆの量は、そばちょこ一杯ですみますが、ラーメンやかけそばなどは、ザルそばのつゆより若干うすい程度の汁が、どんぶり一杯入っているのです。これを減塩だと言って薄味にすると、とくにラーメンの場合、まったくおいしくありません。かと言って、つけ麺にすると、それは、また別の麺料理になります。

そこでよく考えて、スープ半量としたのです。だいたい、ラーメン屋さんのスープの量が多すぎるのです。栄養士さんがよく、麺類のスープは塩分が多いので、残すよう指導なさっていますが、私は元来、食べものを残せるほど、太っ腹ではありません。充分おいしく食べられる塩分にしたうえで、スープの全体量を半分以下にすれば、摂取する塩分だって減らせると思います。ラーメンスープ、半量のわけは、そんなところにあったのでした。

焼きそば——油を使わず乾物のしっかりしただしで

私の生まれた九州では、焼きそばと言えば硬い揚げ焼きそばでした。それがいつのころからか、焼きそばと言うと、ソース焼きそばのことになってきたようです。中華料理屋さんでは塩味の焼きそばが出ますが、スーパーで売っているものや夜店のものは、皆、ソース焼きそばみたいな感じです。私の家でつくる焼きそばは、野菜炒め同様、あっさりして腹にもたれないものです、油や肉を使わず、スープで仕上げます。

て使います。

濃厚な鶏ガラスープや鰹、昆布だし、ホタテの貝柱、シイタケの戻し汁をスープとし

まず、中華鍋に削りスルメ、すき昆布、干しエビ、酒を入れ、火にかけます。酒が煮立ったら、野菜を一度に入れます。野菜はピーマン、ニンジン、キャベツ、タマネギ、ネギ、シイタケなどを麺と同じくらいの太さに切ったものや、モヤシ、みじん切りのショウガなどです。

これを強火にかけて、中華鍋とフライ返しの大車輪。野菜の水が出てきたら、ほぐしたゆで麺を入れ、濃いスープをお玉に1〜2杯。塩、コショウ、他の香辛料を加え、ひたすら中華鍋とフライ返しの大車輪。水気を飛ばしてできあがりです。皿に盛ってから、あぶってもんだ青海苔をふりかけると、とてもいい香りです。

最初に入れた削りイカや昆布、干しエビ、そして濃厚なスープによってうま味は充分だと思いますが、もの足りないときはラー油を少し加えたり、削り節を振りかけたりします。だしをしっかり蓄えている乾物を上手に使うと、うまく安く、焼きそばがつくれます。

ところで、ラーメンスープの項でも、この項でも、麺については述べずにきました。

いくら粉から打ったほうが安くてうまいと言われても、麺を打つのはいやなもの。そんなときには、スープも何もついていない中華乾麺を使います。しかし、中華麺とてうどんとそんなに違う訳ではありません。

普通、中華麺を打つ場合は、「かんすい」を使います。これはほんの少量ですむのですが、入手しにくいのが欠点です。友人が買おうとすると、一斗缶《いっとかん》単位と言われたそうです。1回の使用量が3グラムとか4グラムしかいらないのに、一斗缶単位ですと……気が遠い世界に旅に出そうです。ですから、ここはまあ、かんすいはあきらめて、卵でつなぎといたしましょう。

粉と水の割合はうどんと同じでできますが、水の量の中に卵も含まれるので、気をつけることが必要です。また、中華麺は一度蒸してからさっと湯を通すだけですから、打つときの塩を控え目にしないと、しょっぱい麺になってしまいます。うどん同様、しっかりこねたら、よく踏んで少し寝かせたほうがいいようです。

これをのばして細く切り、せいろで蒸します。ゆでるのと違って、かなり硬くできます。これを熱湯でよくほぐしたのが、中華ゆで麺です。蒸さずにゆでてもできますが、シコシコした歯ざわりに欠けるように思えます。

麺打ちを極めるには、やはりその手の本を読むことと、腕力、脚力、体力の向上が必要でしょう。毎日毎日麺打ち修業をくり返せば、麺打ちは上達するわ、体力はつくわといいことだらけ。しかし、ダイエットにはなりません。私に麺打ちを教えてくれた麺打ち研究家・遠藤氏の太鼓腹は、いつまでたっても太鼓腹のまま。彼は太鼓腹ですが、本業は実は、ギターショップ「ソング・バード」のオーナーなのです。

ゴボウ——ささがきを油っこい料理にポイと入れ

最近、コンビニエンスストアーで、きんぴらゴボウが売れているらしいのです。それも若い女の子たちに。便秘がちな彼女らにとって、きんぴらさんは救いの神なのかもしれません。まあ、スナック菓子とペットボトルよりはずっと得した感じですが、きんぴらというものは、つくって食べるものであって、まさか買うものとは思ってもみませんでした。ある20代の女性に聞いてみたら、母親がつくり方を知らないとのこと。頭が痛くなってきました。その母親とは私とほぼ同世代、日本の食習慣も大きく変化しているようです。

たしかに昔のゴボウは扱いにくい野菜だったと思います。硬く、あくっぽかったからですが、近ごろのゴボウははたしてそうでしょうか？ 酢水に放ったりすると香りまで抜けて、ゴボウらしさがなくなってしまうほど、クセもあくもありません。また、少し炒めたり煮たりするだけで、すぐに軟らかくなるので、煮すぎに気をつけるほどです。もちろん、あくの強い硬い昔ながらのものもあるでしょうが、目黒の安い八百屋で買うゴボウは、だいたいそんなものです。

そうなると、使い方も当然変わってきます。タワシでこすって土を落としたら、ささがきや細切りにしてティースプーン1杯のゴマ油で炒めます。1分くらい炒めて、醤油、ハチミツ、酒、ゴマ、唐辛子を加え、煮立ったらふたをして火から下ろし、保温調理します。15～20分後、香りのいいきんぴらゴボウができあがります。

今のゴボウは、あく抜きも何も考えずに、使いまわしてもいいと勝手に決め込んで、けんちん汁にもささがきにしてポイと入れます。炊き込みごはんにも、ささがきでポイ。油っこい鶏皮料理にも、相性《あいしょう》のいいのが、ゴボウです。ゴボウは、きんぴらゴボウというゴボウ単独のような料理より、油っこい材料といっしょに使うと、その実力を発揮するようです。少量ずつ、いろんな料理に分けて使うのがいいのです。

お願いですから、一度にたっぷり食べないでください。だってあまり食べすぎると、腸の中に……気体が……。そのあげく……下品にならないともかぎらないと思う。

朝の粘りもの――納豆、ヤマイモ、オクラ…

日本の食事には粘るものがよく出されます。これは、米という粒を食べる「粒食」習慣によるものではないでしょうか？　逆に「粉食」習慣においては、粘るものが少ないようです。たしかにヤマイモをくるくるっと巻いたチャパティやクレープなど、食べにくくてしかたがないことでしょう。その点、米を主食にすると、粘るものがトロッとかかっているほうが食べやすくなります。戦後は皆、白米のみを食べる方向に向かったので、ヒエごはん、アワごはん、麦ごはんなどが少なくなりましたが、これらの雑穀入りごはんを食べるときには、この「粘りもの」が、ポロポロ、パサパサした感じを柔らかく包んでくれるので、とてもおいしくいただけます。うちは押し麦やヒエ、アワ、緑豆などを白米といっしょに炊くので、とくに朝食には「粘りもの」が欲しくなります。

もっともポピュラーなのが、納豆です。納豆の項（6章）で、増量剤を加えることなどを書きましたが、基本的には納豆だけを小鉢に取り、徹底的にかき混ぜておきます。それから醤油や辛子を加えて混ぜ合わせ、その後、増量材を加えるようにすると、よりいっそうおいしくなるようです。

ヤマイモも「粘りもの」の代表のようなものです。考えてみたら、生で食べられるイモなんて、ヤマイモくらいのものじゃないでしょうか？　もちろん、腹をこわさずおいしく食べるという意味において。

ジネンジョ、ヤマトイモなどいろいろありますが、うちが買えるようなものは、栽培された軟らかいヤマトイモです。皮など、タワシでこすっただけでむけるようなものもあります。これらはおろし金の必要もないくらいに軟らかいので、すり鉢でおろします。すりこぎで、空気があまり含まれぬよう、軽くあたります。これにだし汁、醤油を少しずつ加え、青海苔やもみ海苔をパラリとやって、いただきます。

オクラは平安時代から日本にいるような顔をしていますが、じつは近年になって入ってきた新参者《しんざんもの》だそうです。北アフリカから中東あたりが原産とのこと。あちらではスープにして食べるそうですが、そこはやっぱり米の国、「粘りもの」にしてしまうのです。塩で全体をもんだり、熱湯をさっとくぐらすと、軟らかく色あざやかになりますが、うちでは、よく切れる包丁で極薄切りにしたものを食べます。納豆のように、はしでかき回すだけでも粘りは出ますが、すり鉢でするとフワッとした感じになり、甘味が増します。削り節が欲しくなる粘りものです。

ワカメの項でも書きましたが、戻したワカメをできるだけ小さく切り、すり鉢ですります。酢醤油、醤油、どちらでも合いますが、スパゲティやハンバーグのソースにも使える「粘りもの」です。

また、削り昆布に水を少し加えて、すり鉢ですります。酢と刻みネギを加えておくと、不思議なくらいのうま味、甘みが醸《かも》し出されるのです。みじん切りのネギにだし汁と塩を加えてすってもいいでしょう。だんだん泡立ってきて、ネギの香りが強くなったらできあがり。そんなに辛くなく、逆にネギの甘味が感じられます。

新顔ではモロヘイヤ。これもオクラと同郷のようで、あちらではやはりスープにするそうですが、やはり米の国。包丁で小さくたたけば、あっという間に「粘りもの」

に。オクラと同じようにいただきます。

このほかにもとろろ昆布など、探せばいろいろある「粘りもの」。これらはみんな、消化を助けるありがたい「粘りもの」です。便所で粘らずにすむ、やさしい「粘りもの」。

燻製《くんせい》——チップさえあれば何でも手軽に

むずかしそー。あー、やだやだ。どーせ手間かかるんだあー。ここは飛ばして読もう。

まっ、まあ、お待ちくだされ。20分、20分スモークするだけで、あの燻製ができるのです。はやまったことをしてはなりません。しかも室内で、マンションで、それもガステーブルの上で、なんと鍋で、できてしまうのです。

じつはこの方法は、大阪・寝屋川に住むパンつくりの先生に教わったやり方を元にしているのですが、ここではサケと鶏肉でやってみます。

燻製には、温燻《おんくん》と冷燻《れいくん》がありますが、これは温燻の方です。塩ザケはそのままで、生ザケは塩を振っておいたものを使います。まず、水分を抜くため、風通しのよいところで干します、ガス温風器とかエアコンの前に置いておけば、すぐに乾きます。鶏肉も塩をよくまぶしてから乾かします。変なやり方ですが、塩をした鶏肉を皿にのせ、そのまま2日間も冷蔵庫に入れとけば、けっこう乾きます。塩を与え、乾かすことが下ごしらえです。ですから、アジの干物やチーズなどは、買って来て、そのまま燻製にできるのです。

では、スモークに移ります。肉厚で深さのある鍋にアルミホイルを敷き、まん中に小さな空き缶を置きます。空き缶のまわりに「チップ」を5グラムほどパラパラとまきます。ここでまたしても、鍋の二段階活用。鍋の上部にステンレスザルをのせ、この中に下ごしらえのすんだサケや鶏肉を入れます。これを中火にかけ、煙が出てきたらふたをして5分間。すぐに火から下ろして保温調理をします。

15分保温すると、煙が充満した鍋の中はゆっくりと温度が下がってゆき、そのときにスモーク臭がサケや鳥にしみ込んでゆきます。ただし、この保温調理のときは、発泡スチロールは使えません。鍋に水が入った煮物などだと鍋底は100℃までにしかなりませんが、この場合には１００℃を超えているので、発泡スチロールが溶けて危険です。耐熱防火型のグラスウールなどを使ってください。

しかし、保温しなくても、なんとかできることはできました。5分加熱したあと、火を消して15分間、ただガス台の上に置いておくだけでも、かなりスモークされているものです。前述した保温調理の鍋を使えば、何の心配もなく立派にスモークされます。

燻製は普通、よく乾かしてから行います。そのほうが保存性がよいからです。しかし、すぐに食べるのなら、熱が通っていてスモーク臭がつけばいいわけです。生ハムや塩ザケ、タクワンなど、そのままスモークしてしまえばいいのです。

でも、水分が多いとスモーク中に水がポタポタ落ちてしまい、チップから煙が出なくなります。その水を受けるために、鍋底に空き缶を置くわけです。ステンレスザルを用いた場合、水分はザルの中心に集まってから下に落ちるので、鍋のまん中に空き缶をセットすれば、チップは快《こころよ》く、せっせ、せっせと煙を出し続けます。5グラムほどのチップであることと、ふたをしてあることで、煙は鍋の外にはあまり出ません。

この燻製づくりを友人の医者夫妻に教えたところ、すっかりはまってしまい、それ

はもうたいへん。タクワンの燻製、いぶりがっこだ、おにぎりの燻製、

「おにくん」だ、ホッケの開きの燻製は簡単ですぞお!! ……etc。こちらも負けじと何をぬかす、わしは本職の研究家じゃあ、フ、フ……フグの燻製じゃあ、まいったかあ!! そのころはお互い、どちらの家に行っても、「あっ、うちと同じにおいがする」。そりゃ、そうです。どちらもサクラとヒッコリーのチップを使っているんですから。

使う「チップ」の量は、ほんのひとつまみ＝5グラムもあれば充分です。ケチッているると言えば、たしかにそうかもしれませんが、チップを増やして煙をたっぷり充満させると、かえってくさくなり、肉やチーズなども硬くなってしまいます。市販のスモークチーズやスモークハムなどは、保存性を高めるためかもしれませんが、ちょいといぶしすぎに思えます。家庭でつくるのでしたら、ほどよいスモーク臭がついて、チーズや肉などのうま味が増せばいいのですから、5グラム程度のチップで充分です。

それに、よく心得ておかなければならないのは、焦げや煙でいぶしたものは、発ガンの危険性を持つということです。どのくらいの量を、どのくらいの頻度で食べれば発ガンの危険性があるのかははっきりしていませんが、胃ガンなどを起こす可能性は、すでに指摘されています。ですから、過度のスモークは避け、煙のいい香りがついた

程度で食べようと思います。

燻製をつくるときは普通、煙が外へ出てゆきますので、ある程度のチップを燃やし続けなければなりませんが、この方法ですと、鍋の中に煙を充満させ、しかも保温鍋を使うことで、煙が素材にゆっくりしみてゆくため、少量（5グラム）のチップと5分間の加熱という、まことに省エネルギータイプの燻製ができます。固定観念をポイと捨てて自分の考えでやってみないと、こんなユニークな方法は出てきませんが、これこそ台所のリストラ＝再構築、そのものではないでしょうか？

大豆チーズ——手持ちの安材料（50円）をすり合わせて再構成

わけのわからないタイトルです。チーズは好きなのですが、おいしいチーズがなかなかわからなかったり、あっても高かったりで、あまり買えませんでした。一時期、自分でつくろうかとも思いましたが、畜産製造学の単位を取る前に農学部を中退した私です、意地もあって、つくるわけにはまいりません。そこで、リストラ。チーズの組成をよく考え、別の安い材料で再構成すればいいんじゃないだろうかと、すぐまた、せこいことを考えた情けない私。

牛乳のタンパク質をちょいと発酵させて、固めりゃいいんじゃないかなあ、などと思い、さっそく身の回りのもので始めてみました。

大豆をゆでます。これは大豆の項（6章）に書きましたので見てください。それをすりつぶします。さいわい、バザーで300円も出して買った独国製挽《ひ》き肉器があったので、まずそれで挽き、すり鉢で擂《す》りました。

チーズには脂肪分があります。うちで脂肪と言えば、ゴマにクルミに落花生《らっかせい》。これらもいっしょに、グリグリ擂《す》ります。ほのかに立ち昇る、ゆで大豆の青い香り。いかん、これはチーズなのです。練り辛子をたっぷりと、それにペッパーなどの香辛料、そして塩を加えてすり合わせます。これでなかなかチーズしてきましたが、何かが足りない。酸味が欲しい。そこで、米酢《こめず》とユズを少々。

これを練り合わせて、ラップで包んでできあがり。最後に加えた酢と大豆タンパク、ゴマなどの脂質がみごとに乳化して、トロンとしたうま味ができあがりました。それに、マスタードやペッパー、塩が入っているので、保存性もよく、冷蔵庫で10日以上も日持ちします。

と、喜んでいる頭の中に、もうひとつランプがピッカピカ。これは何かに似てないか？ タンパク質、脂質、酢？ 卵、食物油、酢!! そこで、リストラ。なんとこれは、あのマヨネーズと同じだったんです。ということは、卵を大豆に置き換えて再構成すれば、卵なしマヨネーズだってできるはずです。すき焼きのとき、1個しか使えなかった、あのにっくき卵を使わずにマヨネーズができるなんて……。親のかたきをとったような気分でした。

マヨネーズにするには大豆チーズは硬すぎるし、油が足りません。そこで、近所の油屋さんから圧搾法でつくった油を買ってきて少し加え、大豆のゆで汁も少し足して、よく練ってみました。酢と塩を加え直すと、立派な大豆マヨネーズになりました。

この大豆チーズ、大豆マヨネーズは、非常にバリエーションの広いものです。マスタードのかわりにワサビやユズごしょうを、ペッパーに加えてチリペッパー、唐辛子、好みのハーブを混ぜたり、ユズの皮を入れたりと、やりたいほうだいです。酢にしても、黒酢、リンゴ酢、レモンにスダチ、和風洋風自由自在です。

これをつくっておけばドレッシングをつくるときのベースになりますし、ホウレンソウの白あえなども、豆腐を使うよりおいしくて簡単。また、大豆をすりつぶしているので、歯の悪いお年寄りにも食べやすいのです。チーズのにおいのきらいなお年寄りも、大豆チーズは喜んで食べてくれました。

しかも、安い!! 10センチ×5センチ×3センチの大豆チーズの材料代が50円。干しアンズやプルーンを入れたチーズを作ったりして喜んでいると、さすがに食べ飽きたのか、同居人が一言。

「本物のチーズが食べたい」

ヨーグルト——スキムミルクと0・8グラム80円の種菌《たねきん》で

カレーやドレッシングにヨーグルトを加えると、非常にさっぱりして味もひきしまるものです。しかし、スーパーマーケットで買おうとしても、値段を見ると二の足を踏んでしまいます。1リットルのヨーグルトの値段は、スキムミルク1箱より少し安い程度です。ですから、うちのヨーグルトは、スキムミルクでつくります。うちではとくに果物が高いときなど、スキムミルクヨーグルトや干しプルーンが大活躍です。

ヨーグルトつくりに必要なのは、まず種となるヨーグルトまたはヨーグルト種菌です。市販のヨーグルトを少し残して、それを種にする方法もありますが、近頃では種菌が手軽に手に入るので、そちらを利用しています。はるかに安上がりです。ヨーグルト種菌は0・8グラム袋が80円くらいです。袋の説明書によると、600ccの牛乳をヨーグルトにできるということのようですが、やってみたところ、2リットルぐらいでも充分にヨーグルトになります。私は欲ばりですから、一度に2リットルのヨーグルトを、たった0・8グラムの種菌でつくってしまいます。

さて、ヨーグルト種菌が手に入ったら、次は保温容器です。もっともよいのが、広口の魔法ビンや広口のジャー。保温力の高いほうがいいと思われます。それがなければ、例の保温調理用の発泡スチロール箱でも代用可能です。

では、つくり方です。スキムミルクの粉が加わって2リットルになるように、2リットルよりやや少なめの水を鍋に入れ、火にかけて沸とうしたら火を止めます。60℃くらいに冷めたら、スキムミルクを溶かします。普通に飲むより、やや濃くつくります。よくかき混ぜて粉を完全に溶かし、42℃に下がったら魔法ビンに移し、ヨーグルトの種菌1袋（0・8グラム）を入れてかき混ぜ、すぐにふたをします。冷めにくくするため、毛布にくるんでやるといいようです。

保温箱を使う場合は、スキムミルクを入れ、42℃に下がった段階で種菌を加えて、鍋ごと保温箱に入れます。保温性を高めるため、温めておいた断熱材のグラスウールなどを鍋と保温箱とのすき間に詰め込むと、まず失敗せずに作れます。冬場でしたら、室内で陽の当たるところに置くと冷めにくくなります。

夏と冬で差がありますが、だいたい6～8時間でヨーグルトができあがりますので、できたらすぐに大きなビンかタッパーウエアに移して冷蔵庫に入れます。このとき、10分の1くらいの量を別の小ビンに取っておきます。次につくるときには種菌を使わず、このヨーグルトを42℃になったスキムミルクに混ぜて保温すれば、またまたヨーグルトができてしまうのです。この使いまわしこそ、台所のリストラ。一度で喜ばず、もう一度喜ばせてもらいましょう。

ヨーグルトつくりで注意しなければならないのが、容器・用具類を清潔《せいけつ》にするということ。なにせ、発酵食品ですから、よい菌もあれば、どんでもない不良者の菌だって寄って来ます。かわいいヨーグルトに悪い虫などついては、たまったもんじゃありません。ヨーグルトつくりは、基本的には6章で述べる納豆つくりと同じです。納豆は水分を逃す必要からふたにすき間をつくっておきますが、ヨーグルトは雑菌が入らぬよう、ピッチリと閉めておきます。横長のタッパーウエアにスキムミルクと種菌を入れて、グラスウールなどの断熱材でくるんで冷蔵庫の上の奥のほうに置いておけば、冷蔵庫から放出される熱で保温ができ、8～10時間でヨーグルトになりました。

スキムミルクでなく牛乳でつくるのでしたら、何も100℃や60℃にする必要はありません。というか、そんなことをすると失敗します。42℃に温めて、あとは同じようにすればできます。市販のものよりはるかに安上がりです。

つくりたてより、2～3日めがおいしく感じられます。出すときは必ず、清潔なスプーンで出します。ビンからスプーンですくい、それを口に運び、再びそのスプーンでビンからすくって……、などやると、すぐにいたみ始めます。誰とは言いませんが、かつてそれをやった人がいるのです。

6章　常備菜と調味料篇

乾物をじょうずに使って健康に

「せこさ」のすすめ

本章におきましては、納豆を2分の1パックだけ食べるとか、卵を二人でひとつとか、読んでいる方の気がめいるような、せこい使い方を恥も外聞もなくさらけ出しました。ものすごいドケチに見られそうで嫌なものですが、じつは摂取する食品の種類を増やすのが、目的だったのです。繰り返しますが、食べものはいちがいに、「からだによい」と言えるものはありません。「昆布がからだによい」と信じて食べすぎた結果、ヨードの過剰でからだをこわすこともあります。カルシウムの過剰も、さまざまな障害を招くのです。

人間ですから、消化・吸収能力も必要量も、個人差があります。食べてからだによいか悪いかは、まさに紙ひとえ。また、ミネラルの不足がよく言われますが、それとて何かを大量に食べなければいけないほどではありません。

こまかくミネラルが何にどのくらい含まれているかなどを、いちいち調べて献立をつくっていたら、誰だって疲れます。それを、苦労できずに摂取できるのが、1回に使う納豆の量を減らして、いろいろな増量材を加えるというような食べ方です。1食で食べられる量は、だいたい決まっています。だったら、使う食品（素材）の種類をできる限り多くし、あれもこれも少しずつ食べたほうが健康的だと思います、ゆでジャガイモに塩をふって食べるのでしたら、ジャガイモ4個ゆでるところを、2個にし、ニンジン・カボチャを加えてゆでれば、同じ時間、同じ手順で3種類の食品を料理して食べられるわけです。

などと、栄養学的なバックグラウンドを述べましたが、これは後から考えたこと。最初はやっぱり、納豆を一度で食べるのはもったいないなぁとか、卵はぜいたく品だなどという、子どものころからのしみったれ精神から生まれたものです。

ここまでお読みくださった皆様は、もうおわかりでしょうが、私の発想や行動はやっぱり「変」です。変人は皆、「俺は変人じゃない、まわりが変なんだ、俺は俺で普通の俺だ」と言うようですが、私は子どもの頃から自分のことを「変」だなあと思っていました。その「変」に「しみったれ」が加わったら、いったいどうなることでしょう？　ヘンナシミッタレならシミーヘンドリックス？　いけません、いけません。

これは真面目な料理の本。台所の経済学、頭を使った料理は科学だ。不況のときこそ家庭内にリストラを。と、気を取り直して、私の情けない「技」の数々を公開してまいりましょう。

塩ワカメ・干しワカメ――比べてみれば意外や意外

乾物をよく知り、うまく使えば、時間も手間もそんなにかけずに料理つくりができるようになります。塩ワカメは塩を洗い流して数分水に浸すだけ、干しわかめも10分くらい水につけるだけで食べられますが、最後にさっと湯をかけると、緑色がさらにあざやかになります。

料理屋さんが使う高級ワカメはさておき、普通のワカメなら、毎日食べても家計に影響するほどのことはありません。毎朝のみそ汁、夜の吸い物、刺し身のつまなど、普通に使ってもその使い道はいろいろあります。そこで、私の好きなワカメ料理をいくつかご紹介いたします。

戻したワカメを、ネギやミカンの皮といっしょに包丁でたたいてトロトロにします。これは使いまわしがきくもので、朝食でしたら酢醤油をかけたり生卵を加えたりして、納豆のようにご飯にかけて食べます。オクラや納豆のないときなどに大活躍。スパゲティのソースやハンバーグソースにしても香りよくマッチします。戻しシイタケのみじん切りといっしょに鍋で炒めてトマトを1個加えれば、コクのあるスパゲティソース。魚のすり身団子や、かまぼこを蒸すときに、あらかじめ練り込んでおくのもおいしい。

以下の食べ方は、本当に手抜きというか横着《おうちゃく》というか、とても料理とは言えないけれど、でもウマイ。干しワカメをそのままもむと、小さなくずワカメになります。もし硬すぎるようでしたら、ハサミで小さく切ります。これとすりゴマや、干した赤ジソの葉をもんだものなどを、ごはんの炊き上がりのときにエイッと放り込むだけ。ごはんが炊き上がって、蒸らしに入る直前に入れておけば、15分の蒸らしの間に干しワカメも赤ジソも充分に戻っていますし、すりゴマの風味もよく、おにぎりにも使えるごはんになります。

このように毎日食べているワカメ。家計を預かる私としては、その価格も気になるところ。「ワカメ500グラム、2袋300円」などと書かれていると、つい「安い！」とばかり買ってしまいそうですが、そこでやってみました「くらべてみれば」。塩ワカメを買ってきて、ぜんぶ鍋にあけます。水をたっぷり入れて10分後、ワカメだけをザルでひき上げて、ベランダで干しました。あのパンツやシャツを干す、洗濯バサミのたくさんついた物干し器でカラカラになるまで干してみたのです。乾いたワカメの重さを計ってみたら、なんと10分の1くらいになっているのです。目の前が暗くなってきました。今まで安いと思って買っていた塩ワカメが、じつは超高級食材だったのです。ちょっと考えればすぐわかることなのに、考えようともしなかったワタシのバカ……。しかし暗くなってばかりでもいられません。高い金払って買っていたのが、じつは安い塩だったということは、この塩水は高い塩水ということになります。捨てられるものではございません。これまたベランダで数日間干してみました。やっとのことで塩の結晶がとれました。ところが、この塩がけっこううまい。安い精製塩（公益財団法人塩事業センターの精製塩）のはずですが、それがうまくなっていたのです。

それ以後、ワカメといえば干しワカメを買うようになった私ですが、人から塩ワカメをもらったときには使うたびにその塩水をバットにとり、ベランダで塩つくり。もし、目黒あたりを歩いていて、ベランダに干しワカメやステンレスバットの塩田があるのを見つけたら、そこがわが家です。

常備品で手間をかけずに充実

常備品と言っても、塩・こしょう・ソース・醤油ではありません。冷蔵庫からホイと出すだけで、おかずになるものを言います。煮豆や、豆の酢漬けなど、手を加えたものは一応常備菜として区別しておき、買ってきてビンに詰めただけのものを常備品とします。

チリメンジャコ、干しエビ(姫エビ)、イリコ、ちぎった漉昆布《すき》、板海苔、青海苔、すりゴマ、きな粉、麦こがし(はったい粉)、……こういったものを常備しておくと、朝食はいたって楽になります。あとは野菜たっぷりのみそ汁と、ごはんだけで充分です。メザシにダイコンおろしをそえ、納豆に生卵でもついた日にゃ、少し常備品を減らす必要があるほど。

なるべく手間をかけずに食事を充実させるためには、このような常備品が必要となります。チリメンジャコは、ぜひ天日干しのものを。

豆類――ひと月100円、一晩つけて、翌日保温調理

豆類は、近年とかく嫌われている乾物のひとつではないでしょうか? よく料理をしている人でも、豆となると「めんどくさくって」とか、「やり方がわからないから」と手を出さないのです。ところが、実際にやってみるとビックリ、意外と手間がかからないのが豆料理。それに近ごろ、東南アジアや中近東の人が多くなったせいか、乾物屋に行くとみたこともないような豆がズラーッと並んでいます。戻したあと、4~5分ゆでてただけで軟らかくなる豆もあり、色どりもさまざまで、パーティー料理に使えそうなものばかり。

家で豆料理をするときのポイントはたったひとつ。寝る前に、明日使う豆を鍋に入

れて水を張るということ。これで豆料理は半分すんだことになります。翌日、そのまま火にかけ沸とうしたら、弱火でコトコト。短いもので5分、長くても30分で火が通ります。豆の種類によってつける水の量や、つける時間に差がありますが、だいたい「豆の3倍量の水に一晩つける」を基準にしています（アズキのように、水につけずいきなりゆでる豆もなかにはありますが）。

一度大豆が軟らかくなるまでの時間を計ったら、やや硬めのゆで加減で25分でした。次に同じ条件で12分火にかけたあと、火から下ろして保温調理してみたところ、ほぼ同じように煮えていました。保温調理のほうが、わずかに硬いかどうかという食感でしたが、大豆の風味や丸味を持った食味は保温調理のほうがはっきりとよかったのです。それ以来、半分の時間で火から下ろし、保温調理にすることにして、ガス代を浮かし、浮かした分で酒飲もうなどと言っては顰蹙《ひんしゅく》を買っています。

今や日本人より外国人のほうがはるかにたくさんの豆を食べるようです。友人のドイツ人に教わった豆スープなども、とてもシンプルなもの。ゆでて塩味、ハーブだけ、という感じですが、硬いドイツパンやゆでただけのジャガイモなどにもよく合います。

豆類は虫さえつかなければ、食味こそ落ちますが、数年間の保存が可能です。また、発芽させればもやしとなり、これは豆とは別の食材に早変わり。価格はというと、私が買うのは北海道産大豆で、2リットル600円。これだいたい2~3カ月もちます。仮に3カ月として、一人ひと月100円！　わが家の食費は安いと思っていましたが、こう再確認しながら書いていると、「そんなに安く食えるんなら、何も働くことないじゃないか」と、ただでさえ低い労働意欲が、つるべ落としのごとく地の底まで落ちて行きそうです。

大豆——七色の使い分けで1週間

一人ひと月9000円の健康美食を支えるうえで、かなり重要な位置に鎮座《ちんざ》ましますのが大豆。何がよいかって、とにかく安いこと。スーパーマーケットにまいりますと、ビニール袋詰めにされた大豆の水煮なども安く売られていますが、乾物大豆の安さにくらべたら話になりません。しかし、先にも述べたように、「乾物大豆はむずかしそう」という先入観を持ってらっしゃる方が多いのではないでしょうか？

国産大豆食普及協会（そんなものがあればの話ですが）の次期会長を狙う私は、週1回の料理で1週間、いろいろな種類の大豆料理を楽しんでいます。大豆を100グラム茹《ゆ》でるのも500グラム茹でるのも、そんなに時間、労力の差はありません。だったら100グラムずつ5回よりも、500グラムを1回でやったほうが効率的だと、ついせこく考えてしまいます。

まず寝る前に鍋に大豆を入れ、一度洗ったあと、大豆の3倍強の水を張ってから「おやすみなさい」。翌日そのまま火にかけます。かたゆででしたら15〜20分、軟らかくでしたら30〜35分。このとき例の保温調理を利用するのでしたら、火にかける時間は3分の1ですみます。その後、火から下ろして20〜30分保温すれば、大豆はちゃんと煮えています。これで下ごしらえは終わりです。

大豆というとすぐに煮豆が連想されるほど、煮た大豆はポピュラーな存在ですが、連日これではあきもきます。そこで、煮豆以外の大豆料理も何種類かつくって、1週間、あれやこれやと食べ分けるようにします。

まず、もっとも簡単で豆の甘さがよく感じられるのが、ゆであがりをザルにとって水を切り、うっすらと塩や醤油であわせたもの。これはゆであがりの熱《あ》つ熱《あ》つでないとおいしくありません。また、日持ちもよくないので保存用にはなりません。

素朴ですが少し保存性をよくしたのが酢大豆《すだいず》です。ゆで上がりをザルで水を切りマヨネーズビンに入れ、そこに切り昆布、またはすき昆布と酢を、大豆が隠れるまで注ぎ入れます。冷蔵庫に入れておけば、けっこう持ちもいいようです。

酢大豆同様、マヨネーズビンに入れてから、みそ、すりゴマ、唐辛子、ユズ皮、それに好みで練り辛子かユズごしょうを加えてよくかき混ぜます。これも保存性のいい惣菜です。みそと大豆といえば親子みたいなものですが、この親子は、なかなか仲がよく、1週間たっても腐った仲にはなりません。

やはりザルで水を切った大豆を、若干量の納豆と混ぜ、40度前後で保温して、納豆をつくります。本章で後述する納豆の項をごらんください。24時間でできますし、これも1週間近く保存できますから、毎日少しずつ食べられます。まぁそこまでが、大豆が大豆の形をしている料理ですが、この大豆をすりつぶし、大豆チーズや大豆マヨネーズをつくります。そのつくり方は5章に書きましたので、そこをお読みください。

ここまで7通りほどに使い分けましたが、残ったゆで大豆は、煮豆やカレー、トマトソース煮などに使えますので、すぐに使わないのなら冷凍にします。カレーやトマトソース煮というと変に思われるかもしれませんが、世界各国の料理には、そういうものがかなり見られます。

薄切りにしたタマネギ、ニンニク、豚肉を日本酒で炒めます。脂は豚肉から出ますので、それで充分です。そこにゆで大豆とつぶしたトマト、ローレル、チリペッパーを加え、塩で味を整えます。煮立ったらふたをして火から下ろし、20分間保温すれば、ゆっくり冷める間に大豆に味がしみ込みます。大豆というと和風料理を想像しがちですが、トマトやチリペッパーなどとの相性もいいので、たとえば友人を呼んでのホームパーティーのときなどにも使えるのではないでしょうか?

実際のところ、週に1回ゆでる必要はないようです。納豆とて毎日ではあきてしまいます。大豆以外の豆も食べますので、1カ月に二度ほどゆでて、いろいろに使いまわし、残りは冷凍にしておいてカレーだ、チリソースだと楽しんでいるのです。

おから——ふり向けば豆腐も高値の花

自分で豆腐をつくってみると、そのときでるおからの量に驚きます。でき上がりの豆腐よりおからのほうが多いような気がして、豆腐をつくったのか、おからをつくったのか悩んでしまうほど。自家用ですらこんなにできるのですから、豆腐屋さんときた日には……考えるだけでおそろしいほどできるのでしょう。

このあり余るほどのおからは、大半は家畜の飼料として引き取られてゆきますが、もちろん売ってもくれます。そこで私は近所の豆腐屋さんへ、鍋を持って買いに行きます。これは必ず朝のうち、それもできたてをねらって。おからは雑菌《ざっきん》の繁殖《はんしょく》が早いので、できたてのほうが安心できるのです。そのまま煮てもいいのですが、私は中華鍋で空炒《からい》りします。弱火にかけ、木ベラで焦《こ》げつかぬようかき混ぜながら、水気がとんで、少しポロポロの感じになったら下ごしらえ完了。豆腐屋さんで一度に買うおからはたいてい量が多いので、下ごしらえしてから小分けして、冷凍しておきます。

さて、これからがおから料理。

煮汁をつくって煮るのが基本でしょうが、私は、残りものの煮汁で煮ることにしています。寒天や凍豆腐同様、残った煮汁やうどんのつゆなどはムリに飲むようなことはせず、おから任せ。煮汁を火にかけ、おからを入れて煮るだけです。イカの煮汁、エビの煮汁、魚や野菜の煮汁、どんな煮汁でも使えます。魚のにおいが気になるときは、サンショウの粒や、ミカンの皮などを小さく切って加えます。まあ、これは普通のおから料理。

次に、おからサラダ。挽《ひ》き肉、タマネギを炒めたものや、塩もみしたタマネギ、キャベツ、ダイコンなどを下ごしらえのすんだおからに混ぜます。そこにおろし金でおろしたチーズ、マスタード、小さく切った干しプルーン、塩こしょうを加えてよく練り合わせます。水気が抜けすぎていたら、鶏ガラスープを少し加えます。いわば、イモの代わりにおからを使ったポテトサラダみたいなものですが、大豆のこくがあっておいしく食べられます。ときにはジャガイモを加えたりもします。これらのおから料理で、比較的水分の少ないものをまるめて平べったくし、コロッケにするのもうまいもの。

おからとイモのとりあわせといえばコロッケだけではありません。おろしたジャガイモとおからを混ぜてフライパンで焼くと、ずっしりした焼きイモおから。おろしたヤマイモやサトイモとおからを混ぜて蒸したのもなかなかおつなものでした。これには片栗粉でつくったくずあんを、トロッとかけて食べます。切り海苔もたっぷりふって。

また、おからを、だし、塩、酢で硬めに煮たものを冷まして、すしめし代わりにしたのもおいしいおから料理。四国にそういう地方料理があります。三枚におろし、塩、酢でしめたイワシで、このおから団子を包むように握ります。これはつくってすぐよりも、少し寝かせた方がおいしいすしです。

おからを食べるわけではないのですが、豚もつ料理をする前に、おからをまぶしてよくもむと、なぜかもつの臭みがとれ、いっそうおいしくなるから不思議なものです。学生時代には、タダ同然の値段で分けてもらった豚もつを、タダでもらったおからでもんで水洗いし、タレにつけ込んで焼いて食べていました。

おからをきわめると、豆腐がすごい高級食品のように思えてきて、豆腐屋に行っても、ついおからのほうを買ってしまう情けない私です。

切干しダイコン・割干しダイコン――ひと月50円、簡単料理が身上

切干しダイコンは料理の本によって戻し方や使い方に違いがありますが、この違いは切干しや割干しの製造法によるのだと思います。切って干すだけのものと、切ってゆでてから干すものがあり、また、干し方にも天日で干すものや電気乾燥、風乾《ふうかん》のものといろいろあるわけですから、当然もどす時間も異なってくるのでしょう。私は別にこだわっては買いません。安いのを買ってきて、自分で試してみます。

先日買った切干しダイコンは、水洗いして、15分ほど水につけたら戻りました。その前に使っていたのは、ぬるま湯で5分でした。

割干しダイコンは太いだけに1時間以上、ぬるま湯だと1時間で戻りました。切干し、割干し、いずれにしてもその料理が簡単なところがいいと思います。戻したものをギュッとしぼって小鉢に取り、酢や醤油をかけるだけでも食べられるのですから。もしにおいが気になる切干しダイコンでしたら、サッと熱湯にくぐらせると、食べや

すくなります。

二杯酢《にはいず》、三杯酢《さんばいず》であわせたり、すりごま和《あ》えにしたり、キュウリやショウガの細切りと混ぜて、ゴマ油で和えたり。本当に手のかからない食材です。ニンジンやシイタケなどの野菜と戻した切干しダイコンを少量のゴマ油で炒め、だしを少し加えて炒め煮にします。醤油で味を整えたら水気を飛ばし、仕上げに酢を数滴たらしたものを容器に入れておくと、つくりおき惣菜になります。

それから私の好きな「お焼き」にも切干しダイコンを入れます。これは信州《しんしゅう》の名物ですが、小麦粉で生地をつくり、戻した切干しにみそを混ぜて生地で包んで焼きます。クルミみそと切干しのお焼きなど、とろけるようなおいしさです。

また、切干しダイコンのコリコリした歯ざわりをクラゲに見立て、中華料理にもよく使います。

戻して醤油をまぶした切干しダイコンを小さく切って、炊き立てのごはんに混ぜると、質素ですが香りのよい味ごはんになります。切干しや割干し料理は、ダイコンの甘味がすぐれているのでほのかな甘味を楽しめ、砂糖を必要としないのもありがたいことです。

しかし切干しや割干しは乾物とはいえ変質します。とくに暑い日が続くと茶色っぽくなり、いやな臭いもしてきますので、買ったらバンバン食べるようにしています。わが家では500グラムで300円の切干しダイコンを3カ月で食べますから、一人ひと月50円。まさにありがたい食材です。

板海苔・青海苔――ひと月125円、「乾物開眼」のきわめつけ

近ごろでは「焼き海苔」として缶入りや袋入りで売られているものが多いのですが、まだ焼いていない板海苔を自分であぶったときの香りもいいものです。海苔はごはんやもち、めん類、吸い物、すしなどの使い道がたくさん。食べるときにいちいちあぶって切るのもめんどうなので、まとめてあぶって8分の1に切ったものを密閉容器に入れておきます。

手巻きずしに使うのは4分の1の大きさですが、他の用途を考えると8分の1がもっとも使いやすい大きさでした。スーパーに行くと、袋入りの切り海苔なんぞ売って

います。たかだか板海苔2枚くらいの量なのに、価格は板海苔10枚分くらい。昆布やスルメさえ切ってストックする私です。いわんや切り海苔をや、でございます。毎度のことながらハサミでチョキチョキ。幅2ミリ、長さ3センチくらいの切り海苔がビンにギッシリ。

それからというもの、ザルそば、うどんは言うにおよばず、ぬたにパラパラ、おひたし、吸い物、おくらに納豆、ちらしずし、最後の仕上げに海苔茶漬け。まさに切り海苔中毒ですが、1回分の使用量なぞ知れたもの。板海苔4分の1枚そこそこでしょう。たったこれだけの量なのに、それぞれの料理がドーンとうまくなるのです。そこがリストラ。そば屋の「もり」と「ザル」の価格の差が、じつはこの微々たる切り海苔の差だと思いませんか?

食事のたびに海苔を切るのはめんどうなことですが、ヒマな時間に切っておけば別に大変な労働でもないのです。私の場合、酒を飲みながら切ります。ラジオから流れる「静かなあ、静かなあ、里のあ〜きい〜」などという「日本のメロディ」を聞きながらの切り海苔つくりもなかなかいいもんです。

さて、板海苔にくらべてあまり使われないのが青海苔。青海苔といっても、お好み焼き屋で使うあの緑色の紙吹雪みたいなものではありません。清流で穫れる川海苔をそのまま干しただけのもので、10～11月ごろ新海苔が出ます。これをちぎってビンに入れておけば、それだけでりっぱな常備菜。納豆やトロロイモに、醤油を数滴たらしておにぎりの芯に、そのまま熱いごはんにと、簡単美味。みそ汁にワカメがわりに入れてもおいしいし、青海苔だけの吸い物なんぞ、香り豊かなことこの上なしです。また、青海苔はあぶったときとあぶらないときとでは、香りがかなり異なります。どちらがよいというのではなく、汁物にはあぶらないほうが青っぽい風味でいい感じですし、トロロイモには、やや香ばしくあぶった青海苔がいいようでした。光にあてると色があせますので、ビンに入れて冷蔵保存しています。

10月ごろ、15センチ×25センチ×5センチの袋ぎっしりの青海苔を、1500円で買ったら半年間楽しめました。ということは、一人ひと月125円。乾物に開眼する前の自分が気の毒で気の毒で、その分も食べて取り返そうと思っています。

凍豆腐（高野豆腐）――「使いまわし」の王者

豆腐は安くて栄養があって……と思っていましたが、凍豆腐（高野豆腐）の安さにかかっては、もうダメです。カチカチに乾いた凍豆腐が、20個で300円ですもん。しかも本当の豆腐なら1日置けばいたみますが、なにせ乾物、常温保存ができるのです。山に行くときなど、こんな便利なものはありません。戻すといっても、水につけて10分そこそこ、ぬるま湯だったら5分。

それにこれまた幅広い使い道があるのです。煮物に入れるのは当たり前。細く切って炒め物にも使えます。沖縄名物チャンプルーをつくるときも、軟らかすぎる「ヤマト」の豆腐より凍豆腐のほうがいいくらい。

戻した凍豆腐を軽くしぼって直火で焼いて、みりんでのばしたみそや、木の芽みそなどを塗って田楽《でんがく》に。斜めに切っておでんに入れれば、ハンペンみたいでこれまた楽しい。

戻した凍豆腐を軽くしぼって側面から包丁を入れ、袋状にします。炒めたタマネギや挽き肉をつめ込み、チーズをのせてオーブン焼きにすると、不思議ピザ。戻した凍豆腐を小さく小さくちぎって、ハンバーグのパン粉がわりに。戻したあと、よくしぼって薄く4枚にそぎ切りにし、醤油、酒、酢とゴマ油の煮汁に入れて煮立ったら火を止め、冷まします。その平べったい凍豆腐でキュウリ、ダイコン、ゆでアスパラ、セロリなどを巻けばオードブル。とにかくいろいろ使いまわせる乾物なのです。

もともと凍豆腐は、だし、醤油、みりんでつくった煮汁に入れて煮含めるものとされてきたのですが、そこでリストラ！　何でわざわざ煮汁をつくらなければならないのか？　日常の食事で野菜の煮物、魚の煮つけ、うどん・そばの汁など、煮汁が余ることとって多いと思います。これを捨てるなんてもったいない。ひと煮立ちさせて凍豆腐に吸わせましょう。おでんつゆ味の凍豆腐、イワシの煮汁味凍豆腐、肉ジャガ味凍豆腐、チリソース味凍豆腐、けっこうけっこう。かけうどんの汁などぜんぶ飲む必要などありません。のどが乾くだけです。だったら再び鍋に戻してひと煮立ちさせ、戻した凍豆腐に吸わせればいいのです。家庭料理じゃないですか。お店で出して、お金をいただくわけではないのです。

でも、気をつけてください。凍豆腐はまるでスポンジです。薄味の汁にしないと、味が濃くてまた汁が残るはめになります。残った汁でまた凍豆腐ですか？　パン粉パンではありません。

乾物の定番・意外な使い方

キクラゲ

白キクラゲ、黒キクラゲとありますが、私が買うのは安い黒キクラゲ。白は本当に高いのでもらいものでしかたべません。今使っているのは100グラム400円です。これはすぐ戻ります。15分もあればいいのですから、夜のうちに水につけておけば、翌朝は地震でもない限り使えます。中華料理気分で、何にでも使え、沖縄では、キクラゲの天ぷらもよく食べます。

ヒジキ

戻し方は種類によって異なります。軟らかい芽ヒジキなら、ぬるま湯につけて10分程度で戻せますが、太いヒジキでしたら、水で一晩かかるものもあります。豆ヒジキとか、油揚げと煮るというポピュラーな料理以外にたくさんの料理があります。炊き込む、すり込む、練り込むなど、書き始めるとページ数が足りなくなりそうなので、ここまでの乾物のページを参考に工夫してみてください。

身欠ニシン

昔のものと違って戻すのが楽になった乾物です。米の研ぎ汁で戻して、というのが先人から教わった技ですが、今日の身欠ニシンはちょっと違うようです。ものによっては戻りにくいものがあります。そういうものは糠水《ぬかみず》または米の研ぎ汁に一晩つけておき、そのままゆでて軟らかくし、ゆで汁のまま冷まします。それを引き上げてよく洗い、味つけのために再び煮るのです。

一方では、湯に入れるとわりと軟らかくなるものも多いので、その湯の中で皮についている汚れやウロコを洗い落とし、あとは切って煮つければいいのです。サンショウの実やショウガなどといっしょに煮てビンに詰め、保存食としています。20センチくらいの身欠ニシンが10本で５００円でした。脂がまわりやすいので、ラップでピッチリ包んで冷凍にしています。

寒天

私は寒天のことを、乾物界の「おじき」と呼んでいます。下手をして煮物の煮汁がたっぷり残ったときなど、この「おじき」に御出座願《ごしゅつざねが》うのです。「しかたねぇなぁ」と言いながら、ちぎられ水でふやかされたあげく、「おじき」は、残った煮汁の中へ「おう、てめえら達者《たっしゃ》でなっ！」てなこと言いながら飛び込んでいきます。そして五右衛門《ごえもん》よろしく釜ゆでにあったかと思うと、流し箱に流されてゆくのです。流し箱の中には、「おじき」より先に流された、ゆでそうめんや煮シイタケなどが待ちかまえています。「おじき～」と抱き合う「おじき」と子分、さめざめと泣くうちに本当に冷めてきて、そのうち「おじき」と子分はガッチリひとつに固まります。

こうして残り物の煮汁は、煮こごりみたいな寒天よせとなり、すべて丸く納まるのです。めでたしめでたし。最近は棒寒天より粉寒天がポピュラーで、使いやすくなりました。

干し果物

砂糖をまぶしているものは別として、干し果物も、役に立ちます。そのなかでも安くて栄養価の高いのがプルーンとアンズ。

果物の少ない時期に食べるのはもちろんのこと、疲れて甘いものがほしいときや、煮物や肉料理のソースに甘味がほしいときに使います。砂糖で甘味をつけるより、干し果物の甘味のほうがずっとおいしいものです。

すりゴマ――ひと月42円、5、6分間の〝半殺し〟で充分

ずっと以前、『日本一のゴマすり男』という映画がありましたが、ゴマをするのは、じつは気力のいる仕事で、ゴマを擂《す》って油にまでするというのは、とてつもなく大変な作業です。しかし、普段使う〝半殺し〟などというすりゴマでしたら、5〜6分も

摺《す》ればできるものです。

中華鍋やフライパンにゴマを入れて弱火にかけます。強火では、ゴマの表面だけが熱されて、内側にまで火が通りません。弱火でゆっくりとゴマをかき回しながら、気長に煎ります。一粒はじけたら、すり鉢に移してゴリゴリ摺《す》ります。摺《す》り終わったら、すぐにビンに詰めて冷蔵保存しますと、必要なときにたっぷり使えて便利です。

すり鉢でゴマを摺《す》っている間に、ハクサイやホウレンソウをゆでておひたしにします。それをすりゴマを取り去った後のすり鉢に入れ、へばりついたすりゴマをきれいさっぱり付着《ふちゃく》させてぬぐい取ります。すり鉢はゴマを食べませんが、おひたしを入れればゴマ和えの出来上がり。とかく淡白になりがちな温野菜やおひたしなどにすりゴマ。そばや豆腐の薬味にすりゴマ。おにぎりのごはんに、まぐろの醤油漬けにと用途たくさん。

このすりゴマも、スーパーで小さな袋に入って売っています。もう比較はいたしません。横綱とちびっこ横綱くらいの差があります。ちなみに今使っている白ゴマは、約800グラムで250円です。

連日ゴマ豆腐をつくるわけでもないので、これで3カ月は大丈夫。すると一人ひと月42円でしかありません。

ゴマをするときには、両足の裏ですり鉢をしっかりとはさみます。炒ったゴマの熱が、すり鉢を通して足に伝わってくるのが、快く感じられます。そこでリストラ！ゴマすり温灸健康法。鍼灸院を営む先生に教えてもらった足の裏のツボを、特に注意してすり鉢にくっつけます。すりこぎ運動で腕はきたえられるし、すり鉢は焼物ですからゴマの熱の遠赤外線？　で足はホッカホカ。すり終えたあとも、足腰がホカホカ気持ちいいのです。

どこの誰でしょうか？　ゴマすりは大変だなんて言ったのは。こんな気持ちいいこと、やめられません。

もやし――ひと月100円、0・036坪の家庭菜園

お金と縁のなかった学生のころ、もやしを炒めたり、ラーメンに入れたりして食べて栄養を補給したつもりでいました。当時1袋が10～30円くらいでしたから、安い安

いと連日のように食べておりました。

しかし、一人ひと月9000円の今日では、そんな「大盤《おおばん》ぶるまい」というか、「太っ腹」な買い方はできません。もやしを「つくる」んです。これまためんどくさそうな気がしますが、そこはそれ、これでも某国立大学農学部6年中退という愚にもつかぬ学歴の持ち主です。もやしと言えば、発芽した直後の種子であることくらい当然知っています。発芽するには、まず水があって、温度が必要で、空気があって……このくらいなら、小学校の理科。

やってみました。市販のもやしは「マッペ」（緑豆の黒いもの）を発芽させたものですが、私の行った乾物屋にはなかったので、大豆、アズキ、緑豆、アルファルファなどでつくってみました。もやしの本などを見ると、素焼きの容器とか、スポンジ床のつくり方とか書いていますが、素焼きの容器は持っていないし、スポンジはもったいないと思って、もらいもののステンレスバットでつくり始めました。20センチ×30センチで深さ4センチ、それにふたが付いています。ここに豆を入れ、水をたっぷり張って一晩置いておきます。翌日水を捨て、流水で豆をよく洗ったら、今度は水を切って置いておきます。あとは毎日1回、豆を洗って水を取りかえるだけ。アルファルファや緑豆は、みるみるうちにのびてゆきます。大豆やアズキはちと遅い感じ。

最初は夏場でしたので暖かく、発芽しやすかったのでしょう。だんだん寒くなってくると、とくに大豆やアズキは発芽しにくくなります。といっても家の中には暖かいところがあるものです。夜は風呂の残り湯にプカプカ浮かせておきました。昼間は毛布でくるんで陽の当たるところへ。ボロアパートとはいえ、「2F南西角部屋、2DK、築25年」です。お陽様だけはたっぷりいただいています。

しかし冬になっても、ぐんぐん育つのが緑豆でした。夜、風呂に浮かせてやるだけで、4日くらいで食べられるようになりました。今ではステンレスバットを2個使って時間差発芽させていますので、いつでももやしを食べられるようになりました。

先日、某TV局のディレクターがわが家の赤貧健康美食を取材にまいりました。「魚柄さんの家庭菜園って何坪くらいあるんですか?」——私は答えられませんでした。ステンレスバット2個だと0・036坪ですから。

もやしをつくってみて感じたのですが、豆は少しでも発芽すると、水につけただけのときよりも早く煮えるのです。水に一晩つけただけの大豆を軟らかく煮るには25～30分かかりますが、芽が5ミリ出ただけで、5分もゆでれば軟らかく食べられるようになります。3センチものびた日には、2分くらいで充分です。これはもはや豆ではないのでしょう。

さて寒さにも強く、誰がやっても失敗のないもやしをつくれる緑豆は、もちろん豆としても食べられます。一晩水につけた緑豆は、5～8分ゆでれば食べられて便利です。

一晩水浸し、8分ゆでる……そこでリストラ！　だったら、夜米を研いだとき、いっしょにいれてしまおう。米だって一晩水につけとくわけだし、炊く時間もだいたい同じ。てなふうに考えてやってみました。何の手間もいらない豆ごはんです。押麦は入るわ、緑豆は入るわで、ますます白米の含有率が低下してきました。この緑豆、1升《しょう》600円。もやしと豆ごはんに使って3カ月くらいで使い切りますので、一人ひと月100円です。この緑豆からつくられた緑豆春雨《はるさめ》がこれまた安くてうまいので、使っているのですが、悲しいかな、また考え始めてしまいました。自分でつくればもっと安いにちがいない。豆を挽いて……デンプンだから……水と……またバカなことを考えているところです。

もやしを買わないもうひとつのわけ

もやしは、簡単につくれるし、自分でつくったほうが圧倒的に安上がりですが、市販のもやしを買わないのには、じつは他にもわけがあります。もやし工場に見学に行くとよくわかるのですが、もやしを早く育てるために60℃くらいの高温多湿部屋でつくっているのです。これに対し、私がこたつの中や風呂場でつくるのは、せいぜい30～40℃です。もやし工場で育つ早さは、うちの倍くらいです。ところが味はと言うと、ゆっくり育てたほうがおいしくなります。それにもやし工場は高温多湿ですから、雑菌の繁殖が進みます。日本の食品衛生管理は、かなり厳しいので、出荷前にはきれいに殺菌したり漂白《ひょうはく》したりします。殺菌や漂白にどのようなものが使われているか、食品添加物関係の本などに詳しく書かれているので、読んで知識をつけますと、とても食べる気にはなれません。市販のもやしは殺菌などしているせいでしょうか、冷蔵庫に入れていても、だんだんいたんでゆきますが、自分でつくったもやしは、冷蔵庫の中でもまだまだ成長し続けます。市販のもやしは、もう生きていないということなのでしょうか？

植物の種子は、乾燥状態では休眠しているようなものですが、水を吸い込むとたんに発芽しようと活性しはじめます。そして発芽した直後に、酵素活性はピークとなるそうです。どうせ食べるのなら、ほぼ死にかけたものより、元気いっぱいのものを食べたほうがいいに決まっています。手づくりもやしの本なども出ていて、本当に簡単に安くつくれますから、お勧めします。1袋20円もするもやしは、とても恐ろしくて手が出ません。

果物、野菜の皮、根、ヘタ――捨てればゴミ、生かせば宝

ゴミの量が少ないわが家。しっかり詰め込めばスーパーの買い物袋に1週間分のゴミがすべて入ってしまいます。東京都推奨のゴミ袋みたいに大きかったら、1カ月分は入ってしまいそうです。出来あいの食品を買わないことと、貧乏性のため、何でも

食べてしまうからでしょう。

たとえば果物や野菜の皮。ユズ、スダチ、ミカン、夏ミカンなどの皮は天日で干してからビンに入れておきます。吸い物の口取りに使うとよい香りがたちのぼり、「まるで料亭じゃ」と喜んでしまいます。みじん切りにしたり粉にしたりすると佃煮にも使えますし、もちや団子をつくるときに混ぜることもできます。マーマレードにするより佃煮に加えるほうが時間も短く、砂糖も使わないので経済的だと思っています。毎日のみそ汁や鍋物にもいいものです。リンゴの皮や芯は小さく切って干し、アップルティーにします。

おなじみスイカの皮は、食べ残しの白い部分と硬い皮を取り除いて小さく切り、塩漬けにします。塩を落としてすりゴマを振って食べると、いかにも夏だと実感します。

魚の皮だってうまいもの。先日、友人たちとヒラメを刺し身で食べましたが、そのときにむいた皮も、塩を振って焼きました。脂ののったうまい皮でした。これは料理人の特権ですから、ひとりで食べました。

ダイコン、ニンジンも煮るときに皮をむきますが、この皮がまたおいしい。少し硬いので、横に細く切ります。塩でもむか、さっと熱湯にくぐらせてから、なますにします。このとき、ミカンの皮の細切りが生きてきます。細切りにしたダイコン、ニンジンの皮を、少量のゴマ油と塩で炒めたものもシャキシャキしてよろしいものです。キャベツの外皮や芯、ナスのへた、ジャガイモの皮などは硬く、エグ味のあるものです。硬いものは小さく切る。これしかありません。できるだけ小さくみじん切りにして、塩を加えてよくもみます。これでアクが抜けるので、エグ味はさようなら。挽き肉や戻した麩、小麦粉などと混ぜれば、ハンバーグ、ギョーザなど、使い道はいろいろです。

カボチャの種だって、洗って干せばあとは煎るだけ。種の中の実は、くるみみたいにトロッとしているので、くるみ和えやゴマ和え同様に使えます。

さて、ネギのヒゲ根やニンジン、ダイコンのへた（首の部分）はどうやって食べるか？　そこでリストラ！　おせじにもうまいと言えないものをそのまま食べるのは「いかもの食い」。おいしく食べられるように、育ててやればいいでしょう。ネギのヒゲ根は、プランターのすみっこに植え込んでやると、ぜんぶとはいかないまでものびてくるものがあるので、そいつをいただくことにします。商店街でもらったパンジーの鉢にネギを植えているなど、祐天寺昭和通商店街の役員さんたちに知られたら何と言われることでしょう？

ニンジン、ダイコンのへたは、平らな皿で水栽培。これも、毎日水を換えさえすれば、緑色の茎が20センチくらいまでのびます。これをみそ汁の具などにしてしまうのです。茎がのびるのに養分を取られるのでしょうか、へたは小さく縮んでしまっています。

根やへたは、そこから生命が生まれる部分なので、まだ可能性があるというのもわかりますが、タマネギの皮やトウモロコシの皮、芯などはどうすればいいのでしょう？

こうすればいいでしょう。「紙」にしちゃうのです。小さく切ってミキサーに入れ、水を加えて攪拌《かくはん》します。これだけでは繊維が弱いので、菓子箱や牛乳パックなどの紙をちぎって混ぜます。あとは牛乳パックの紙つくりと同じ。網戸の子分みたいなものがあれば、簡単にすくことができます（詳しいことは牛乳パックを使った紙つくりの本がいろいろ出ていますので、調べてみましょう）。わが家ほどゴミの出ない都会暮らしをやってる家も少ないのではないでしょうか？　これで酒の空きビンさえ減ってくれたら、東京都も表彰してくれるでしょうに……。

納豆――「安いから買う」ではまだまだ甘い、1パック6円

とくに関西では、あのネバネバとにおいがダメ、という人が多いようですが、納豆は見るからに栄養がありそうだし、どう考えても「安い」食品です。学生時代の貧しい食生活を支えてくれたのも納豆でした。近ごろではタレ付きなどが多くなりましたが、そのようなものにお金を払いたくない私はタレなし納豆です。

大きさの大小はありますが、以前は朝食時に二人で1パック食べていました。今にして思えばぜいたくなことをしていたもの。今は1食2分の1パックですませています。2分の1パックを小鉢に取って、はしでかき回すとだんだんねばりが出てきて糸を引き始めます。しかし量的にはさびしいものがありますので、そこに増量剤を加えます。細切りダイコン、ネギ、キュウリ、ミョウガ、戻しワカメと、生で食べられるものなら何でも来いなのです。これら増量材のおかげで小鉢の中はあふれんばかりとなり、「明日からは小丼でやろう」と思うほど。いずれの増量材も、なるべく細く、

あるいは小さく切って混ぜると混ざりやすいのです。このせこいワザのおかげで、小パックなら2回、大パックなら3回にも分けて食べられるようになって大喜び……しているような魚柄仁之助ではありません。そこがリストラ！

納豆とは、ゆでた大豆に納豆菌が繁殖してできるもの。菌はたとえ少量でも、条件さえ整えてあれば繁殖するはずです。そこはそれ、某国立大学農学部6年中退の、しかも、酒すら自作して発酵には通じている私です。いわんや納豆をや、でございます。水に一晩つけておいた大豆を軟らかくゆでます。沸とうしたら弱火で20分、保温調理を20分、ザルで湯を切り、マヨネーズビンに移します。そこに残しておいた2分の1パックの納豆を入れてよく混ぜ合わせ、少しすき間をあけてふたをのせます。これを24時間、40度前後の場所においておけば、大豆はみ〜んな納豆になっています。

24時間、40度を保つ、と聞いただけで「そんなのムリ」と思われるかもしれませんが、そこがリストラ！　家庭内で24時間、ムダになっている熱を利用すればいいのです。人のからだにくっつけておく？　これは以前、某TV局が実験していました。そりゃ納豆はできますが、24時間、容器を抱きかかえるバカバカしさを考えたら、とてもリストラとは言えません。もうおわかりでしょうか、家庭内で24時間、熱を出しているのは冷蔵庫の放熱板です。冷蔵庫の裏側は真冬でもポッカポカ。たいていの家では冷蔵庫を壁にくっつけて設置しています。部屋の真ん中に置いているのは、まだ一度しか見たことがありません。ということは、冷蔵庫の上のいちばん奥はかなりポカポカだということです。熱は下から上に上がるものですから。そこに納豆製造容器をセットします。保温性が高まるように、容器をタオルや発泡スチロールの保温材でよく包んでおきます。もちろん、冷蔵庫の放熱をさまたげないように、ビンを包むだけ。欲張って冷蔵庫をすっぽり包んだりすると、過熱して危険です。建築現場にすてられている断熱材のグラスウールをビンにぐるぐると巻いただけでも充分。24時間後には2分の1パックの残りものの納豆が、マヨネーズビンにいっぱいになってるから大助かり。今度はきちっとふたをして、冷蔵庫で保存します。もし、ひき割り納豆をつくるなら、大豆のゆであがりを包丁で小さくたたいて仕込めばいいのです。

私が買ってくる大豆は、先にも書きましたように、2リットル600円。買ってくるパック入り納豆に換算してみたら、1パック5円とか6円くらいでした。当然のことながら、大豆をゆでるときは納豆以外の用途のものもいっしょにゆでます。ゆであがりの半分は納豆、残りは煮豆、豆スープ、大豆マヨネーズと、使いまわします。ゆでる手間は同じですから、使い分けなきゃ損した気分です。

片栗粉――料理の七難かくすリリーフエース

「片栗粉」などとは言ってはいますが、本当はジャガイモデンプンなのでして、本物の片栗粉などは私ごときがとても手にすることはできません。お金持ちになったら、一度くらい本物の片栗粉を使ってみたいものです。

さてこの片栗粉、唐揚げくらいにしか使わないのではもったいないことです。片栗粉こそは、「料理の七難かくし」と呼ばれるほどの、失敗をごまかすときの名火消しなのです。台所には粉のままの片栗粉と、水溶き片栗粉を用意しておきます。野菜炒めをつくっていて、野菜からやたら水が出てベタベタしそうになったら、頭の中をさっと切り替えます。「ワシは、八宝菜をつくっとるんじゃ、そうじゃ、そうにちがいない！」と自分に言い聞かせ、おもむろに水溶き片栗粉をお玉ですくって中華鍋に放り込みます。塩加減をし直して、酢を数滴、ゴマ油を数滴。これでベタベタ失敗野菜炒めは雲のかなたへと消え、ちょっと変ですが、おいしい八宝菜が出現します。そしてすました顔で八宝菜を食卓に出しましょう。練り辛子をそえて。誰も失敗したことなど知りません。自分と片栗粉だけの秘密です。

また、めったにあることではないのですが、何かの拍子で刺し身やスライスした肉が余った場合、たとえば来るべき客が来なかったときなど、やはり片栗粉のお世話になりましょう。豚肉や鶏肉でしたら片栗粉をまぶし、シャブシャブのように数秒間湯をくぐらせて、引き上げたらすぐ酢醤油に漬けます。これは翌日のお弁当のおかずになりますし、切ってサラダにも使えます。

刺し身が残ったら、醤油に10分ほど漬けておいて、肉のときと同じように片栗粉をつけて熱湯に通します。これは下味がついていますから、そのまま冷蔵庫へ。翌日の晩ごはんのとき、つぶした梅肉などといっしょにいただくと、もううまくてうまくて、お銚子の2、3本はすぐ空になるほどです。

タラのあらでも、まるで切り身のように立派なところがあります。これなども前の晩に塩を振っておいて、片栗粉をまぶしてフライパンで焼きます。ティースプーン1杯の油で焦げもせず焼けます。タラの表面を片栗粉が覆っているせいか、何もつけずに焼いたときよりおいしくなっています。

野菜の煮物にも、最後に水とき片栗粉を加えるととろみがつくうえ、おいしく仕上がります。金沢のじぶ煮を想像してやってみましょう。このとき水でとかずにシイタケの戻し汁を用いてみると、シイタケも入っていないのにシイタケ味の煮物ができます。

戻したシイタケを酒、醤油、だしなどで煮る場合、片栗粉をまぶしたシイタケを煮汁に入れます。厚ぼったい感じの煮シイタケになり、安いシイタケも、「どんこか？」と思うかどうかは、その人にまかせます。

硬焼きそばのとろ味だって、片栗粉によるものです。ふろふきダイコンのそぼろあんをつくるときも、水とき片栗粉を使います。

挽き肉を使わないそぼろあんというものもあります。もどした麩をちぎって、鶏ガラスープでといた片栗粉といっしょに火にかけます。鶏ガラの濃厚な味が麩を肉に変身させ、片栗粉のとろ味が化けの皮となるのです。

くずあんも片栗粉で代用できます。みりん、醤油、だしに片栗粉でとろ味をつけます。ゆでたサトイモに、熱々の片栗くずあんをとろりとのせるだけで、またまた酒の

2、3本は空いてしまいます。

いい加減な料理や失敗した料理、余ってしまった食材などもうまくごまかしてくれるリリーフエースですから、台所に常駐させているのです。水とき片栗粉はすぐいたみますから、必要量だけ作るようにしています。腐らせてはいけません。たいせつにあつかわないとバチが当たります。八宝菜が、実は失敗野菜炒めだったということは、片栗粉だけが知っているのですから。

酒粕——粕漬けに、酒まんじゅうに、みりんもどきに

冬になると酒屋の店先やスーパーなどに、酒粕が見られるようになります。寒くて粕汁用の需要が増えるからというのはまっ赤な嘘で、作り酒屋さんが秋に仕込んだ新酒をしぼり始めるからなのです。酒粕も板状になったものと、練り状というか、ビニール袋にみそみたいに入れられたものとがあります。焼いて食べるだけなら板状でもよいのですが、料理に使うのだったら、みそみたいな袋にドバッと入った粕のほうが

使いやすいようです。できれば地元の小さな酒蔵で分けてもらうのがよいのでしょうが、さすがに目黒には酒蔵はありません。

幸い、私は大胆にも自分で酒をつくっていますので、粕も自家製です。足りない分は酒造蔵から分けてもらっています。

さてこの粕ですが、私の場合、三平汁などのいわゆる粕汁にはほとんど使いません。粕をその場で使いきるのではなく、魚や野菜をおいしくするために粕漬けに使うのです。これがいたって簡単。野菜だったらまず塩漬けにして水分を除いたものを粕の中に漬けるだけ。魚も同様、塩を振って一晩寝かせたものを粕に漬けるだけです。どちらも数日で食べごろになるので野菜は洗って食べ、魚は粕を落として焼いて食べます。魚は保存性が良くなるので、大量にもらったり買ったりした時には、粕につけておくと便利です。先日、マナガツオをまとめて買ったとき、粕漬けにしてマヨネーズビンに入れ、長野県に送りました。つくった日から2週間後までおいしく食べられたということです。

粕をそのまま食べるにしても、小麦粉と混ぜて酒まんじゅうにすると、酒粕の威力が発揮されます。小麦粉を水でこねるときにイーストがわりに酒粕を加えてこねるのです。しばらく寝かせてから型を整えてふかすと、ふっくら酒まんじゅう。切ったサツマイモを入れると、サツマ酒まんじゅう。ただしこれは、カチカチの板粕ではできません。酒の酵母が生きているような粕でなければムリです。

また酒粕を利用して、「みりんもどき」をつくることができます。みりんは本来、こうじと焼酎を混ぜて寝かせてつくるものなのですが、自作の酒粕がたくさんできた時に、試しに酒粕を焼酎漬けにしてみました。半年過ぎたあたりからけっこう甘味も出てきて、みりんもどきになりました。このみりんづくりのときに、こうじを少し加えたら、もっとみりんらしいみりんもどきができました。

良質な粕が手に入ったときには、甘酒をつくります。甘酒といっても、粕をとかして砂糖を入れるのとは違います。それに砂糖のような高級品は恐ろしくてとても買えません。では、どうやって甘くするのか？　そこはそれ、某国立大学農学部中退の私です。酒粕を40度くらいの温度の少量の湯といっしょにすり鉢で擂《す》ります。そこに酒粕の倍量のごはんを加えて擂《す》り、ベトベトになったら鉢内の「ベトベト」と同量の水を加えてすり、鍋に移します。これを直火でなく湯煎にかけ、かき混ぜながら60度くらいにまで温めます。これをジャーかポットに入れて24時間おけば、甘酒ができています。こいつを温めて、ショウガのしぼり汁を一滴たらしたら、身も心もあったまる甘酒を味わえます。

と、ここまで酒粕の有効利用について述べてきましたが、そこでリストラ！ この甘酒の半量くらいのごはん、そのごはんの3分の2くらいの市販のこうじ、これらを冷めた甘酒に混ぜ合わせます。これにふたをのせて、冷暗所に置いておきます。1日一度、きれいなしゃもじでかき回すと……その……何です……なぜかお酒になっちゃって……あたしゃ……もう……できあがっちゃった。

シソ――塩蔵・乾燥で年中重宝

料理を食べるとき、たいせつな役目を果たすのが薬味です。毎日のみそ汁に、ユズの皮を一片入れるだけで昨日と違う味を楽しめます。蒲焼きも、サンショウの粉がないとさびしい気がしますし、ショウガのない冷や奴、ワサビのない刺し身やざるソバに至っては、もう情けなくて泣きたいくらいです。

薬味としてよく使われるシソですが、これの保存用というのがこの国には見当たりません。シソも当然西洋のバジルのように保存できるはずです。人一倍シソ好きの私は、たっぷりと保存しています。赤シソ、青ジソともに、夏に田舎に行ったついでに摘《つ》んできました。買うなどとんでもないことです。

まずは葉。水につけて、よく洗った葉を広げて陰干しにします。表面の水分さえ飛べば充分です。きれいに洗ったマヨネーズビンに、たっぷりの塩をまぶしながら詰めてゆきます。塩が少ないと長持ちしないので、たっぷりと。これで1年近く保存できますから、必要なときに取り出して、数分間水につけ、塩抜きしてから使います。ビンのふたを開けるたびにシソの香りがツーンとしてうれしくなります。

穂も同様にして塩漬けにしますが、穂から実だけを取って塩漬けにすると鮮度の落ちるのが早いので、けっしてめんどくさいとか、手を抜きたいとかいう理由からではありません。

次に乾燥品ですが、これもよく洗って干すだけです。カラカラに干したものをビンにストックしておけば、必要なときに手でモミモミともむだけで、シソ粉になります。スパゲティや焼き魚、ゆでイモ、粉吹きイモなどいろいろに使えます。

梅干しを漬けたあとの赤ジソも、土用干しのあとはビンに詰めておくと即席しば漬けなどに使えます。また、その赤ジソをしっかりしぼって小さく刻み、乾燥させてからすり鉢でするると「ゆかり」になります。これにすりゴマ、ちりめんじゃこ、すった干しワカメなどを混ぜると「ふりかけ」となり、大酒飲んだあとなどのお茶漬けに、どんなに重宝することか。

この青ジソによく似たエゴマという植物があります。今はあまりつくられていないのですが、この葉がこれまたうまく、実はゴマ以上に油っぽい味がします。韓国ではこのエゴマの葉を唐辛子醤油に漬け込んで保存し、ごはんをくるんで食べたりします。私は長野や新潟の友人たちに栽培してもらっていますが、シソでもこのエゴマの葉の漬け方を流用できますので書いておきます。

摘み取ったエゴマの葉は洗って一晩水につけておきます。これでかなりアクが抜けます。シソならば2～3時間でいいでしょう。これを陰干しにして、表面が乾いたら漬け込みます。漬け汁は、韓国産粉唐辛子を入れた醤油を一度沸とうさせて冷ましたものです。ここに葉を10枚くらいずつの束にして漬けてゆきます。唐辛子をたっぷり入れるのがポイントですが、韓国産は日本産と異なってあまり辛くないうえにうま味があるので安心して加えられます。以上のつくり方は長期保存タイプです。2～3週間で食べきるのでしたら、水で薄めた醤油を一度沸とうさせて使います。韓国ではエゴマ漬けを「ゲンニップ」と呼びます。

卵――いかに安くても「二人でひとつ」

最近卵が安くなりました。10個100円などというと学生のころから考えると夢のような安さです。子どものころには、すき焼きのとき、生卵を2個使えたらなあと、せつに願っていたものです。

安くなった今日、その反動で食べまくっているかというとさにあらず、幼年期・学生のころの貧乏性にすっかり支配され、「卵は高級品じゃ、勿体《もったい》無い」と、ありがたがるやらケチるやら。そんな私ですから、朝食のときも卵は二人でひとつ。「君は黄身、私は白身」などという食べ方はいたしません。黄身も白身もいっしょに溶きほぐします。しかし納豆同様、これでは少なすぎて悲しい限り。そこでやはり増量剤にたよることになります。手っ取り早いのが生野菜の千切り。キャベツ、レタス、ミョウガ、キュウリ、タマネギ、ダイコンなどを、千切りや薄切りにして生卵に混ぜます。野菜の参入で卵の味が薄れますから、ここは当然、鰹節を削ってたっぷりかけます。野菜以外にも、その日の気分で戻しワカメやちぎったすき昆布、姫エビ、ちりめんじゃこ、シソの葉漬けなどを加えています。

一人暮らしならどうする？　半分残しておくのか？　心配はいりません。私は一人のときも、二人のときと同じように増量剤を入れて朝食に向かいます。ところが慣れというのは恐ろしいものです。ちょうど半分くらいしか食べられないのです。「一人のときくらいパーッと食っちゃえよ」というサタンの声が聞こえてきますが、卵が貴重品だという幼児体験のせいでしょうか、からだが求めなくなっているようです。情けなさのきわみです。

それで残った卵はというと、フライパンでジュッと焼きます。野菜などが入っていますから、ミニオムレツのようになります。これが弁当用になるか、翌朝用になるかどちらかです。

二人で卵1個といえば、もっともかっこよくできるのが茶碗蒸しでしょう。茶碗蒸し二人分の卵といえば、ちょうど1個。1個の卵をほぐして、昆布、鰹だし、みりん、醤油などを加え、野菜や鶏肉などといっしょに蒸し器で蒸したのが茶碗蒸し。これとて別に蒸し器の必要はありません。深い鍋に深さ3センチくらいの丸皿を1枚入れます。その皿がひたひたになるくらいの水を入れ、皿の上にもち焼きの丸い網をのせれば、蒸し器がわりになります。もち焼き網に茶碗蒸しの器をのせて火にかけ、沸とうしたら5分くらい弱火で加熱します。火を止めたら、そっと鍋ごと保温箱に入れます。20分もたてば、茶碗蒸しのでき上がりです。

と、喜んでやっていたところ、前述の保温調理教授・小林寛さんからもっと簡単な茶碗

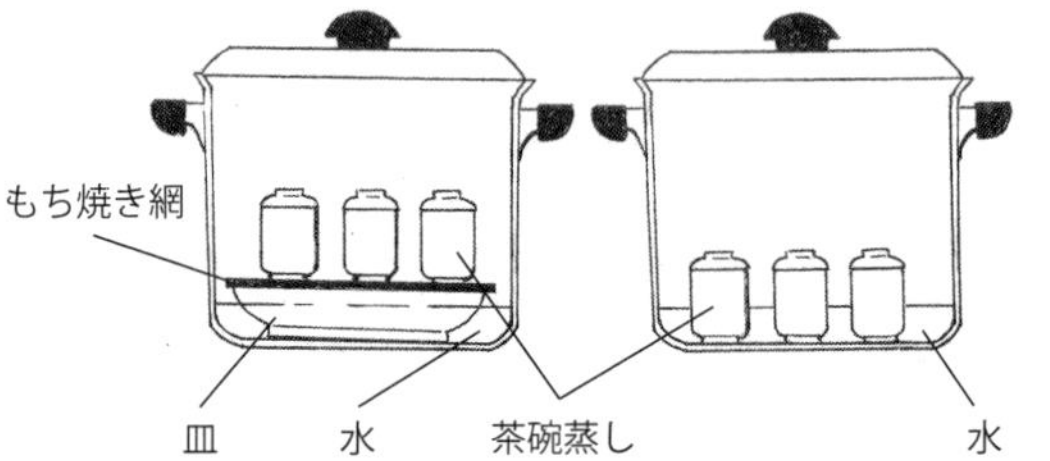

蒸しの報告がありました。蒸し茶碗を鍋に入れ、その2分の1がひたるくらいの水を入れます。そのまま火にかけ、沸とうしたら火から下ろして20分以上保温調理すればよいとのこと。さっそく試してみましたが、「す」も入らずなめらかなものでした。もちろん「はかせ鍋」でも、バスタオル保温法でも、立派にできるのです。

サラダなどに使うゆで卵も、かたゆでだったら、ごはんを炊くとき、鍋や釜にいっしょに入れてゆでます。ごはんをよそうときに取り出して水につければＯＫ。

これらの卵料理は、卵1個で二人ぶんになりますが、どうしても難しいのが卵焼き。18センチ四方の卵焼き鍋だと、いくら上手でも2、3個の卵がなければだし巻き卵が焼けません。ですので、少人数でしたら幅の狭い焼き鍋が適しています。それでも卵1個で卵焼きは困難ですので、やはり増量剤を加えます。手軽なところでは、しぼった豆腐、水気を落とした豆腐を加えてよく溶きほぐしてから焼くとうまく焼けます。魚のすり身、すったヤマイモ、すったワカメなどを加えるとよいようです。魚や芋などは加熱すると固まりますので、卵焼きに向いています。

何もそこまで……とよく言われますし、増量剤のほうが高いんじゃないかとも言われますが、増量に使ったサケのすり身は「粗《あら》」からそぎ取ったものです。ヤマイモは、朝食用のトロロからスプーンに2、3杯くすねたもの。けっして高いものではないのです。いかに私でも1日に卵10個食べられるくらいの経済力は、軽く持っていますが、いまだにその度胸が備わっておりません。

あわせみそ――あわせるだけで便利でうまい常備菜

先日、広島の方から、とても立派なサトイモをいただきました。「エゴマについて」詳しく書いた手紙を送ったお礼とのこと。こういういただきものは、心ワクワクするものです。さて、どんなものかとゆでてみました。ただゆでただけで、すばらしくおいしいのです。醤油などで煮るのがもったいなくなるほどでしたから、ゆでただけのイモを塩やみそで食べました。

ここでご紹介するのは、そうしたときに便利な「あわせみそ」です。煮物というものは、味つけに塩、醤油、みそなどを使いますが、煮るものに味をつけるには煮汁にも味をつけなければなりません。ところが、素ゆでしたサトイモでしたら、少量のあわせみそだけでおいしくいただけます。ついに煮物さえ「もったいない」世界に入れてしまったのかというとけっしてそうではなく、煮物とはまた別の世界のおいしさとして、「あわせみそ」があるということです。

この手のみそでよく知られているものに田楽みそがあります。あの感覚で、いろいろなあわせみそをつくってみました。クルミとみそをすり合わせたクルミみそは、かなりしつこい（濃厚な味の）あわせみそです。これでホウレンソウのおひたしを和えると、乳化した白い「トロリ」が、ホウレンソウの淡い味によく合います。同様に落花生みそも、しつこい味のあわせみそです。これなどはピーナッツバターの代わりにパンに塗ってもおいしいものです。煮つめた濃い鶏ガラスープにみそを加えてねり合わせたものは、使い勝手のよいみそです。ラーメンスープに鍋物に、もろきゅうのもろみ代わりに中華炒め物にと、とにかく濃い旨味にみそが加わっているのですから、うまいこと請け合いです。

においが気にならなければ、ニンニクみそもおいしいみそです。おろしニンニクとみそをすり合わせただけのものと、みじん切りにして油炒めにしたニンニクとみそを煎りつけたものがありますが、前者のにおいは強烈です。同じつくり方でショウガみそ。これは肉の下味つけのときなどに重宝しています。

わりにポピュラーなところですりゴマみそ。煎ったゴマとみそをすり合わせますが、これがあるとゴマだれをつくるときなどにとても便利。以前、シャブシャブのゴマだれのつくり方を教えてほしいと言われたとき、とりあえずすりゴマみそをつくっておくようすすめました。これを好みでもってだしやみりんで伸ばし、唐辛子などの香辛料を加えてやればいいのです。

ちょいとおしゃれなのがユズみそ。ユズのしぼり汁でもいいし、ユズ皮のみじん切りでもできます。干してストックしているユズ皮を、すり鉢で擂《す》ってもできます。昆布だしでゆでただけのダイコンなど、これで食べるとおいしい酒のさかなになり、酒の2、3本はすぐに飲んでしまいます。

魚のすり身とみそを、フライパンで煎りつけた魚みそも保存性のいい惣菜です。臭み消しに、ショウガやサンショウを加えます。

沖縄でよくつくられている豚油のあわせみそも、これまたしつっこいみそです。脂身をみじん切りにして中華鍋で煎ると、脂がニジリニジリと出てきます。私はここでおろしニンニクを加え、そのあとみそと唐辛子、そして少量の泡盛かみりんを加えています。焦げぬようにかき混ぜながら、水気を飛ばして固ねり状態になったらできあがり。あるお相撲さんの話ですが、挽き肉とニンニク、そしてみそをゴマ油で炒めた肉みそを、夏場の食欲が落ちたときによく食べたそうです。私もやってみて、たしかにおいしいものでしたが、夏場の食欲増進につながるかどうかはよくわかりませんでした。私は夏場に食欲が落ちるという経験のない人間ですからしかたありません。

あわせみそに使うのは、赤みそ、白みそ、何でもいいと思います。甘いのがお好みでしたら、九州の麦みそなどいかがでしょう。

ドレッシング――「みそとヨーグルト」のハーモニー

サラダのためのドレッシング――スーパーで見ると充分に高いので、「こりゃいかん」と自分で作っています。そもそも、料理ブックのグラビアに出てくるようなサラダはウチでは食べません。生のレタスやキャベツを、フワフワと盛りつけただけのサラダは、どうにもたよりない感じです。目方で考えると、1玉100円のレタスより、2袋100円のニンジンのほうが重い。けっして目方だけで判断しているわけではありませんが、目方も判断基準であることは否定しません。ですから、ウチのサラダはどちらかというと温野菜。夏場はゆでて冷ましたニンジンやジャガイモなどです。ここで紹介するのは、そんなサラダ用のドレッシング。

ドレッシングを構成しているのは、酸味としょっぱさ、そしてピリッと香辛料、最後にトロリと油分。だいたいこんなところではないでしょうか？　まず酢ですが、普通に使うのは米酢。これもそのときの気分でいろいろと変化します。リンゴ酢、ユズ酢、梅酢、ミカンのしぼり汁……なんでもありです。ここに塩、醤油、みそなどの塩味が加わります。そして香辛料ですが、基本型としては、ねり辛子とペッパーを用いています。香辛料やハーブは、今日おびただしい種類が売られていますので、よりどりみどりでしょう。とろ味としての油ですが、もったいなくて市販のドレッシングのようにたくさんは使えません。二人分でティースプーン1杯くらいです。

それでこくが出るのか？　と疑問を持たれるでしょうが、そこでリストラ！「油」と言えど元はゴマや大豆です。あわせみそのところでも書きましたが、ゴマ、クルミ、ピーナッツなどの油を含む食品を擂《す》って加えれば、少量でもすごくこくのある味になります。

基本的なつくり方は以上のようなところですが、まだまだ裏技があります。

梅干しをすりつぶしたものを使えば、酸味と塩味を一人二役。梅酒の梅をすりつぶせば甘味も加わります。前章で書いた「大豆チーズ」を酢でのばしただけでも立派なドレッシング。前項に登場のあわせみそを酢でのばしてもドレッシングになりますし、酸味をおさえるときは、しぼったミカンにスキムミルクでつくったヨーグルト（5章参照）を加え、すりゴマとみそをあわせれば、さわやかドレッシングです。

ドレッシング作りでひと味違ってくるのが「おろしもの」の使い方。おろしリンゴをはじめ、ナシ、パイナップルなどの果物。タマネギ、ショウガ、ニンニクなどの野菜をおろして加えるとおいしくなりますが、ニンニクなどは少量にしないと、胃の弱い人にはちとこたえます。

塩蔵物・漬物——敬遠しないで逆手に取って

減塩運動のおかげで、塩魚や漬物類も昔ほど塩からくなくなってきました。塩サバや塩ザケ、沖縄の豚の塩漬け肉などは、減塩を心がける人からは敬遠されがちです。しかし塩蔵物は日持ちがよく、うま味にあふれていることも事実。それに塩サバや塩ザケなどは、大漁時にドーッとつくってドーッと冷凍にするためか、生とくらべて安いのです。安いものを無視していては、一人ひと月９０００円の食卓は成り立ちません。塩がきつけりゃ抜けばいい。塩ザケなどは、少し塩を入れた水に数時間つけておけば抜けます。塩漬けの山菜など、頭が痛くなるほどしょっぱいのですが、一晩水につけてから、真水で一度ゆでると塩が抜けます。みそ樽の中にずっと漬けっぱなしのダイコンがありました。とてもそのままでは食べられないので、薄く切って削り節をまぶし、ビンに入れておきました。チャーハンに入れたりして使いましたが、これを茶碗に入れて熱湯を注いだだけでも、薄味の吸い物のようでおいしくいただけました。このように、全体としてはかなり塩を含んでいる食材でも、少量をひきのばして使えば塩抜きの必要もありません。しょっぱい塩ザケの身をほぐし、みじん切りの野菜といっしょによくもむと、サケの塩で野菜類の水分が抜けるうえ、塩味もつきます。これはシーフードシュウマイやギョーザ、魚団子やハンバーグなどに。

また塩からい魚やハクサイ漬けなどの漬物も、せっかくついた塩味ですから、利用しなけりゃ損。土鍋に「エイッ」と放り込んで、野菜だ肉だと入れると塩が全体に行き渡りますので、味つけの必要がありません。塩ワカメの項で、落とした塩のリサイクルについて書きましたが、まぁ家庭塩田・ベランダ塩田をつくる人は、そんなにいないことでしょう。しかし、ただ洗い流すのももったいないことです。塩ワカメをザルに取り、そこにハクサイやキャベツ、タマネギ、キュウリなどを加えてニギニギともみます。あっという間に野菜たちは水気を抜かれてシナーッとなります。青菜に塩とはこのこと。これを水洗いしてよくしぼれば野菜の瞬間浅漬けです。ワカメの塩は、それから流しても遅くはありますまい。

減塩、減塩と言って、塩蔵物を避けるのは簡単なことですが、うまく使えば安くておいしいものなのです。このことをふまえ、次の項へと参りましょう。

もらいもんの困りもん――「海苔巻きせんべいヌードル」とはいかに？

私は社会的地位とか名誉などというものと、とことん縁のない人生を送っていますし、友人たちも、社会の慣例という枠組みの外部に生きる人が多いので、中元《ちゅうげん》・歳《せい》暮《ぼ》というものにもこれまたとことん縁がありません。それでも誰かがもらった中元・歳暮のおこぼれにあずかることはたまにあります。それがあらまき鮭や果物、米などでしたら大喜び。純米吟醸酒でもいただこうものなら、涙が出るほど大喜び。

それらと反対に困ってしまうのが加工食品です。ハム、塩昆布、佃煮、ビン詰めの漬物、塩辛、ビーフジャーキー……。くれた人には悪いのですが、ほとんどすべて味が濃いのです。やたら甘く、うま味が強く、しょっぱいものが多いようです。保存性や味の普遍性を考えると、そういう味になるのかもしれません。と、いい方に解釈してみたところで濃いものは濃い。来ないのはお中元。しかし「こんなもん食べられるか！」と捨てるのは星一徹《ほしいってつ》。ありがたいありがたいと使いまわすのが魚柄仁之助。

わが家のもらいもん使いの裏技の数々を、もらいもん別にご紹介いたします。

まず、ハム。最近塩味は控え目になったようですが、化学調味料（アミノ酸等）は増えているようです。これを抜かないと甘ったるいほどのうま味は消えません。それにはハムをスライスしてさっとゆでます。塩と調味料と脂肪がゆで汁のほうへと流れます。そのゆで汁は、野菜を煮たり、スープやみそ汁のだしに使います。うま味や塩もたっぷりの湯の中で薄められて、ほどよいだし汁となっています。さて、ゆでたハムとてまだ濃い味です。これは細切りにして野菜と炒めたり、はるさめサラダに入れたりすると、ハムの味が他の材料に分散するので、調味料もあまり使わずにすみます。

次にビン詰めの漬物。これもそのまま口に入れると耳の下がジュワーッとするほどのうま味がついています。キャベツ、ハクサイなどの一夜漬けをつくるとき、このビン詰め漬物を少量加えると、うま味が全体に散ってゆくのでトクをした気分。また、ちらしずしのとき、これを少し酢に漬けてからすしめしに合わせると、なかなかよいものです。チャーハンのときに少々、コロッケの中に少々と、あっちこっちにちょこちょこ使い分けているうちに、いつの間にやら打ち止めとなるのです。

海辺のおみやげ定番「塩辛」。いくら減塩といっても塩辛は塩辛。また近ごろの塩辛に入っている「アミノ酸等」の量はハンパではありません。これをそのまま食べるのでしたら、たっぷりのおろしダイコンやワカメを丼に入れ、塩辛を少量そこに混ぜ合わせてから食べます。つまりダイコンやワカメの味つけに塩辛を使うようなもの。即席のキムチづくりにも塩辛を少量使います。

塩辛利用のきわめつけは鉄板焼きのたれ。醤油をベースに酒やみりん、おろしたシヨウガ、ニンニク、タマネギ、リンゴなどを加え、昆布といっしょに火にかけます。煮立ったら火を止めて冷まし、これに包丁で小さく叩いた塩辛を加えます（塩辛の汁だけでも充分です）。それを1日くらい冷蔵庫で寝かせると、おいしい鉄板焼きのたれ。私はこれに唐辛子、ペッパー、すりゴマを加えるのが好きです。

ピスタチオなどのナッツ類も、しょっぱく、油っぽいもの。これはすり鉢ですりつぶしてからカレーに入れると、とてもこくが出ます。かなり細かくすりつぶしたものでしたら、別項の大豆チーズにも使えます。

これもまたしつこいもんがビーフジャーキー。これを「乾物か？　だったら水で戻そう」と考えたのは私だけでしょうか。そうです。一晩水につけておき、そのままゆでるとハム同様、水はスープに、ビーフジャーキーは炒め物に使えるようになりました。

はてしなく続くもらいもんシリーズ。佃煮も困りものです。甘辛く煮切っているからこそ佃煮なんでございましょうが、やはりそのまま食べるには濃厚すぎる味。これは野菜の煮物に最初からお供《とも》をさせると味つけの手間がはぶけます。塩昆布や佃煮昆布は、お椀に入れて熱い湯を注げば即席吸い物。そのときに焼き麩と干したユズの皮をいっしょに入れておけば麩は具になりますし、ユズの香りであの化学調味料のにおいを隠せます。

佃煮と同じ手を使えるのが味の濃いせんべい・あられ・おかきの類。まともに食べたのでは何杯でもお茶を飲んでしまうほど濃い味のものがあります。これも佃煮同様、吸い物にしてしまいます。せんべい一枚を吸い物にしてみたところ、やや味が薄かったので思いきって二枚いれてみました。ふたをあけてびっくり、ふやけたせんべいが湯をすっかり吸い込んでしまって、まるで海苔巻きせんべいヌードルでした。その後はせんべい1枚プラス醤油3滴に変更いたしました。

このように使い分けますと、困りもんのもらいもんもけっこうおいしく食べられるものです。

それに何がありがたいと言って、空のビンが手に入ること。これはホントにありがたい。漬物や塩辛などの空きビンは、煮ヒジキやちりめんじゃこなどを入れて冷蔵庫に保存する場合にちょうどいい大きさです。資源ゴミに出すなど、宝物を捨てるようでとんでもないことです。

安全でおいしい水を自分でつくる

食生活をささえるうえで水はたいせつなものです。大都市の水道水が「まずい」のは今日の日本では常識です。水道水に含まれる塩素がからだによくないことなど、子どもだって知っています。ミネラルウォーターをぶらさげて遊ぶ子どもや若者を見るにつけ、情けないなあと思いますし、あんな高いものを買う金をよく子どもが持ってるもんだと感心もします。

また、水道水を浄化するために浄水器を取りつける人が増えています。私も関心があったので、デパートに行ってみましたが、1万～4万円もしていました。下手すりゃ私の半年分の食費です。泣く泣く手ぶらで帰って来たのは言うまでもありません。「あんなもん、でかくて場所ふさぎだし、フィルターだってこまめに替えなきゃ、かえってきたない水になるじゃないか！」などとわめきちらして気を取り直したものです。

そこでリストラ！　自分でうまくて安全な水がつくれないだろうか？　要するに塩素や不純物を取り除けばいいのです。そしてじつは、水をおいしくする方法もあるのです。くやしまぎれに開発した、その方法をご紹介しましょう。

大きな水ガメや寸胴《ずんどう》に水道水をたっぷり汲みます。そこにバーベキューなどで使う木炭を放り込むのです（私は直径25センチ、深さ30センチのステンレス寸胴に、木炭を5、6個入れています）。炭はまずよくタワシを使って水洗いしたあと、10分ほど煮沸《しゃふつ》します。それをザルにとり、よく陰干ししたものを木綿袋に入れ、寸胴に放り込んでいます。

寸胴はふたをすると塩素が抜けにくいのですが、開けておくとほこりが入るので、目の細かいザルなどで上を覆《おお》います。丸一日でけっこうおいしい水になります。塩素が抜けると今度は雑菌が繁殖しやすくなるので、ビンやペットボトルに移して冷蔵庫に入れるようにします。

炭は使うたびに煮沸すればくり返し使えますが、2〜3カ月くらいでパワーダウンするので取りかえます。

以上、塩素などが入っておいしくない水をおいしくする方法を書きましたが、塩素が水をまずくすることも、発がん性物質トリハロメタン発生の原因のひとつであることも、水道局や厚生省の方は当然、ご存知なのです。水道水に塩素が入れられはじめたころは、それなりの理由があったことも知っておいたほうがいいと思います。少なくとも、それまで多かった感染症・伝染症の危険度は大きく下がったのですから。

近年でも、関西のほうで井戸水による中毒死がありました。中毒は急激な病変ですし、塩素による害はなかなか目に見えないのでつい、中毒になるくらいならまだ塩素を入れたほうがいいじゃないか、となった結果じゃないでしょうか。しかし、今日では、塩素の危険性も感染症の危険性も認識されていますから、塩素に代わる新しい方法をさぐりつつある時期だと思います。塩素に代わる消毒方法や殺菌方法も次々と研究され、あちこちの自治体で試されています。次に出てくるだろう方法がベストとはけっして言えないでしょうが、塩素よりはましと言える方法であってほしいものです。

現実問題として、大都市の場合、塩素なしの水のほうがこわいと思います。だから、家庭で一手間加えて、おいしい水づくりに励《はげ》みましょう、と水づくりの頁を設けたのです。

洗剤がなくても食器は洗える

たいていの家の台所には、台所用洗剤が置いてあります。洗剤は水を汚染するということが知られたため、だんだん「環境にやさしい」洗剤が使われるようになってきました。私も以前はこんな洗剤を使っていたのでしたが、使いきった時に、しみったれの心が芽を出してきて、洗剤を買わなくても、なんとかならんだろうかとあれこれやってみました。その結果、もはや洗剤は買わなくてもすむようになりました。

食事の後、食器をすぐに洗います。水につけておくと、たいして汚れてない皿まで汚れかねないので、流しに持っていったら、汚れの少ないものから洗ってしまいます。もちろん、スポンジごときフニャフニャしたものでは、うまくありません。生命保険のおばさんにもらった厚手の台所用ふきんを使って洗うと、いとも簡単にきれいになります。納豆など、私の好きな「粘りもの」に使った器は、タワシを使えば一発です。うちの場合、油ものや肉料理が少ないので、とくに汚れ落ちがいいのだと思います。炒めものや煮魚、焼き魚などで若干油がついていても、湯で洗うか、みかんの皮で洗えば、いともたやすく落とせます。1カ月に一度くらい、小量のぬかやみがき粉で、少しくすんだ器やレンジまわりをきれいにするのが、唯一の「洗剤使用」となりました。

丈夫で便利な木綿袋

近ごろはティーバックやだしバッグなどが普及していて、木綿袋を使う人が減ったようですが、これが丈夫で便利。もともとは自分でつくったどぶろくをしぼるために、木綿を縫《ぬ》ってみたのです。普通の木綿をミシンでダダダーッと縫っただけの袋ですが、これがいろいろに使えます。豆腐をつくるときのおからしぼり。買ってきた豆腐の水分を抜くときも木綿袋に入れて重しをしておけば、形くずれせずに水が抜けます。マッシュポテトに入れるタマネギスライスの塩もみも木綿袋の中。小さな木綿袋にひもをつけておけば、紅茶・せんじ茶・麦茶・どくだみ茶などのティーバッグ。みかんの皮をいれて、お風呂にポイ。ぬかを入れたら、ぬか袋。……ｅｔｃ。

とにかく、いろいろ使えるうえに、いたって丈夫です。古いものは、2年以上使っているほどです。使いこむと、渋い色あいとなり、まるで古代布のような感じです。そう言えば、「水づくり」をするとき、水ビンの水に入れる炭は、やはり木綿袋に入れています。今や、私の台所に欠くことのできない存在となった木綿袋も、元々は木綿しぼりの酒を自作したのが、きっかけでした。酒のこととなると、どうして、こうもまじめに取り組むのか？　わかる人には、わかることでしょう。

7章　食の基軸をつくる養生訓

楽しいリストラと健康美食のすすめ

食のリストラが、なぜ必要か

戦後10年たった1955年ごろから、日本の食状況は大幅に変化しはじめます。農薬の大量使用、工業による重金属汚染、大気汚染、野菜の品種改良、そして交通の発達による大量輸送など、ここ40年ほどの変化にはすさまじいものがあります。食品に含まれた放射能や重金属がからだをむしばむことなどは、人類の歴史上、はじめてのことじゃないでしょうか？　ヤマイモや、ごぼうなどの野菜にしても、栽培法が変わってきていますから、前と同じとは言えません。塩・みそ・醤油などの調味料も、化学の進歩とともに変化してきました。

それだけ、食をとりまく状況が変わってきているのに、料理方法は、それにうまく対応しているでしょうか？　昆布の代わりに化学調味料（アミノ酸等）、ひき肉をまるめる代わりに冷凍ハンバーグ。一見、手軽に、上手に対応しているようですが、本当に安全なのでしょうか？

現代の食生活をよりよいものにするためには、安全性や、健康面も、しっかりふまえていなければ、成り立ちません。食生活に対する価値観を、まず最初に再構築（リストラ）することが大切だと思います。なんのために、よりよい食事をとるのか？ということから固めておかないと、長続きしないと思います。

昔のやり方なら正しい？

「おばあちゃんの知恵」「昔ながらのつくり方」、これらの言葉にはどこかノスタルジックな、あたたかい響きがあります。しかし、食材は変化してきましたし、調理道具や調理の科学も進歩してきた今日、先人の行なっていた調理方法が必ずしもベストとは思えません。それどころか、おおいに栄養素を失っていたり、味を落としていたものもみられます。昔のやり方ならなんでも正しいと思い込むのは、かえって損です。

近ごろではあまり使われなくなった鰹節削り器などはいかにも日本古来のもののようですが、あのカンナをひっくり返したカンナ箱が発明されてから、たかだか１５０

～100年くらいしかたっていないようです。それ以前は小刀で削ったり、トンカチで鰹節をくだいて使っていたらしいのです。トンカチでくだいた鰹節と、カンナ箱で薄く削った鰹節とでは、だしのとり方も味の出方もまったく違います。

また、鰹節そのものも、その方法が確立したのは、江戸期だったようです。似たような加工品はあったにせよ、カビ箱で何度もカビをつけてはふきとって、じっくりねかせてつくるつくり方が土佐から広まっていったのは、江戸時代らしいのです。そのころと今とでは、ゆで方、いぶし方、カビのつけ方と、やはり変化しています。その変化に応じて、調理法を考え、いちばんよいと思える方法を行なってこそ、「食文化」だと考えます。昔からの方法だからとなんの疑いも持たず、ひたすら継承してゆくのは「食習慣」です。

では、日本には食文化と呼べるものがあったのでしょうか？　日本には「食文化」はなかったのではないか？　と思うようになりました。醤油やだし味などは日本の食文化だ……とよく言われるのですが、それは、今から40年ほど前までは、それしか選択の余地がなかったので、それらを使う習慣が続いていただけとしか思えません。

私はスーパーマーケットで買い物をする人たちをよく調査するのですが、昔は煮干しや削り節を使っていたであろうご婦人たちが、なんの抵抗もなくだしパックやだしの素などを買っています。話を聞いてみますと、（見ず知らずの人に平気で話を聞くなど、あつかましい私ですが）昔はたしかに昆布や削り節を使ったし、それらと化学調味料の違いはあると思うとのことです。それでは、なぜ化学調味料を使うのかというと、ただ簡単だからだというのです。ということは、日本には文化というより、調理をするときにうま味をだす何ものかを用いるという習慣があったにすぎないように思えます。

日本食が健康によいなどと言われても、そんな健康によい食の組み立てをしている人など、今日ではまれでしょう。１９６０年ごろまでの日本人の食事が理想的だったと言うならば、今日のそれは、はるかに劣悪《れつあく》だと思います。私は、昔からの伝統だ、食文化だという言葉にまどわされず、自分にとってどの調理方法がよいのか。化学調味料と鰹節では、どこがどう違うのか。自分で判断して、選択していってこそ、そこに「食文化」があると思います。

食品の質が健康の決め手

よりよい食事とは、精神的・肉体的に、健康であり続けることを支える食事と言っていいと思います。健康を維持促進するのは、もちろん食事のみではありません。空気や温度などの自然環境によっても、健康は左右されます。仕事や対人関係でのストレスも、大きく影響します。しかしながら、この肉体をつくっているのは、基本的には食べたものです。毎日食べたもので、からだはつくられ維持されてゆきます。

2カ月もたつと、からだの細胞はすべて新しい細胞に置き換えられるという話を、本で読みました。ということは、今から2カ月の間に食べた食品の質が、2カ月後の肉体になんらかの影響を与えるということです。そう考えますと、一食一食がとても大切に思えてきます。昼食一食くらい……と手を抜いて、からだによくないとわかっているような食事をしていると、2カ月後の間に60回も蓄積されることになります。私が、連続性のある食事づくりをやろうとした意味は、そこにあるのです。

何を食べたら、からだによいのか悪いのか？　人のからだについて、今日の医学・科学でわかっていることは、ほんの少しです。生活習慣病やガンなどが、なぜ起こるのか？

たぶんこうだろうということは推測されていますが、食物との因果関係でさえ、はっきりはしていません。ただ、実験データによって、塩分を摂りすぎるとこうなりやすいとか、脂質を摂りすぎると○○ガンのリスクが増すといった結果は出ています。「君子危うきに近寄らず」というように、ガンや生活習慣病などの病気を起こしやすいと思われる食品及び調理法は、避けたほうがいいのではないでしょうか？　病気のリスクを抑えに抑えたうえで、おいしく安く食生活を続けられたら、人生楽しかろうと思います。

健康は目的ではなく手段

食と健康について述べましたが、ここで、「健康」とはいったいなんなのか？　あたり前のように言われている、この健康というものを私なりに定義づけしてみたいと思います。

普通の社会生活を営むうえで必要な健康と、スポーツ選手に求められる健康とは、〝健康違い〟もいいところです。私たちは、100メートルを10秒で走れる筋肉を維持する必要は全くありませんが、陸上選手たちは、それを維持しつつ生活をしなければなりません。したがって、陸上選手と私では求める健康も異なりますし、求める食も異なります。だから、陸上選手にとって理想的な食生活といっても、私の理想と一致するわけがありません。共通部分も当然ありますが、やはり目的が異なれば、食の違いは生じます。

では、私をはじめとする、日本に住む普通の現代人にとっての健康とはなんでしょうか。

肉体的にも精神的にも不快・不調でないことが、健康ということではないかと思っているのですが、私の尊敬する食生態学者、故・西丸震哉《にしまるしんや》氏は、その著書『41歳寿命説』（情報センター出版局）の中に、こう書いていらっしゃいます。

「足腰が丈夫で、痛い痒い部分が無く、頭がボケていないこと」

まさに、そのとおりだと思います。健康になりたいからといって、あれもダメ、これもダメ、これを食べなきゃ死ぬ、などという食生活などナンセンス。以前、私のところに相談に来た「信仰的健康指向主婦」にいたっては、「健康になれるのなら、死んでもいい」とまでいうのですから、すごい冗談を言う人だと思いましたが、どうやら本気で思っている様子なので驚きました。

先の西丸氏も書いていますが、健康は目的ではなく手段だと思います。人生でやりたいことを思う存分やるために必要なのが、健康ではないでしょうか？

楽しく生きるために必要な健康

人生というものは、何が起こるか誰にもわからないものですが、たったひとつわかっているのが、いつかは死ぬということです。それが明日か50年先かは、やはり誰にもわかりません。平均寿命なんてものも、別に3年間保障がついているわけではありません。しかし、あと何年生きるのかはわからないとしても、同じ時間生きるのであれば、嫌なことをがまんして生きるより、やりたいことをやって、いい友人たちと楽しむ人生のほうを選びます。私自身、やりたいことがたくさんあって、それを片っぱしから片づけていっているのです。そこで、健康の必要性をつくづく感じるのです。

もし、体力がなく、すぐに疲れるようだったら、1年でできることも、5年くらいかかりそうです。いつも肩こりや、胃痛などがあれば、創作に取り組む意欲や覇気《はき》などもわいてこないことでしょう。何がもったいないといって、時間のムダづかいほど、もったいないことはありません。

本書で公開しました「食」の組み立てを見つけようと「食改善実験」を行っていた2年の間に、同時進行させていたのが、ペーパーナイフづくりです。これは、紅木などの堅い木をナイフややすりで削ってつくるので、筋力・体力・集中力を必要とします。

3カ月で100本仕上げた時期などは、1日何時間削っていたのか、本人もよくわからないくらいですが、よくからだが持ったものです。もし、からだが弱っていたなら、下手すれば、1本とてできなかったと思います。2年間の食改善実験中につくり上げた300本のペーパーナイフを前にすると、「健康ってありがたいなぁ」と実感します。

どんな崇高《すうこう》な思想も、それを支える健康あってのことではないでしょうか？ 私の思う「食生活のリストラ」とは、そんな意味での健康を手に入れる食生活を組み立てるということです。

おおらかなリストラを

食生活をよりよくしようと言うとすぐに、玄米・無農薬と思われがちです。そして玄米や菜食を信じる人の中には、白米を食べることを絶対に認めない人もいます。農薬や添加物の本を見ても、中には農薬を使った野菜を食べている人の神経がわからないと言わんばかりのものもあります。そりゃ、たしかにそのとおりでしょう。え〜え〜、おっしゃるとおりでございますが、こちとら、まだまだ未熟者。少しずつ、ましな食生活をつかみとっていきますから、まあ、ひとつ見逃してくださいな、ってなもんで、いいんじゃないでしょうか？

食生活を一気に変化させるのはむずかしいどころか、かえって危険です。ぐうたら者が突然からだを鍛《きた》えだしたり、運動選手が突然ぐうたらになると、どちらにも悪影響が現れるものです。自分にできる範囲で、こっちのほうがまだましだと思える食生活に、少しずつ切り替えてゆくのがいいと思います。

今私が行っている食生活は、かなり求道者《きゅうどうしゃ》的とさえ言えます。これだけの内容を、短時間で安く仕上げるというのは、なかなか簡単にできないはずです。大豆料理など、最初は、何時間もかかってやっていたものもあります。今日それが30分以内でできるようになったのは、つくるたびに「なんとかもっと早く、楽にでききんもんじゃろうか?」と、まことにせこく考えた結果なのです。

それを、あまり経験のない人に、「あなたもこのくらいやりなさい」と、いばって見せつけても気がめいるだけで、やる気にはならないでしょう。その人、その人の独自の食生活を組み立てるために、どのような食品が、どのようにからだに影響をもたらすのかを正しく知り、少しでもよくなるように少しずつ変化させてゆくのが、無理なく食生活をリストラするやり方だと思います。

知識と知恵で生む料理

　よりよい食生活といっても、どういうものがよいのか悪いのか、それがわからなければ話ははじまりません。そのためにも知識は必要です。人のからだにとって、どの食品が、どの栄養素が、どのようにはたらくのか？　あまり専門的でないにせよ、ある程度は知る必要があると思います。本書では、何キロカロリーとかミリグラムなどの単位ではなく、もっと身近な「茶碗一杯」みたいな方法で、基本的ではありながら見落とされている知識を紹介しようとしました。

　広告でよく見る「健康食品」を次から次に試しては、高いお金を使う人も、もう一度、最新の栄養知識に目を通せば、「ヒェー!!　もったいないことをしてたのネー」と思うことでしょう。先人の言い伝えだからといって正しいとはかぎらないこともあります。栄養学そのものが新しい分野ですし、報告されるデータも毎年毎年、新しい発見が伝えられているのです。従って栄養情報・食情報というものは、その読み方も問題となってきます。読み方の技術によって身につけた知識のおかげで、私たちはよくない食品やよい食品を見分ける力を持てます。そして次に、それをどうやって食べるのかというところで必要になるのが、知恵です。

卵を例にとります。抗生物質の含まれない卵で、しかも有精卵を買うことができるようになったとしましょう。これは、知識を得たままのものです。そこに調理法の科学的知識として、「高温で長時間加工した卵や、油をたっぷり加えて加熱した卵の栄養素の損失、消化・吸収の悪さ」を知ります。ここで知恵の出番です。

「堅ゆで卵やスクランブルエッグより、生卵か半熟卵のほうがいいわけだな。でも、生は嫌いだし……、あっ!!　温泉卵がええ!!」

こうして知恵をはたらかせることで、よりよい卵料理を自分のものにできるのです。めんどうと思われるかもしれませんが、この、考えるというのはおもしろいもので、本書で公開した「変」な料理は皆、そのあたりから出てきたものです。

「マヨネーズは卵と酢と油じゃろう。だったら卵を大豆に替えたって、どっちもタンパク質じゃから、できるんじゃなかろうかい?」みたいなことばかり考えて、「変」な料理の本が生まれたのです。

食費の負担が大きくなると生活費がたくさんかかるので、なるべく労働したくない私としては、喜ばしくありません。だからサイフのひもは固くなくちゃいかんと思っていますが、知恵袋のひもはほどいて、ポイと捨てたほうがいいと思います。あっ、いかん、捨ててはいかん。古新聞をしばるのに使いましょう。

食情報の読み方——裏づけをとって利用

「○○はからだにいい」というような情報を目にしたら、それを言っている人なり、組織・会社なりを、まずつきとめることです。つまり、その情報の裏づけをとるということです。たとえば油会社のつくったパンフレットでしたら、リノール酸を含む油は、こんなにからだにいいですよと書くでしょう。うそ・いつわりのデータを流すのはいけないことですが、自社に都合のいい部分だけを流すのは、自由競争の日本では認められていることです。

リノール酸は人にとって欠くことのできないものだというのは正しいですが、油会社はその部分だけを情報として流します。そこには不足している情報があると、知る必要があります。1日に必要なリノール酸の量は、朝晩の白米から摂取するくらいで充分で、余分に摂取すると、あきらかにカロリーオーバーになり、肝臓などに大きく負担をかけます。また、リノール酸を含む油を多く摂っていると、心不全を起こしやすいとのデータも報告されています。これは本書の油脂の項（4章）で詳しく述べましたが、おおかたのクッキングブックには書かれていません。

医者が書いた料理の本などには、植物油はからだにいいから、どんどん使おうというような表現さえ見られます。ましてや油会社のパンフレットにいたっては、植物油の摂りすぎの弊害《へいがい》など決して書かれないでしょう。情報を流す側に新しく報告された栄養学の知識がなかった場合は、リノール酸過剰の危険性を書くことはできませんし、油会社としてはできるなら、そのような情報は知られたくないでしょう。あとは受け取る側の問題です。

たまたま、油を例にとりましたが、これはすべての食品について言えることだと思います。私は、高名な栄養学者や医者の言うことで、なるほどと思えるような学説・理論も、まず一度疑ってみます。そして、自分のからだや好みに合うかどうか、どう取り入れるのがよいかを考えたうえで、実践に移します。

情報については、流れてきた段階では、まだ「お知らせ」と思って対処します。誰が、どのような目的で流した「お知らせ」なのかを考え、その「お知らせ」の裏づけをとります。そして、それを、自分の生活にどう取り入れ、どう生かすかを自分で決めます。そこまできて、「お知らせ」は、「情報」になるのじゃないかと思います。日本語だとこの区別はわかりにくいと思いますが、英語だとわかりやすいのです。「お知らせ」は、インフォメーション。「情報」は、インテリジェンスです。

ちまたにあふれる「売らんかな」の姿勢を持った「情報」と呼ばれている「お知らせ」も、冷静に裏を読めば、そうわずらわしくもありません。わざわざお金をかけてまで流すCMなどの「情報」で、自分に都合の悪いことを言うことなど現代日本では考えられませんので。

長寿と肉食？ 苦い経験

さて、このようにちまたにあふれる「食情報」を疑うようなことを書きますと、何もそこまでと言われるかもしれません。しかし、私が情報に対して慎重になったのには、わけがあります。以前、ある組織の依頼を受けて調査した事柄を、不本意なかたちで情報として流されたことがあるのです。私は依頼の範囲内のことしかタッチできませんので、不本意な使われ方にクレームをつけることはできません。しかし、二度とそのような使われ方をされぬよう自戒《じかい》の意味もこめて、ここに、そのときのことを記しておきます。

1988年ごろのことですが、沖縄の長寿と肉食習慣の関係についての調査でした。スポンサーは、肉の消費を推進する団体です。高名な栄養学者を中心に、何人かの新聞記者たちが取材・編集にあたりました。私は一人の研究家としてひじょうに興味があったので、自費で、ある記者の取材に同行しました。長寿村と呼ばれる沖縄の村に行き、80代から100歳までの老人たちを何人も取材しました。ふだんの食生活や昔の食生活、好きな食べものなど、いろいろと話を聞いてまわりました。

取材する側としては当然、肉をよく食べると答えるだろうと思っていました。なにせ沖縄は、豚肉の消費は日本一ですから。ところが、皆が皆、あまり食べないと答えるのです。週に一度とか、二度くらいという人がいたり、どちらかというと魚のほうが好きという人がいたりで、取材は進みません。若いころはよく食べていたのかと聞いても、ダメでした。そのころは、肉なんてお祭りのときくらいしか食べられなかったというのです。ふだんはラードを使っての炒めもの＝チャンプルーが中心で、肉は入ってなかったとのこと。なんとか肉の話をひっぱり出そうと、沖縄料理のラフテーやテビチなど、肉料理名を並べますと、「まあ、好きですね」というくらい。けっきょく、誰一人として、毎日のように肉を食べる人はいませんでした。報告書には、「長寿老人たちは、肉も好き」と書くのが精一杯です。

ところが、その後、スポンサーだった団体の出したカラー写真入りの食肉ハンドブックには、沖縄の長寿老人を支えているのは、たっぷり肉を食べる食生活と言わんばかりに書かれています。肉をたくさん食べることが、長寿の条件であるかのごとくです。しかも、その本は全国の保健所などに無料で配布されたと聞きました。肉の消費を推進しようとする組織としては上手なやり方ですが、沖縄の長寿老人たちの実態を正しく伝えているとは思えません。それ以降、流されてくる情報は注意深く読むようになりました。そして私自身、沖縄の長寿老人たちを見てまわって、何が長寿の要因なのか考えてみました。

私なりにまとめてみますと、まず、気候がよい。冬でもあまり寒くなく、空気や水がよい。ほどほどに厳しい気候もある（夏の暑さ）。子どもの頃、かなりの粗食だった。イモや豆などをよく食べ、海藻類・小魚類もよく食べる。小さい頃から現在にいたるまで、からだをよく動かす。１００歳老人でも仕事を持っていて、村の人たちが老人を頼りにしている。くよくよしないし、新しい食品でも、わりとさっと取り入れる。こういったことが、長寿の要因と思われます。

沖縄の１００歳老人たちを冷静にみて、話を聞いて分析すれば、そのような結論になると思うのですが、某組織としては、それではおもしろくないのでしょう。気の毒なのは、その情報の裏読みができなかった人たちです。肉を食べ過ぎてタンパク質の過剰になったとき、からだにおよぶ害は大きなものがあります。罪滅ぼしの意味で、そのへんのことは本書に書いておきましたので（4章）、参考にしてください。

短絡思考はあぶない

他人の健康法や健康食というものをそっくりまねしたり、そっくり否定するのも、あぶないものです。世界には「○○ばかり食べていて、こんなに元気」といった人がたくさんいます。

日本画の大家だった横山大観《よこやまたいかん》も、その一人です。80歳をすぎても、朝・昼・晩合わせて5合近くの酒を飲んでいたらしい。これは大観だから可能だったことで、定年後することがなくて、朝からテレビを見ながらボケーッと酒を飲んでいるおじさんなんかだったら、あっという間に病気になってしまうでしょう。大酒飲んで元気に長生きしたというところだけを、短絡的にとらえてはいけないと思います。

大観は非常にゆっくり飲んでいたようですし、晩年は水割り日本酒にしたそうです。食べものもアルコールを飲む人に向いたおかずが多く、ごはん三食ともしっかり食べています。何よりも、彼の創作意欲の激しさといったらありません。あれだけの精神エネルギーをたぎらせていたら、日本酒などもガソリンのごとく、燃やしてしまうんじゃないかと思えるほどです。それだけの要素を持たない人が、酒を1日5合飲むということだけマネしたって、単なるアル中おじさんになるだけじゃないでしょうか？

それと反対なのが、健康に気を使っていた人が若死にしたときなどによく言われることです。あんなにからだに気をつけていたのに若死にするのだから、気をつけてもしかたがないという短絡思考もいけない。もう少し頭をはたらかせてほしいと思います。私が、毎日少しずつりんごを食べることで消化もよくなり、ガンのリスクが減らせるという話をしましたら、ある人が「私の父はりんごが好きだったけど、65歳くらいでガンで死んだから、りんご食がガンになりにくいとは思えない」と言いました。これなど、典型的な感情短絡思考と言えましょう。

父親がガンになった理由はいろいろと推測はされますが、当然のこととして原因は不明です。もし、りんごを食べていなかったら、もっと早く死んでいたかもしれません。現代の科学では、りんごに含まれる栄養素はペクチンなどをはじめとして、発ガンの可能性をおさえるということまでつきとめられています。それを、父親はりんごを食べていた↓しかしガンになった↓りんごを食べても、ガンになる↓りんごはガンの抑制にはならない、と考えてしまうのは危険だと思います。短絡思考の基は、感情によるものが多いようです。

そうではなく、事実というもの、科学というものを冷静にとらえる目が大切だと思います。食べものなど何も気にせずムチャクチャな食べ方をして、それでも元気いっぱいの老人だっています。栄養学的にはまったく理解できないような人たちに共通しているのは皆、何かしらの目的を持って、非常に前向きな、積極的な生き方をしているということです。絵に情熱をかける人もいれば、金もうけ一筋の人もいます。健康で長生きしている人というのは、激しく燃えていたり、正反対に、なんのこだわりも持たず、ニコニコ楽しく生きていたりするのです。短絡的に因果関係を考えるのではなく、全体としてとらえることが大切だと思います。

おいしい、楽しい、無理しない

どんなにすばらしい食生活であっても、続けられてこそ意味があります。そのためには、経済的に無理があってはなりません。私がやたら低食費にこだわったのは、そんな考えからでした。また、料理時間＝手間のかかりすぎるのも、好きではありません。しかし、そんな欲張った「食の組み立て」など、一朝一夕《いっちょういっせき》にしてできるものではありません。

1回の食事づくりで、何かひとつ発見します。または何かとても便利な料理方法を思いつきます。次には、それをもとにして、また別の方法を試してみます。一食一食ではちっぽけなことでも、1カ月もすれば90食つくったことで、かなりの進歩がありのます。2〜3カ月もたてば、栄養バランスのとれたおいしい食事が短時間でつくれるようになるものです。その結果、1カ月の食費もグーンと急降下しました。

持続性を持つには、健康的であり、手軽であり、おいしく安くつくって食べられるという条件が必要です。だって、それだけ条件がそろえば、やめる理由、やめたくなる理由がないからです。元来単純な私は、自分をそう言いくるめ、その条件を満たそうと、あの手この手でやってきましたが、完全にはめられた純な私。

やれる人が、やればぁ〜?

スーパーに買い物に行くと、主婦たちの井戸端会議に出合うことがあります。「今夜のおかず、どうしようか?」たいてい、そんな話をしています。苦労してるんだなと、いつも思います。その苦労を家族はわかっているのでしょうか?

私は昨今はやりのフェミなんとかじゃないので、女性の権利とか言われてもあまりよくわからんのですが、基本的な考え方は次のようなものです。

時間に余裕のある者、体力的に余裕のある者、より能力のすぐれた者が、買い物や料理をすればいい。これだけの理由で、うちでは私が買い物から料理まで、すべてを行います。

家庭には家庭の事情があって、どうしても買い物のできない主婦だっています。私だって、毎日買い物に行きたくはありません。そこで考えた結果、冷凍食品に走らず、乾物に走ったのです。乾物をそろえておけば、買い物は週一回で充分です。

このように書きますと、うちの同居人はまったく何もせずに、ただ食べて寝るだけと思われそうですが、まったくそのとおりです、と言ってしまうと身もふたもありません。彼女は、サポーターとしての仕事があります。朝食をつくっているとき、納豆をかきまわしたり、冷蔵庫から梅干しやチリメンジャコを出したり、でき上がった料理を運んだりするわけです。そして、みそ汁ができたとき、お椀で運んで、ごはんを茶碗に盛ります。そこに、みそ汁の鍋を洗って収納場所につるし、まな板、包丁を片づけた私が腰をおろして、「いただきます」なのです。

料理は、どんなにすばらしい味つけであっても、冷めてしまっては喜び半減です。熱いみそ汁とごはん、冷たいおひたし、パリッとした板海苔。すべて、ベストの状態で食べたいと思いますので、このサポーターの役割は大きいものです。私一人のときはそれなりにつくりながら運び、やはり熱いものは熱く食べられるようなやり方をします。

四人家族なら四人家族のシステムがあるはずです。サポーターがいるにもかかわらず、これが自分の仕事をしなかったら悲惨なものです。麺類をつくるとき、「あと5分で仕上がるぞ」と声をかけたにもかかわらず、なんの用意もしないでポケーッと新聞を眺めていたことがありました。できあがったどんぶりをテーブルに運んだときになって、新聞を片づけはじめ、それから手を洗い、唐辛子を探すわ、焼海苔を探すわ……。

けっきょく、のびた麺を食べることになったのです。人が真剣に料理しているのに、どんな感性をしているのかと疑います。『巨人の星』の星一徹みたいに、ちゃぶ台をひっくり返してやろうかと思いましたが、2秒考えてやめました。ちゃぶ台は、自分の古道具屋で売れば1万円になる、というせこい思いつきからなのですが、たぶん、カルシウムの充分な吸収によって、精神的に安定状態が続いていたからでしょう。

狭い台所でよかった

私の実家は料理屋ですから、一般の家庭よりは広い台所があります。しかし、私の住む目黒のアパートの台所は、一般の家庭の半分もないくらいの情けないしろものです。よく、「うちの台所じゃ狭くて、できない」という声を聞きます。やはり狭いより広いほうがやりやすいと思われがちです。でも、それでは狭い台所がかわいそう。

私は、中学・高校時代、1・7畳という、変型の勉強部屋を使っていました。そこに机を置き、ギターや本を置き、さらになんと、その部屋で寝ていたのです。狭いところに寝起きするというのは、恐ろしいものです。空間利用の鬼と化し、つり下げられるものは、首以外なんでもつるしてしまうのです。そして、それになれると、今度は狭さの逆利用を楽しむようになります。なんにでもすぐに手が届くというのは、便利なものです。

あの勉強部屋から見れば、今の台所なんぞ大広間みたいなものです。鍋はすべてつるしてしまうし、壁には文庫本用の木製本棚を取り付けて、調味料置場に。狭い台所ですから、ほとんど歩かずになんにでも手が届きます。冷蔵庫を開けるときが最大歩行となりますが、私の短い足でも1歩半。こんな狭いところでも、150人分のパーティー料理がつくれました。ものは考えようです。

料理に使う道具類も、あまり持っていません。よっぽど必要な道具以外は、ただでくれると言われても、うちの台所には入れません。もらって、自分の店で売っちゃいます。物を置けば置くほど狭くなるわけですから。

道具を買うときの選び方を、よく人に聞かれます。そんなとき、プロの道具を使いたがる人が多いのに驚きます。家庭には、家庭用の使いやすいものがたくさんありますだから選び方を聞かれると、必ず、このように答えています。「一粒で二度おいしいような道具がいいよ」と。

たとえば、サラダボール。これを買うなら、同じくらいの大きさの丸底鍋を買ったほうが得だと思うのです。丸底鍋は、サラダボールの代わりとして使えますが、サラダボールは、丸底鍋の代わりとして、火にかけるわけにはまいりません。

一事が万事、そんな基準でそろえるため、よけいな道具がないのです。狭い台所に必要最小限の道具類を、所定の場所にきちんと置いたとき、まるで飛行機のコックピットにいるような気になれます。そんな台所をながめながら考えるのですが、狭い台所、少ない道具をいかに使いこなすかということが、料理をいかにおいしくつくるかにつながるのではないでしょうか?

狭い台所だから、効率よく料理ができないというのと、ブロイラーだから、どうせおいしくないというのは、同じように思えます。片方は、広い台所のある家に越すしかない、もう片方は、高い地鶏を買うしかないわけです。いずれを選択するかは個人の問題ですが、私は狭さを逆手にとって、「狭いからこそ使いやすい、広い台所の人は大変じゃろうねえ、あ〜狭い台所でよかった、よかった」と開き直っています。けっして貧乏人のひがみではありません。広い台所なんて……、フンッ、そんなもん……、あたしゃ……、別に……。

レシピにたよらずうま味を探る

本書では、生イカをそいだりパン粉パンをつくったりと、「変」な料理を紹介しました。私は料理屋のせがれというだけで、よく人から料理方法を聞かれます。しかし、たしかに料理屋で生まれましたが、料理を習ったことは、一度もありません。すべて自分で考えながら身につけてきました。ただ、実践するときには子どものころ、毎日ながめていた父母や祖父母の姿が脳裏《のうり》に蘇《よみがえ》ってきます。それを思い出しながら、「たしか、タイはここに包丁を入れて……、エラをとって……」とやったことは事実です。でも、もっとも大切な基準となったのが味です。おいしいものを食べたとき、その味はけっして忘れまいとしました。それだけならケチですむところですが、私の場合、それに輪をかけたドケチです。「その味を、今度は自分でつくってしまおう。きっとそのほうが安上がりのはずだ」。恐ろしいことです。料理上達の極意《ごくい》は、「ドケチ」だったのです。

料理屋さんや友人宅でおいしい料理を食べたときも、その料理方法を聞くことはしませんでした。聞いてそのとおりやれば近いものはできると思いますが、それじゃ、なんのための味覚なのか、何かさびしいのです。うま味は昆布かカツオ？　みりんで煮たのか酒なのか？　この酸味は梅肉をつぶしたみたい……と、頭の中で分析して、頭の中で組み立ててみます。それを台所で試してみるのです。結果として、友人のつくり方と同じになるかもしれませんが、そのつくり方は私のつくり方です。

昔の職人さんたちは、味は盗むものだと言っていましたが、それは単にコピーするというのでなく、どうすればその味になるのかを考えるということじゃないでしょうか？ そのような考えから、私は料理のレシピというものは、およそ見ませんし、書きません。仕事柄、料理の本はかなりもっていますが、ほとんど理論的なものばかりで、レシピらしきものがついているのはあまりありません。ただ、カラーグラビアのついたものは、よくながめて楽しんでいます。同居人なぞ、カラーグラビアのケーキをじーっとながめて、よだれをたらしておりますが、私は砂糖を使わないので、ケーキはつくりません。同居人がケーキを食べたつもりになったころ、サツマイモが蒸しあがっています。「ケーキを食べたい」などと言おうものなら、張り倒されることを充分承知している彼女は、ケーキを食べるつもりでサツマイモにかじりつくのです。

料理の本は、そういう使い方でいいと思います。きれいなカラーグラビアから味を想像して、自分のやり方でつくってみる。料理の楽しさは、そこにあると思います。

作家の故・立松《たてまつ》和平《わへい》さんの家で忘年会を行ったときのこと。毎年恒例の行事で、これがないと、年が越せません。そのとき、奥さんが、「これ、何かわかる?」と言って、茶色い揚げものを出してくれました。同居人は、首をかしげて「わかりません」。「じつはねえ……」と言いかかったとき、「待って、待ってちょうだいな」と、私もひとつ口の中へ。「何かすりおろしたものを揚げている。根菜の歯ざわりと、土臭さ……、とくれば……、レンコン!!」大当たりでした。簡単に、「レンコンをすって揚げました」と言われたなら、あんなに味をさぐろうとはしなかったでしょう。おかげで、またひとつ、おいしいものをつくるヒントを得たような気がします。

食材を生かす調理法

再三述べてまいりましたが、現代日本のようにこんなに豊富な食品を安く、誰でも手に入れられるなどということは人類の歴史上、およそなかったことだと思います、食材がかぎられていたころは、まだ口にしたことのない異国の食べものをうらやましく思っていたのが、あり余るほど、目の前に並べられると、今度はどれを選べばいいのかと悩んでしまいます。近ごろはとくに、健康に気をつかうあまり、いかにして危険な食品を避けるかに汲々《きゅうきゅう》とする人もいるほどです。

私は基本的に楽しく食べたいと願うほうなので、無理にあれはダメ、これはダメというのは好きじゃありません。私の書いている調理法はとかく、食材選びより調理法に重きをおいていると言われます。なぜでしょうか？　食材選びに関しては、わりとわかりやすいので、たとえば無農薬野菜を買うことなど、今日ではたいした知識や科学的裏づけがなくても可能です。ところが、無農薬野菜を購入している人たちの調理法を見ると、栄養素を損失させ、せっかくの素材のうま味を失わせ、また、摂取する栄養バランスのこわれた組み合わせが非常に目だつのです。その人たちを責めるわけではありませんが、どう見てももったいないと感じるのです。

近ごろはいろいろな団体や組織のおかげで、良質の肉や野菜が手に入るようになってきました。せっかく食材の質が上がったのですから、よりおいしく健康的に食べたいものです。

おおらかな食材選び

同じ食べるなら、安全性の高いほうがいいに決まっています。食べ続けるとガンになる可能性が高いとわかっているものだったら、なるべく食べないほうがいいのは当然でしょう。そういう意味では今日の日本においては、まず加工食品の食品添加物に危険を感じます。たしかに、添加物のおかげで保存性はグンと高まりました。着色料で、見た目もあざやかになりました。しかし、雑菌に直接はたらいて、菌の増殖を阻《そ》害《がい》するような化学物質を入れてまで保存性を高めなくても、冷蔵庫があるので、少々日持ちが悪くなってもいいんじゃないかと思います。

農薬も少しずつ改善されてきていますが、それでも、キャベツやレタスの大生産地へ行くと、その使い方のすさまじさに驚きます。こういう野菜は、大規模化・機械化・農薬の大量使用などによって、安い値段で出荷されます。しかし、その危険性を重視する人たちは、買わないでしょう。

そこで、無農薬野菜の産直などが行われるのですが、これはこれで、また問題も生じます。基本的に協同購入の形をとるため、自分の欲しいものを欲しいときに欲しいだけ買うのがむずかしくなるのです。

先日、あるシンポジウムで、子どもの健康のために玄米から野菜・肉・水にいたるまで、全て無農薬、自然農法のもの、抗生物質を使わないものを使っているお母さんに会いました。その方によると、生活費のほとんどを食費にあてることになり、心労も並ではないそうです。ノイローゼになりそうな時期もあったとのこと。

精神的なおちつきを失っていては、何を食べても、けっして健康的とは言えないと思います。理想を言いだしたら、キリがありません。だいいち、汚染された空気に含まれるチッソ酸化物などは呼吸のたびに肺に入ってきますから、あっという間に血液中に侵入してしまいます。食べものに含まれる農薬など化学物質は、便や尿で排泄されるものもあるのですから、肺から入ってくるほうが危険という見方もできます。

たとえば、ドクダミ茶などの煎じ茶や、ヨードを含む海藻類などは排泄効果が高いので、それらをいっしょに食べることで、化学物質などの排泄に役立てることもできます。食材に関して言えば、極端に大量の農薬を使っている野菜類は避け、経済的に可能な範囲で信用のできる安全なものを買うのがいいと思います。

また、安全なものは高いという固定観念を捨て、近郊の農家の人にはたらきかけてみるのも大切なことです。消費者が確実に買うとなれば、つくるほうもつくりやすいので、意外に安く買えるものです。現にお米など特別栽培米のシステムを利用して、安くて高品質の無農薬、有機米を手に入れられるようになりました。

人のからだについてはわからないことのほうが多いのです。何を食べたらどうなるかということも、わかっていることのほうが少ないと思います。添加物も農薬もまったく体内に入れないようにしたのに、体内で勝手に化学変化がおこるということもありますし、寄生虫《きせいちゅう》が増えるということもおきて当然です。食材選びはあまり神経質にならずに、まあ、こっちのほうがまだましか、程度のおおらかなリストラを進めていきたいものです。

無添加食品、無農薬食品、良品質の調味料など、近ごろでは専門店も増えたため、わりと入手しやすくなりました。しかし、それらが市場で流通するようになると、非常に高くなったり、質が下がったりするようです。また、とても質のいいみそをつくっているところがあったとしても、遠方だったら入手できません。いくらからだにいいからと言っても、5キログラムくらいのみそを九州から東京まで送ってもらうというのも、正直言ってエネルギーのムダだと思います。そういう意味では、協同購入のほうがムダが少なくていいようです。

私が今使っている醤油や酢・油、それにジャガイモなどの保存できる野菜はみな、ちょこっとした工夫で安く、良質のものを手に入れられるようになったものです。醤油と酢は東京で一軒だけ、添加物もアルコールもまったく使わず、無理に高温発酵させることなくつくっている蔵があったので、そこへ手紙を出して入手法を聞きました。何本かまとめてとった方が安いと親切に教えてくれたので、近所の酒屋さんに相談したところ、取り寄せてくれました。これで、いつでも欲しいときに良質の酢と醤油を、自然食品店よりかなり安く買えるようになりました。私だけでなく、近所の人たちが買えるようになったし、売れるので、お店も継続して置いてくれます。

自然食品店に並べられたものを受け身になって買うより、自分で探し出して近所の店にはたらきかけることで、街の小売店の質も向上すると思いますし、自分にとっても得だと思います。

ジャガイモなどは、同居人の田舎に行くついでに向こうでつくってもらったものを、車に積んで帰ってきます。どうせ行くついでだから、送料はあるのかないのか、わからないくらいでしょう。東京から鮮度のいい魚を持ってゆけば喜ばれますし、言ってみれば物々交換みたいなものです。安全な食品は入手しにくいうえ高いと考えずに、ことのついでに安く買える方法を考えたほうが、ストレスがたまらなくていいと思います。

単一食品信仰の危険性

イワシがからだによいとか、ワカメがよい、ヒジキがよいなどと聞くと、まるで信仰のごとく、ひたすらたくさん食べる人がいます。とくにその傾向の強いのが、ダイエットをする人です。体に良いから……といってしきりに勧められているものでも、摂りすぎはからだにとって毒です。「何がからだにいい」と言われても、過剰にならぬようにしたいものです。

私は人からよく、からだにいい食品についても質問を受けます。

こう聞かれたときは、できるだけ誤解されまいとして、えらく長ったらしい返事をします。

「どのような年齢の人で、どういう体質・体調か。そして、どういう鮮度のイワシをどう調理して、どんな噛み方で、どんな時間にどのくらいの量を何といっしょに食べたかによって、からだによくも悪くもなりますよ」

たいていの人は嫌な顔をしますが、本当だから仕方ありません。

イワシはエイコサペタエン酸（ＥＰＡ）を含んでいますが、食べすぎてタンパク質過剰になると、からだによくありません。昆布がからだにいいからとそればっかり食べていたら、甲状腺の機能が低下し、疲れやすくなったり、からだがむくんだりします。こういったものは個人差があるため、いちがいに何グラムだったら安全とは言いきれません。かといって、自分のからだを徹底的に分析したって、そんな基準値ははじき出せません。体の調子は日々変化していますから、去年５グラム食べてもどうもなかったのに、今年は４グラム食べただけでジンマシンが出たなんてこともざらでしょう。

そういう過剰摂取の危険性を避ける意味でも、多品目を少しずつ食べるというスタイルが重要だと思います。今の自分のからだにとって、何がどのくらい不足していて、何が過剰かと言われても、そうそうわかるものではありません。ですから、いろいろな食品を少しずつ食べ合わせるのです。本書ではせこいくらい、あれも少し、これも少しと料理に使っておりましたが、こういう意味あっての「せこさ」なのです。

さいわい日本という国は、自国内でとれる食材の種類の豊富なところです。穀物も野菜も、まことにバラエティに富んでいます。現代ではとかく、すべての栄養素を過剰に摂取しようとしているように思えますが、私は、少し不足気味でいるほうが、からだは貪欲《どんよく》に吸収すると思っています。過剰に食べることより、からだを動かして基礎代謝をよくし、食べた栄養素をムダなく吸収したほうが得だと思っているのです。

魚を食べても頭はよくならない

まず、誤解のないように述べておきますが、「魚を食べると頭がよくなる」という類の本をまちがっているというのではありません。ＥＰＡやＤＨＡ（ドコサヘキサエン酸）が脳のはたらきをよくするという報告は私も読みましたし、実験データを見てもたしかだと思います。ただ、魚を食べるということと、脳のはたらきがよくなるということを「イコール」でつなぐことはできないと思っているのです。これは「魚を食べると頭がよくなる」という類の本を書いた人は、当然理解していらっしゃると思うのですが、それを読んだほうの人たちは、あまり理解していらっしゃらないようです。「魚を食べれば頭がよくなる」という言葉は、「魚を食べたうえで脳に創造性を求めるような刺激を与える作業を行ない、運動や労働で肉体を活性させていれば、頭はよくなる」という文章を縮めたものだと、私は思っています。

では、脳に創造性を求めるような刺激を与えるとは、どういうことでしょうか？それは、不便と思っていることや、できないと思っていることを、では、いかにすればできるようになるかと考える作業だと思います。たとえば、台所が狭くて、鍋などがうまく収納できないという現実があるとします。「うちの台所は、どうせ狭いから」と何も考えず、行動せずでは、いくらＥＰＡやＤＨＡを摂取したところで、いい考えは閃《ひらめ》きません。大きな鍋の中に小さな鍋を入れてスペースを節約したり、空いている空間に棚をつったり、鍋そのものをぶら下げたりすることを考え、実際にやってみることで、脳は活性化します。

魚を例にとってみましたが、これはすべての栄養素に当てはまることではないでしょうか？　今日は、りんごとみかんを食べたからビタミンはもう大丈夫などと、一日中ボーッとテレビをながめ、ゴロゴロしているだけではだめで、それなら食べずとも一日中、散歩でもしていたほうが、よっぽどからだのためになると思います。

ＥＰＡ強化卵のように、ひとつひとつの食材を、すべて最高の栄養価のものにする必要があるのでしょうか？　普通の卵を食べつつ、イワシを焼いたものを食べていれば、ＥＰＡは摂取できます。にもかかわらず、私たちのまわりにはからだにいい○○とか、カルシウムたっぷりの○○などの食品、補助食品が非常に目だちます。なぜ、そういうものや健康食品が、こんなにあふれるほど、売られているのでしょう？

私が考えるに、これは生活者の「漠然とした健康指向」の現われではないでしょうか？　栄養学や医学をかなり勉強した人でもない限り、今日氾濫《はんらん》する「食情報」を正しく読むことはむずかしいと思います。言い換えますと、普通の生活者は「漠然とした不安」をかかえて、日々生活していると思います。そこへ持ってきて、「からだにいい」と書かれた食品となにも書かれていない食品が並んでいたら、「からだにいい」ほうが少々高くても、そちらを選ぶと思うのです。もちろん、それを選ぶ基準と言っても、「漠然とした健康指向」によるものであることがほとんどでしょう。

私は元来ムダづかいができないたちなので、よほどのメリットがないかぎり、高いものは買いません。高いお金を払って、高い栄養価の商品を買い、結果として、過剰な摂取に繋がってしまうのが、今日の日本における「食」の現実だと思います。考えるだけでも、目の前が暗くなりそうで、もったいないことです。

あの栄養素が不足している、これも不足ぎみだと不安に追われて、せっせと補充するよりは、もっと能動的に、「不足ぎみでもすべて吸収しまくって、トコトン血や肉にしちゃるけんネ!!」の姿勢でもって、今の時代を乗り切ってゆきたいものです。

飲み込むだけの健康食品

重い病気のときなどには、生命を守るために薬を飲んだりして、ある特別な成分を多量に体内に送り込むことがあります。いくらかの副作用はあっても、命には替えられません。しかし、普通の健康状態のときに、ある特別な成分だけを送り込む必要はないと思います。少し疲れたと言ってはビタミン剤を飲む、からだにいいと聞くと、どうということもないのに何かのエキスを飲む。飲んだという精神的な安心感は確かにあるでしょうが、過剰摂取は人間にとって、決してよいこととは思えません。

　前にも書いたように、無条件にからだにいいものなど、ありません。栄養のことや食べもののバランスのことに関する知識が少ないために、「何がからだにいい」と言われると、それを摂らないことが、なんとなく不安になるようです。私はアロエだ、根昆布だ、青汁だと、次から次に発売される健康食品に一喜《いっき》一憂《いちゆう》しながらも、つい買ってしまうのを、「漠然とした健康指向」と呼ぶんだろうなぁと思っています。

３０００年だか４０００年だか知りませんが、歴史ある漢方薬を処方するときには、必ず何種類かの薬を混ぜ合わせてから用いるそうです。この症状にはこの生薬《しょうやく》のききめがぴったりだとわかっていても、何か、からだが変わった反応をするかもしれないと、念には念を入れて何種類かの生薬を混ぜるらしいのです。

　それを考えると、これ１本でカルシウムは充分ですなんていうものがあったとしたら、カルシウム過剰になったときに、それを無理なく処理するものも加えておかなければ危険じゃないでしょうか？　そんなことを言っていたら、ビタミンからカルシウムから、そりゃまあ、バランスよくミネラルの入った健康食品があると人に教えられましたが、食事で充分にまかなっているので、大きなお世話です。それより何より、およそ噛むという作業をせずに、飲み込むだけで何がからだによいのか、よくわかりません。

精進《しょうじん》料理ならいいのか

私の実家は古典料理屋なので、よく精進料理の注文がきていました。今日では葬式などで用いられる程度ですが、もともとは仏門に入って修行を続ける人たちの食べる料理だったようです。仏門での修行は精神修行であり、同時に、それに耐える肉体をつくる修行でもあると思います。自問自答するエネルギーは大きいでしょうし、暑さ・寒さに耐える体力も、たいへんなものでしょう。

精進料理は仏門での料理ですので、当然のこととして、魚や肉は用いません。穀物・豆・野菜を中心につくられます。大豆からつくられた豆腐や、ゆばなどでタンパク質を摂り、野菜やゴマ・クルミなどの木の実から、ミネラルや脂肪を摂っていました。それでも一食の量が少ないので、カロリーを補うために、貴重な油を使って揚げものをしていたのだろうと、私には思えます。

では、現代における精進料理とは、どういうものでしょうか？　食材も加工法も摂取バランスも、労働内容、生活習慣に至るまで、30年前と今日では大違いです。それなのに、精進料理の内容は不変なのでしょうか？　料理研究家の人や料理研究グループなどで行われている精進料理を見せてもらうと、形式だけは文献などの資料にそってはいるようですが、現実の食生活の変化にはそっていないと思えます。

精進という言葉どおり、一心に何かを極めようとするときの肉体と精神を支える食事が精進料理なのですから、イライラせず集中力が増し、思考がまとまるよう、脳が活性し続けなければならないはずです。そのためには、消化・吸収にエネルギーがかかりすぎてはいけないはずです。かつての精進料理は魚や肉がいっさいないという条件のもとでつくられていましたからこそ、揚げものが消化・吸収にそんなに負担にならなかったのでしょう。しかし、今日、肉も魚も脂肪もたっぷり摂っている人が、精進料理でまた揚げものをとっていては、あまり精進にならないんじゃないでしょうか？

料理は状況によって変化したほうがいいと思います。形式に固執《こしゅう》して、健康を害しては仕方ありませんし、害さないまでも、その料理本来の目的や意味をなさなくなったら、精進という言葉とも矛盾《むじゅん》してしまいます。精進料理にかぎらず、名前と形式だけ残って目的にそわなくなった料理は、見せもののように思えてならないのですが。

家庭内食糧備蓄

1993年の日本は冷害に見舞われ、米不足となりました。国レベルでの食料不足と言えば、日本の自給率の低さは世界でもトップレベルでしょう。では、家庭内ではどうでしょう？　もし、大震災がきて壊滅状態になったら、何日生きていけるでしょうか？
もし東京で再び大震災が起こったら、どうなるでしょう。目黒区にだって非常用の水や食料はストックされていますが、それはほんの数食分です。すぐに救援が来るから、そのくらいでいいのかもしれませんが、はたして1000万都民をまかなうだけの量が簡単に届くでしょうか？

東京で大地震が起こった場合、対策本部は東京西部の自衛隊や大病院の近くになるはずです。甲州街道を通って救援物質を運ぼうにも、まわりの高層ビルが倒壊して道をふさいでいて、それをどけることからはじめなければならないような気がします。ヘリコプターで運ぶ食糧の量など、知れています。もちろん電気は止まっているでしょうから、冷凍食品は、役に立ちません。よくもまあ、そんな悪い事態ばかり考えるものだと言われるのですが、日常がとびっきり便利なうえに過密状態にある都市と言うのは、いったん壊れるとたいへんなんじゃないかと心配するのです。

私がやたら乾物を使うのは、うまい、栄養がある、安いは当然ですが、その保存性が好きだからなのです。雑穀や乾物をしっかり持っていれば、たき火をしながら少々は生きのびられます。たかだか40年の飽食で、食糧をたくわえるということをすっかり忘れてしまった日本人。だから、その親方である日本政府も、食糧を備蓄することをスッポーンと忘れてしまい、1990年代に入ってからの米の備蓄量など、国民の2カ月分くらいしかなかったという実情。戦中・戦後の食糧難をなんとか生きのびてきたはずの、先生方なのに……。

骨粗しょう症の若年化

骨粗しょう症という病気は、骨のカルシウムが抜けて骨がもろくなるそうです。年をとると、カルシウムがだんだん抜けてくる人が多くなるのですが、とくに女性に多いと言われています。近年の調査では、高校生や大学生にも骨粗しょう症予備軍や、もろにカルシウムの欠乏した人がみられたそうです。今、教育の現場でも保健所でも、カルシウムを欠乏させぬよう牛乳や小魚を食べることを勧めています。それはまちがってはいませんが、カルシウムが体外に排泄されるのを防ぐことが、まず先決だと思います。

私は根がしみったれなせいか、せっかく摂ったカルシウムがろくに役に立たずに、リン酸カルシウムになって便とともに去っていったり、尿素を流し出すとき、尿とともに去っていくなど、もったいないと思ってしまいます。若いうちなら、まだまだ骨にカルシウムも貯金できますが、年をとってからは現状を維持するのがやっとだそうです。

カルシウム不足の危険性がこんなに言われる時代は、過去になかったと思います。煮干しだ、牛乳だ、切り干しダイコンだと、カルシウムを多く含む食品は今や人気者です。ここで大切なのは、これらはカルシウムを含む食品というだけのことで、それらを食べたり飲んだりすれば、カルシウムがからだに定着するという保証はないのです。

カルシウムを定着させるには、ビタミンDも必要です。まったくからだを動かさずに、いくらカルシウムを摂ったって、からだが吸収できません。また、カルシウムの含まれる食べものを食べても、同時にリンなどを含む食品や砂糖を食べると、それらとカルシウムが仲良く手をつないで、体外へさようならです。具体的には、加工食品に使われる添加物などがまさに、カルシウムと、「お手々つないで」だし、清涼飲料水もそうです。

私が加工食品を使わない理由のひとつも、カルシウム保護があるからなのです。車にガソリンを入れても、ガソリンタンクに穴があいていては、なんのために入れたのやら……、考えただけでも、もったいないことです。それと同じことがカルシウムにも言えるのです。ですから、近ごろ、カルシウム菓子みたいなものを食べながら、コーラやジュースを飲んでいる人をよく見かけますが、まあなんと、もったいないことをしているのかと、老婆心《ろうばしん》ながら心配してしまいます。

それにもうひとつ、肉やハムなどの摂りすぎも、カルシウム不足をまねく要因になります。血液中では、カルシウムとリンのバランスが、1対1になるようになっていますので、リンを多く含む肉類をたくさん食べれば、血中のカルシウムが不足して、骨からカルシウムを取り出すようになります。たとえばカルシウムとリンの含有比は、前にも述べたように鶏肉で1対70ですから、たくさん食べた日には、カルシウム対リンが14対1という干しひじきをモリモリ食べても、なかなか追いつかないことになります。腸の中でリンはカルシウムとくっついて、便とともに去りぬです。

1日に摂取必要なカルシウム値はものの本に書いてありますが、乾物類をうまく使い分け、砂糖や食品添加物など、カルシウムの定着にとってのおじゃま虫を避けるようにすれば、そんなに心配することはないんじゃないでしょうか？　と、カルシウム摂取状態がよくなれば、やたら不安になったりイライラしたりしなくなるものではないでしょか？

食材の質の違いと調理法

長野の漬物に野沢菜というのがあります。これは、もともと中国から日本に入ってきたそうですが、最初に伝わった九州では背たけもかなり高く育ち、今では、たかな漬けという漬けものにされています。これが、京都あたりになると茎ではなく、根のほうがよく育ち、カブのようなものになるそうです。そして、信州長野ではカブのようにならず茎を食べるのですが、九州のたかなよりはるかに背が低く、味も噛みごたえも、たかなとは似て非なるものです。これらの違いは気候、土壌などの違いによるものや、突然変異で生じた種を増やしたことによるものもあると思います。

このように、食材は、「ところ変われば」で、地域による違いが生じます。そうすると、栄養素や、その硬さ、味などもやはり異なってくるので、当然、調理方法も違ってきます。料理の本などでは、たとえば「ニンジン」と書いてはいても、その産地まで書くことはありません。したがって、煮る時間とか切り方だとかも、あくまで平均的なものと見る必要があります。また、古い文献などを見てそのとおりにやってみるなどということも、じつにナンセンスなことです。とくに、日本の場合この30～40年くらいで野菜や肉など、その質が大きく変化しました。戦前の鶏料理のやり方は、今日の鶏には通用しません。野菜類も、品種改良で質が大きく変化しました。それに、産地の違いによる差もありますので、その食材ごとに調理方法は異なってゆきます。

地域差と言えば、日本とヨーロッパでは土壌に含まれるミネラル量がかなり違うので、同じような野菜でも含まれるミネラルは大違いです。水に含まれるカルシウム量も大違いなのです。ヨーロッパの人たちが海藻類をほとんど食べないのも、日本と違って、土壌中のミネラルを野菜や果実、水などで充分に摂取しているからではないかと言われています。ですから、海藻がミネラルの補給になるといっても、必ずしも食べる必要は生じないようです。

ヨーロッパでの料理方法をそっくり日本に持ってきても、同じものはできないと思います。近頃のクリエイティブなフランス料理人たちは、フランスで何年か修業して日本に帰った後、日本の食材で、日本人の口に合うフランス料理をつくっているようです。彼らがフランスで学んできたのは、その技術とフランス料理の考え方だと思います。ものマネから、創造に移ってきた感じがします。

私は東京に住んで、東京で手に入る食材で調理をします。北海道や沖縄の人とは、当然、使う食材も異なります。だから本書でも、「何分煮る」と書かずに、「軟らかくなるまで煮る」というような書き方になったのです。料理上手な人は、その食材の性質を正確に把握《はあく》するのが早いと感じています。

好き嫌いは調理法への判断

調理温度を保温調理法で上手にコントロールし、天然のだし素材を使えば、おいしく料理できるということがわかりましたから、後はもうこわいものなどありません。

だし素材のうま味と食材を、それに適する温度で調理すればよいわけです。ニンジンが嫌いとか、魚が嫌いという子どもがよくいますが、あれは好き嫌いというわがままではなく、まずい調理法に対する正しい判断ではないでしょうか？　ニンジンなど、グツグツ煮続けて砂糖や醤油で味をつけたものが、幕の内弁当に入っていますが、私でさえ、とても食べられません。おいしくないのです。

ニンジン嫌いの子どもの大半は、調理法に対して正しい判断をしていると思います。ニンジンが嫌いという人たちに、あえてニンジンを食べさせたことがありますが、私の行なった調理方法だと、ほとんどの人がおいしいと言って食べます。

まず、ニンジンをたて四つに切り、それを2センチくらいの長さに切ります。鍋に水とニンジンを入れて弱火にかけます。沸とうしたら、1分ほどで火からおろして保温調理を20分ほどします。ただこれだけですが、このニンジンがすこぶる甘く、ニンジンがもともと持っている、わずかな塩味が感じられます。後は個人の好みで、すりゴマやクルミみそ、酢などをつけるよう勧めましたが、大半がそのままがおいしいと言います。今までニンジンが嫌いだと言っていた人も、以後言い方を変えました。「煮すぎて、くさくなり、歯ざわりのグチョッとしたニンジンが嫌い」ということなのです。

「嫌い」というのは、「痛い」とか、「苦しい」と同じように、体が発する信号だと思います。腹が痛いと言うと、なぜ痛いのだろうと考えるのが普通です。原因をつきとめなければ処置できませんから、同じように、「嫌い」という信号に対し、「わがまま言うんじゃねえ！　さっさと食べちまいなっ！」では、あまりにひどすぎます。そのうえ、「こっちがこれだけ苦労してつくっているのに、嫌いはないだろう？」とまで言われたら、もう救いがありません。どんなに苦労しようが愛情があろうが、神様じゃないんですから、温度管理や調味の仕方が不適切であれば、おいしくはないのです。その食べものが、その人にどうしても受け入れられないものであれば、それを無理に食べさすことなど、ナンセンスですが、調理方法の悪さから、「嫌い」と言わしめている方が、かなり多いと思います。

私の友人の女医さんは、まったく魚がダメでした。においもくさいし、食べてもうまいと思わないと言っていました。そこで、とくにくさいと言われるイワシやサンマを、塩や昆布で締めた後、酢じめにした刺し身や保温調理でつくった煮物として出してみましたら、最初はためらいながらも、すんなり食べられたのです。良質なマグロのトロでつくった鉄火巻きなども、ペロリと食べました。そうなりゃ、後は楽です。生だったら鮮度のよいものを、きちんと下ごしらえして出せば、貝だろうがエビだろうが食べられました。少しいたみかかったものは、そのにおいでダメです。じつに嗅覚・味覚の鋭い人です。この人の「好き嫌い」は、自己防衛本能によるものじゃないかとさえ思ってしまいます。

いたみかけた魚を食べて平気な人もいれば、腹痛やジンマシンを起こす人もいます。きっと彼女のからだは、そういうものに弱いのでしょう。いたみかけた魚が体内に入ってこぬよう、「嫌い」と言う信号を出しているのだと思います。

30年来食べられなかった魚を食べられるようになったのは喜ばしいことですが、最近フグ料理の味をおぼえさせてしまい、会うたびに「フグ、フグ」と催促《さいそく》されて困っています。

それでも嫌いなら

いろいろな調理や調味を試してみて、それでも「嫌い」なのだったら、それはその人に向いていない食べものだとあきらめましょう。嫌いだからといって、何が不便でもありますまい。「うちの子は、ピーマンが嫌いでねえ」と悩む必要は、これっぽちもないと思います。ピーマンが嫌いで、何か不都合があるでしょうか？　私の場合、根がいやしいのか、どんなものでも自分に合うように料理してしまうせいか、嫌いなものというのがおよそありません。友人たちが来て、いっしょに食事をするとき、「エビがダメなんですよ」などという人がいると、もう大喜び。嬉々として、その人の分も食べてしまいます。その友人は、それをくやしそうににらみつつ、食べてみようかなぁと手を出すのです。誰だって、無理に食べろと言われて、喜んで食べる人はいません。しかし、他人がうまそうに食べているのを見ると、うらやましくなるのが人情です。

今日の日本では、嫌いな食べものなど食べなくったって代わりの食べものがあるので、無理に「好き嫌い」を直さなくてもいいと思います。それよりも、好き嫌いは個性だと割り切ったほうが前向きだし、気も楽になります。もし、地震などの災害で食糧が極端に不足したら、人間、好きも嫌いもありません。生存本能のかたまりとなって、ピーマンだろうが腐りかけの魚だろうが、食べてしまうんじゃないでしょうか？現代人は飢えを知らないから、からだのほうでちょいと合わなければ、「嫌い」信号を送り出すのでしょうが、もし飢えの状態になったら、からだのほうも「嫌いでもいいから食え」信号に切り替わると思います。

味覚活性化の必要性

人間の快楽に関する欲望は、どこまでもエスカレートしがちです。味とて同じことで、より濃厚なうま味へと進んでいくようです。限られた食材と調味料しかなかったころは、いくら調理法や調味法を組み合わせたところで、うま味には限度がありました。それがごく最近になって、革命的とも言えるほど多種類の調味料が出現してしまいりました。

いったん強烈なうま味にマヒした味蕾は、よりうま味の強い刺激を求めます。化学調味料（アミノ酸等）を使った料理の場合、そのうま味は憎らしいほど塩味と相乗効果を示しますので、塩分量はかえって増えがちです。

保温調理などで栄養素や素材味の損失を少なくし、天然のだしを使ったり、薄い味つけで食べることで、体内のミネラルバランスを壊さないようにすれば、肉体的にも精神的にもおだやかでいられるようだというのが、私の食生活改善実験の実感です。

自分に起こった変化については「まえがき」で書きましたが、このような食生活を長く続けていると、添加物や化学調味料の入った食べ物を口にすると、不快感を覚えたり、気持ちが悪くなることもあります。これは、先入観があってのことではなく、食べてみて「何か変」と思い、調べてみるとそういう食品だったということなのです。からだが味蕾に対して「やめて！　食べないでちょーだい！」と信号を送ってきているのかなぁと思ったりします。

素材味を生かす料理や薄い味つけを人に勧めると、たいてい、「味もそっけもないから嫌だ」と言われます。あたり前です。加工食品や外食を食べている人、化学調味料を使った食品を食べている人の味蕾は、ほぼ慢性的にマヒしているのですから、おいしいと思えなくて当然でしょう。

私の言う改善とは、味蕾の状態の改善も意味しているのです。素材味や薄味の料理をうまいと感じる味蕾に戻すことは、そんなにたいへんなことではありません。私の友人たちも少しずつやってみたら、かなりよくなりました。以前、おいしいと思って行っていたレストランの料理が、くどすぎて気持ち悪くなったという人もいます。しかし、改善した人たちの体調はよい方向に向かっているのです。

マヒしている味蕾の機能を呼び戻す方法について、最後に述べてゆきましょう。

味覚を呼び戻す

まずは、素材本来の味を最大限に引き出すことを考えます。味はつけるのではなく、引き出すものと考えるのです。生でおいしいものは生で、加熱するものは最小限の加熱にします。味つけも、無前提に調味料をドバーッと入れるのでなく、刺し身なり野菜なりを、まず口に入れてみてから考えます。よくしめた刺し身や、保温調理でゆでた野菜など、そのもの自体が持つうま味・塩味・甘味がけっこうあるものです。味つけはそれらの持ち味を、ちょっと補佐《ほさ》する程度がいいと思います。

これまで常識と思われていたような味つけ方法にも、素材の持ち味を殺すようなものが、とても多いことに気づきます。豆腐を食べるときだって、醤油をかけないほうがおいしいものもあります。醤油をかけるのは、まずひと口食べてみて、どんな味の豆腐なのかとさぐってからでも遅くはありません。小さな子どもが豆腐に何もつけず、スプーンで食べているのをよく見かけます。彼らは、大豆の持つ甘さを、楽しんでいるようです。それがいつの間にか、おろしショウガとネギと削り節に醤油をつけて食べるようになってゆくのです。嗜好《しこう》の変化によるものもありましょうが、豆腐は、そうやって食べるものという常識の枠組みにはまったともみられます。そうなると、豆腐の中にひそむ甘さは、だんだん感じなくなってゆき、塩分摂取量も増えてゆくのです。

味覚をより鋭くとり戻すためには、マヒの原因となる化学調味料（アミノ酸等）や、それを含む食品を減らしてゆく必要があります。これは、私や友人の行った実験では、もし完全にやめた場合、2日くらいで何か違った感じになり、1週間もすると今まで感じなかった、微妙な味を感じるようになりました。1カ月以上になると、再び化学調味料の入ったものを食べても、おいしいとは思いますが、ちょっとしつこいなとも思うようになります。1年を過ぎますと正直言って、おいしいというよりは、くどくて気持ち悪くなります。

改善実験をはじめてから長い年月が過ぎた今、朝・昼・晩と自分でつくった料理を食べるとき、明らかに調味料の味より素材の味をおいしいと感じています。体調もよくなり、薬や医者というものの存在をコロッと忘れるほどです。私の場合、一気に自分の理想を実験してみましたが、これは一般的には「変」なことであると同時に、危険なことだと思います。何事もおだやかに変化してゆかないと、いくらよいことと頭ではわかっていても、からだはそうそうついてはゆけません。やってみようと思ったら少しずつ、おだやかに変化させていってほしいものです。

この数年の食改善実験で、何が得したかって、調味料の減り方が少ない。何かとても得したように思ってしまう、しみったれな私。

おわりに——台所リストラ術の成功法

一人ひと月9000円、健康美食の謎を公開してまいりましたが、いかがだったでしょうか？　大豆をつぶしてチーズにしたり、納豆を残しておいて種として増やすなど、そのテクニックだけを紹介したのではありません。着想や発想、そして実践、確認、これが大切なことだと思います。

世界的な不況ですから、企業なども生き残りをかけてのリストラ合戦です。そんな中で、私たち「生活者」は何をしているのでしょうか？　給料が安い、物価が高い、うまいものを食べたい。不満を言うのは簡単ですが、それを解消できる方法を考え、行動しているのでしょうか？

私は生まれつきのしみったれだなあと自覚していますし、人並みに「楽をしたい」という横着願望も持っています。ただ私の場合、「変」な癖《くせ》がありまして「こうなればいいなあ」と思うとすぐに、「そうなるためには、何を、どうすればいいんじゃろう?」と考えて、これまたすぐにやってみるのです。私の食生活に関する理想は、図のようになっています。

おいしいものは高くつく。美食は健康をそこねる。からだによいものは高くてまずい。からだによくておいしいものだが、つくるのにやたら時間がかかる。安上がりだが、栄養バランスが悪い。安上がりだが、まずい。……etc。こういう食生活は、自分では認めたくありませんでした。

おいしくなければ、楽しくありません。栄養バランスが悪いと、体調にははっきり現れます。手間がかかりすぎると、酒を飲む時間が減るので、楽しくありません。

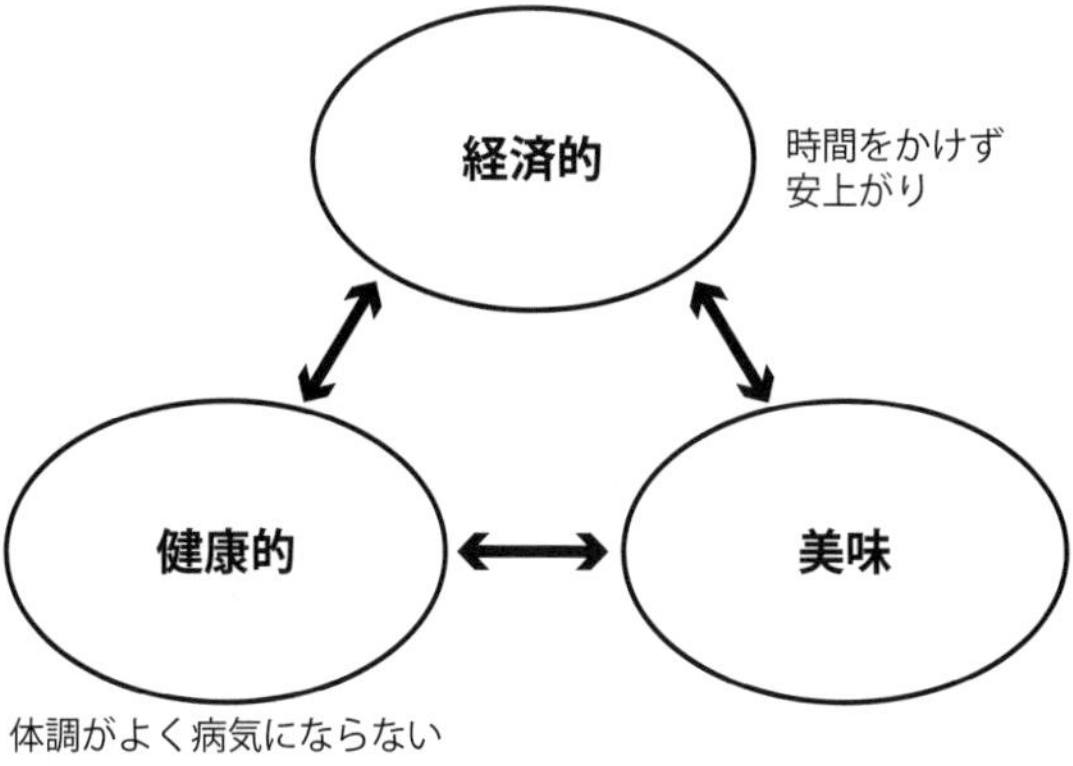

お金がかかりすぎると、そのために働かなければならないのがいやです。じつにわがままなようですが、そのわがままを誰に迷惑かけるでもなく押し通せたのですから、これはもうわがままではありません。

そのために、十数年来つけてきた家計簿に加えて、この2〜3年は食べたものを三食すべて書きとめてきました。自分で考えてやってみた料理も、大学ノートに書きとめてきました。栄養学についても書物や新聞、専門家の話などを参考にして、学んできました。友人の医師夫妻と鍼灸師にも私の食生活理論と実践を話し、彼らにも実践してもらいました。

人のからだというものは、学べば学ぶほど、わけのわからんものです。ある人にとって「よい食品」も、別の人には「よくない食品」なんてことも、あたり前のようです。同じものを食べても、血液にまで吸収できる量は個人差があるということを聞きます。同じ人間でも、食べるときの心理状態しだいで消化・吸収は大違いです。そんなことを考えると、これが理想のメニューですなどと見本を出すことは、じつに意味のないことじゃないでしょうか?

ですから本書では、食の組み立てや食材の情報を提示しただけです。穀物、野菜、魚、肉などの割合を大ざっぱに述べるにとどめました。あとは自分の嗜好《しこう》で食べたいものをつくればいいと思います。

本書では栄養や食品添加物、農薬、調理温度による栄養素の変化など、今日の健康食関係の本で取り上げられるテーマについては、ほとんど触れておりません。それは私が無関心なのでなく、逆に詳しく知っているからこそ、今回ははずしたのです。

一人ひと月９０００円、健康美食などというわがままを成り立たせるには、常識というものはポイと捨てなければなりません。あたり前の考え方を、「本当にそうじゃろうか？」と疑うところから、リストラ＝再構築が始まります。そして、やってみることです。

私の「変」な考え方でやってきた料理の一部を、本書で公開いたしました。わけのわからん料理の数々を、酒をかっくらいながら、体を張って食べてくれた友人・同居人の皆様、原稿を上手に料理してくれた編集者さん、皆様ありがとうございました!!

新文庫版あとがき

『台所リストラ術』と『清貧の食卓』、この2冊の本が同時発売された1994年といえば、バブルが崩壊してそれまでの浪費型生活から節約型生活へ社会が方向転換した時代でした。

その翌年の阪神淡路大震災を皮切りに日本列島は多くの自然災害に見舞われることになり、平成という時代は不景気と社会不安から抜け出せないまま幕を閉じました。

1994年版の最後にこう書いています

「世界的な不況ですから、企業なども生き残りをかけてのリストラ合戦です」

あれから四半世紀が経ちましたが、リストラ＝再構築すらできなくなってきたようです。

19歳で親元を離れて以来、ずっと自炊生活をしてきました。

30代になった頃からその食生活をより良くするために食生活改善実験を始めました。その頃、医者になりたての夫妻と知り合いになり、彼らは「病気になりにくい予防医学」が大切だと教えてくれました。その為にはより良い食生活が持続できなければならないが、より良い食生活を持続するために必要なものは何だろうか？　と考えました。

○食品を購入できる経済力があること
○栄養バランスの良い食事の組み立てができること
○その食事を作れる技術があること
○持続・継続力があること

まぁ、だいたいこのようなことが満たされれば、よい食生活が持続できるんだろうなと考えました。有難いことに老舗の料理屋生まれだったから、料理技術には適性があったし、古い料理本を読み解くことが好きだったから明治～大正～昭和の和食、洋食、中華食の知識と経験は少なからず持っていた。これらを「スキル」として食生活改善実験を約3年間やってみて、その手引き書として書いたのが台所リストラ術だったのです。

食生活改善の本はとかく理屈が先行しがちです。しかし、あれが体に悪い……これが不足するとよくない……だから○○を食べなさい……みたいな「脅かし型」の本では楽しく行えないのではないだろうか？　と考え、ひとまず理屈は「おいといて」、簡単で美味しくて、安上がりな料理テクニックだけで書いてみる事にしたんです。それが**台所リストラ術**で、なぜそうするのか？　の理屈部分を**清貧の食卓**に書きました。

今回はその2冊を合体させて、1冊の本で通して読めるように編集し直してくれています。書いた本人が感心するくらい、2冊の本がバランスよく混じり合って1冊にまとまっていて、最初から1冊の本だったような仕上りになりました。

最初の出版から25年も経っていますから、世の中は大きく変わってきましたが、基本的な食べかた＝食術はほとんど変わっていません。書いた本人にしても年齢と共に食べる量こそ減ってきましたが、食の構成はほとんど変わらず、未だにひと月９０００円で三食自炊生活が続いているのです。

「めんどうなことがからだに良い」

平成が終わって令和が始まりました。世界的な不況もしっかり根を下ろし、世界は低成長、低エネルギー生活にならざるを得なくなっています。そうなると我々生活者は健康も食生活も自分で自分を守るディフェンス型生活力が必要ではないでしょうか。

腹が減ったら　外食、コンビニ、デリバリー♪

食材買わない、料理はしない、かたづけない♪

そう、めんどうな事はやんなくても生きていけるのかもしれませんが、手足とあたまを使ってあえてめんどうなことをやるのが、健康寿命のためにはいいんじゃなかろーか。後でめんどうみてもらうより、今のめんどうを受け入れる生活に再構築すること、それが台所リストラ術だと思います。

本書は１９９４年に刊行された『うおつか流台所リストラ術――ひとりひと月９０００円』『うおつか流清貧の食卓――からだによければ地球にいい』（農文協）の二冊を再編集・改稿し文庫化したものです。

【著者略歴】
魚柄 仁之助（うおつか　じんのすけ）
食文化研究家、食の鑑識家。1956年福岡生まれ。実家は大正時代から続く古典料理屋。古道具屋などを経て、1994年『うおつか流台所リストラ術』で衝撃的にデビュー。以降、加工度の低い素材を活かした、安上がりで安全な食生活を提言し続ける。三十数年間にわたって収集した戦前から戦後にかけての食文化に関する膨大な資料をもとに、日本人の食生活の変遷を研究中。主な著書に『冷蔵庫で食品を腐らす日本人』（朝日新書）、『冷蔵庫で食品を腐らせない日本人』（大和書房）、『食べかた上手だった日本人』（岩波現代文庫）、『台所に敗戦はなかった』（青弓社）、『ひと月9000円の快適食生活【文庫版】』（飛鳥新社）、『食育のウソとホント 捏造される「和食の伝統」』（こぶし書房）、『刺し身とジンギスカン 捏造と熱望の日本食』（青弓社）など多数。

うおつか流 台所リストラ術
ひとりひと月9000円【文庫版】

2019年10月19日　第1刷発行

著　者　魚柄仁之助

発行者　土井尚道
発行所　株式会社飛鳥新社
〒101-0003 東京都千代田区一ツ橋2-4-3 光文恒産ビル
電話　03-3263-7770（営業）03-3263-7773（編集）
http://www.asukashinsha.co.jp

装　幀　五味朋代（フレーズ）
カバーイラスト　箕輪麻紀子
本文イラスト　スタジオ大四畳半

印刷・製本　中央精版印刷株式会社

ISBN 978-4-86410-712-9

編集担当　工藤博海、芦川帆南